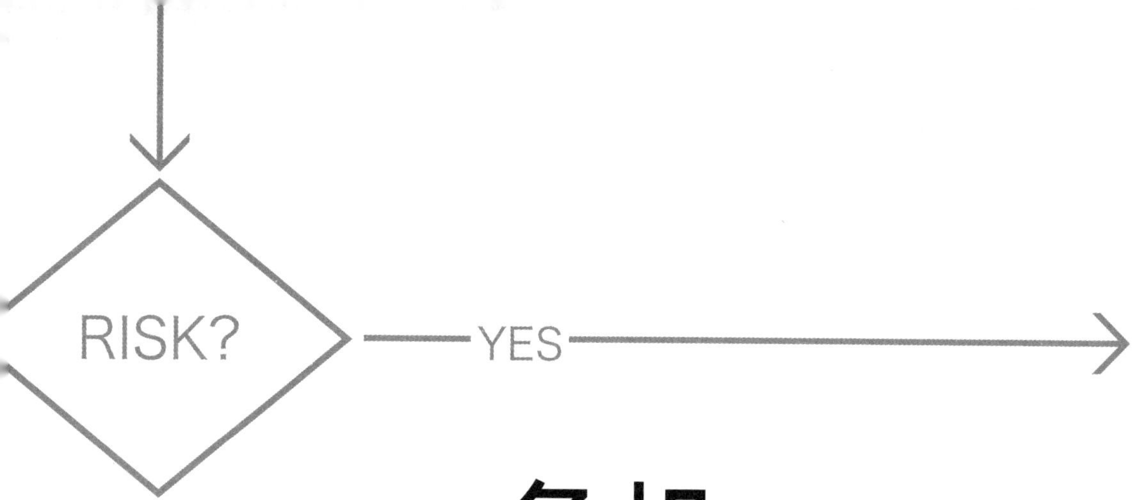

危机挑战与变革

未来十年中国经济的风险

张明 著

人民东方出版传媒
東方出版社

图书在版编目（CIP）数据

危机、挑战与变革：未来十年中国经济的风险 / 张明 著. —北京：东方出版社，2016. 3
ISBN 978-7-5060-8973-9

Ⅰ. ①危… Ⅱ. ①张… Ⅲ. ①金融风险—研究—中国 Ⅳ. ①F831. 5

中国版本图书馆 CIP 数据核字（2016）第 050702 号

危机、挑战与变革：未来十年中国经济的风险
（WEIJI、TIAOZHAN YU BIANGE：WEILAI SHINIAN ZHONGGUO JINGJI DE FENGXIAN）

作　　者：张　明
责任编辑：郭　国
出　　版：东方出版社
发　　行：人民东方出版传媒有限公司
地　　址：北京市东城区东四十条 113 号
邮政编码：100007
印　　刷：北京楠萍印刷有限公司
版　　次：2016 年 5 月第 1 版
印　　次：2017 年 2 月第 2 次印刷
印　　数：5001—8000 册
开　　本：710 毫米×960 毫米　1/16
印　　张：20. 25
字　　数：258 千字
书　　号：ISBN 978-7-5060-8973-9
定　　价：42. 00 元
发行电话：（010）85924663　85924644　85924641

本书献给张婉婷小姐

目　录

中篇　中国宏观经济：潜在增速下行、金融风险上升

序　言
前有金融险滩

巴菲特曾经说过，只有在退潮之后，才能发现谁没有穿游泳裤。很可能，等到退潮之后，我们才会发现，大家都没有穿游泳裤。2007年美国次贷危机之后，发达国家的金融机构如同“多米诺骨牌”，一张一张地倒掉，那时，我们还在隔岸观火。中国经济进入新常态之后，潜在的金融风险会逐渐提高。

过去30年，中国经济尽管有起有落，但大致保持了较高的增长速度。眺望前路，中国的潜在增长速度将不可避免地放缓。在经济下行时期，存在多种内在的螺旋形下滑机制。比如，越是不肯采用积极的财政政策，经济增长就越慢；经济增长越慢，财政压力就越大。再比如，越是去杠杆，资产价格下跌越快；资产价格下跌越快，去杠杆的压力越大。如果低估潜在的金融风险，可能会导致准备不足、应对失措。

此外，金融体系的复杂程度较之10年前、20年前大为增加。影子银行的规模急剧膨胀、混业经营日益流行、金融体系的对外开放程度显著提高、互联网金融野蛮生长，而与此同时，金融监管框架却严重滞后，完全不适应新的形势。2015年以来，股市、汇率等的波动加强甚至相互强化，充分显示了国内金融市场内生传染性已经形成。

在过去的30年中，质疑中国经济、预言中国将会爆发金融危机的声音不绝于耳，但每一次悲观预言都会最终落空。原因何在？其实，并不是说中国已经做得十全十美。我们身在中国，深知中国经济的错综复杂，存在着各种弊端和瓶颈。但是，所有的人都已经注意到的问题，并不是真正的问题；真正的问题是没有人预料到的问题。早在20世纪90年代，中国的银行体系就已经暴露出巨大的问题，从技术上讲已经资不抵债，但恰恰因为危机已经迫在眉睫，中国政府反而能够破釜沉舟、迎难而上、果断动手，通过注资、剥离不良贷款，以及后来的推动国有商业银行上市、改善银行治理结构等政策，较为有效地化解了潜在的风险。"成功是失败之母"，或许，正是由于这一成功的改革经验，使得人们会低估未来的金融风险。大部分人都不相信中国会出现流动性危机，理由是大的金融机构都是国有的，当出现流动性短缺的时候，政府无非是把钱从一个口袋，转移到另一个口袋。但是，中国出现局部的流动性危机并非绝无可能，当年的"钱荒"就是一例。如果再出现流动性紧张，我们还能轻易过关吗？大部分人都相信，从整体上讲，中国的资产大于负债，因此，财政状况仍然良好，即使出了问题，救助金融体系也有足够的实力。问题在于，西班牙和意大利的资产也大于负债，欧元区从整体来看资产也大于负债，但它们怎么会出现债务危机，而且银行危机到现在也无法化解呢？

经济学者的职责在于，对可能存在的潜在风险提出客观的分析。这会让经济学者的角色变得更不受人欢迎，总是像"乌鸦嘴"一样。"国家不幸诗家幸"，经济越是困难，值得研究的题目也就越多。"诗家不幸国家幸"，假如决策者对学者的预言能够听得进去，未雨绸缪，学者的预言可能就不会实现。

张明博士所在的研究团队是中国最好的宏观研究团队之一。早在20世纪90年代，这个团队就已经在关注中国的外汇储备是否过多的问题。早在2003年，这个团队就已经提出人民币需要升值、人民币汇率应该更灵活。早在2006年，这个团队就已经建议中国的外汇储备应该采取更为积极的管理方式。早在2010年，这个团队就提醒，人民币国际化应该缓行，资本账户自由化的风险不容忽视。这个团队多次预言，中国的房地产市场和股票市场存在泡沫。1997年，这个团队紧密跟踪了东亚金融危机。2007年，这个团队就已经关注到起源于美国的金融危机。这个团队反复地研究当年日本的教训、20世纪30年代大萧条的教训、国际金本位制兴衰的教训，希望能够以古鉴今，从别人的失误中汲取经验和教训，少走一些弯路。

张明博士在这本财经评论集里，记录了他过去3年内的主要媒体文章。他预测了美联储的政策走势，及其可能对中国带来的冲击。他谈到"一带一路"中应注意各种潜在的风险。他分析了中国金融体系中的潜在风险点，并提出了可能化解风险的各种手段。他的预言或许不会实现，最好不会实现，但总要有人保持冷静和客观的立场，带点忧患意识，为我们讲出来可能出现的风险。"知我者谓我心忧，不知我者谓我何求。"政策从来不是完全由学者的观点决定的，历史是交汇在一起的混流。张明博士的这本财经评论集，和他之前的几本文集一样，最大的价值无非在于立此存照。我们来过，我们见过，我们评论过。

2016年4月12日于纽约

自　序

2009年，我出版了第一本财经评论集《觉昨是而今非》。2012年，我出版了第二本财经评论集《全球危机下的中国变局》。按照每三年出一本财经评论集的写作计划，2016年将是我的第三本财经评论集问世之时。

随着时间的推移，我的分析框架逐渐成熟，财经评论的分析重点与写作风格也不断变化。最近几年，我的写作大致具有如下特点：第一，分析重点从国际金融问题逐渐转向中国金融问题，尤其是关注金融系统性风险与资产证券化；第二，我参加的宏观经济政策辩论已经开始由人民币国际化与资本账户开放等问题，转为中国货币政策等问题；第三，我开始更加关注中国经济增长的中长期动力问题；第四，我越来越少接媒体的约稿，而是主动给媒体写系列评论文章。而手头这本评论集，就忠实地反映了我的上述变化。

2013年夏天，我到上海浦东万豪酒店参加上海金融与法律研究院的一个会议，期间《东方早报之上海经济评论》的编辑郑景昕找我喝咖啡，邀请我在他们那里开一个专栏。我就萌发了开设新专栏并撰写一系列分析中国金融系统性风险的文章的想法。两人一拍即合，一写就是九篇。我后来把这九篇文章汇集为一篇长文，题目就叫《九论中国金融系统性风险》，这篇文章在圈内引发了一定反响。

2013年秋，我与中国社科院世经政所的博士生邹晓梅、博士后高蓓组成了一个开展资产证券化研究的小组。其实，我早在2005—2006年就对资产证券化进行了初期研究，并在2006年与古川令治先生合作出版了《资产证券化手册》。但由于美国次贷危机的爆发中断了中国国内的资产证券化实践，我就中止了这方面的研究。到2013年下半年，我发现在中国国内推动资产证券化的时机已经成熟，尤其是随着利率市场化压缩了商业银行利差、潜在增速下行导致商业银行体系不良贷款率上升之后，商业银行会日益依赖资产证券化来提高资产周转率，正所谓"盘活信贷存量"。迄今为止，我们团队已经完成对美、欧、日等发达经济体资产证券化经验的梳理、对资产证券化研究文献的综述、对中国资产证券化实践的述评以及资产证券化影响商业银行利润率与经营风险的定量研究，可谓成果斐然。在《上海经济评论》的专栏结束对金融系统性风险的讨论之后，我就以这些研究为基础，撰写了关于资产证券化的专栏文章。

在中国社科院世经政所这个宏观重镇，不参加宏观经济讨论几乎是不可能的。近年来，我参加的宏观经济讨论有三点值得一提。一是从2012年开始，我旗帜鲜明地反对中国央行在当前形势下加快资本账户开放的做法。在各种不同的公开与内部场合上，我作为反方，与正方的官员以及学者进行了多次讨论。对于资本账户开放这种重大事宜，讨论得越充分越好。后来的政策走势表明，有关当局还是比较充分地吸收了正反双方的观点。二是从2014年下半年起，我对央行定向宽松的政策举措表示质疑，认为迟早央行会转向全面宽松。在这一方面的讨论上，我在FT中文网上发表的3篇文章构成了一个有机整体。《中国货币政策的难以承受之重》指出，财政政策不发力，把宏观调控的压力推给了央行，给央行造成了很大麻烦。《当前中国政府应采取什么样的金融政策组合》指出，定向宽松政策由于具有透明度差、对预期影响能力弱、增强了央行与其他部门的冲突等问题，效果不一定好，全面降准与全面降息才是更明智的选择。《全面降准的概率正在上升》指出，当前（2014年10月底）已是央行全面降准或降息的时间窗口。从2014年11月起，央行开始进入全面宽松周期，这验证了我之前的观点。三是从2014年底至2015年6月，中国股市快速攀升，而在2015年6—7月，中国股市出现暴跌。我的几篇文章讨论了股市为何暴涨、为何暴跌，以及股市涨跌与企业去杠杆之间的联系。在股指爬上5000点之时，我的文章《牛市还能持续吗？——从四个故事说起》提示了股市可能大幅震荡，尤其是创业板与中小板可能剧烈调整的风险。

虽然近几年我研究的中心已经转为中国宏观金融问题，但我依然对国际金融形势的变化持续关注，这是因为，国际金融与国内金融是不分家的。这几年我比较关注世界经济的长期性停滞以及主要发达国家货币政策的分化等问题。本书中选取的文章主要关注了美联储货币政策的变化以及引发的全球震荡、全球停滞与分化中暴露的新风险、希腊主权债务危机的最新走向等。讨论中国金融系统性风险离不开对全球经济的研判。我始终觉得，如果中国爆发金融系统性危机的话，那么危机的扳机性因素很可能是外生性冲击。

在序言的结尾，照例又是致谢的部分了。第一，感谢我的博士导师余永定老师与硕士导师何璋老师，他们不仅帮助我塑造了自己的经济学分析框架，而且在做人与做事方面给我做出了持续的表率。第二，感谢我所在的研究机构——中国社会科学院世界经济与政治研究所，这个国内外享有盛誉的机构既给了我一个从事学术与政治相结合研究的绝佳平台，又给我提供了一个宽松自由的研究氛围。由于师友数量众多，我就不一一感谢了，感谢世经政所所有领导与同仁对我一直以来的大力支持。第三，感谢诸位媒体的朋友，特别是《上海经济评论》的郑景昕、FT中文网的徐瑾、《彭博商业周刊》的赵继成、《中国外汇》的荣蓉与孙艳芳、《中国金融》的赵艳芳与许晓萍、《财经》的李华芳、《人民日报》的强薇等。你们的鼓励与敦促是我持续写作的动力。第四，感谢我的同学、师兄弟姐妹与挚友们，我们一起度过的欢乐时光，是我从事枯燥工作的一大慰藉。

最后，感谢我的父母、岳父母与妻子。他们用自己的辛劳给我创造了一个进行学术研究的良好氛围，我需要不时在做研究与陪家人之间进行痛苦的权衡，而他们对此完全理解与支持。感谢我的宝贝女儿甜甜，我把这本汇聚了过去3年财经评论的著作，题献给她。

张明

2015年7月15日

上　篇

全球宏观经济：停滞、分化与动荡

国际金融体系的改革与重建[①]

众所周知，过去30年以来，全球差不多是每10年遭遇一次国际金融危机，每一次危机之后，关于国际货币体系改革的呼声就此起彼伏。而本次的全球金融危机，从规模、覆盖范围和影响深远程度来看，都是历次危机中最大的。自本次危机爆发以来，关于国际金融体系如何改革和重建的呼声也是最强的。

早在6年前，从2007年夏季美国次贷危机刚刚浮出水面之时，我们在前所长余永定老师、现所长张宇燕老师的指导和支持下，对本次国际金融危机展开了持续深入的研究。我们也非常积极地参与了国内外关于如何重建国际金融体系的讨论，为中国政府应如何参与全球金融治理等问题，向相关部委提供了很多政策咨询。《国际金融体系：改革与重建》一书是我们6年以来在国际金融领域一些研究的汇总，内容有八篇，既包括对国际金融危机演进的回顾，也包括对国际货币体系改革、

① 本文是笔者在中国社会科学院创新工程2013年科研成果发布会上的演讲实录，介绍的是我们团队在2013年出版的新作《国际金融体系：改革与重建》。

东亚区域货币合作和人民币国际化的分析，此外还纳入了对金融监管与金融自由化、人民币汇率等热点问题的分析。

关于上述六个问题，我择要向大家介绍一些主要结论，以及对未来发展前景的判断。

一是国际货币体系改革与演变。货币本位同黄金的脱钩是必然的趋势，现在还有一些关于建立新的黄金本位制的提法，这是和历史趋势相违背的。在现行体制下，由美元来充当全球储备货币，解决不了广义的特里芬难题。难题一方面表现在，美国要通过经常账户赤字源源不断地输出美元，而这反过来又会影响到美元的中长期价值；另一方面表现在，美国的货币政策是国内导向的，这和全球货币政策之间有不可调和的冲突。全球各国汇率制度由缺乏弹性到走向弹性是大势所趋，但关键在于如何在汇率弹性增强的背景下，进一步实现经济的稳定性。

对国际货币体系改革的未来方向，现在有三种看法，一是超主权储备货币一统天下；二是会出现金融稳定性三岛，美元、欧元和人民币或者某种形式的亚洲货币均会扮演重要角色；三是在当前的美元体系下小修小补。我们认为，上述三种看法可能并不矛盾，而可能是随着时间推移由近及远的三个发展阶段。超主权储备货币虽然路途遥远，但是值得我们期待。多极化体系是可期的，但是由一种货币充当全球储备货币与由多种货币充当全球储备货币，究竟哪种体系更加稳定呢？现在来看还存在很多争议。

二是国际金融危机。从过去 30 年来看，国际金融危机的爆发是每十年一次，具有鲜明的周期性。每一次危机的背后，过高的杠杆率是不容忽视的。刚才李扬院长在他们的研究中也指出，未来几年中国经济必然会进入一个去杠杆化阶段。本次全球金融危机的策源地从新兴市场国家转到发达国家，但从危机传导和成本分担来看，新兴市场国家依然处于不利地位。要永久性地避免金融危机的爆发是不可能的，关键是要吸取经验教训以避免同类型危机的重演，尤其是应该有一些预案，一旦危机爆发之后能够降低危机的负面影响。展望未来，美联储退出量宽的过程会给全球新兴市场国家造成新一轮冲击。本轮金融危机虽然起源于发达国家，但最终恐怕还是要终结在新兴市场国家。尽管中国过去 30 年来没有爆发系统性金融危机，但未来 10 年内，中国能不能再一次成功地避免危机，实则面临很大的挑战。一方面是中国经济的去杠杆化，另一方面是资本账户的加速开放，这两个因素的叠加会引发一些新的风险。

三是金融自由化与金融监管。本轮金融危机之后，国际社会对金融自由化进行了深刻反思。它既可能促进增长，也可能带来经济波动。金融自由化能不能带来很亮丽的经济增长，关键取决于制度变迁的初始条件、次序与速度。本轮金融危机之后，全球范围内都对以美国为代表的华盛顿共识进行了反思与批评，而新的共识尚处于形成过程中。危机之后的金融监管是在强化，但是监管也可能有过度化倾向。如何保持适度的监管，既能够刺激金融创新，也能防止金融风险的累积，这有很多的权衡在里面。过去中国是金融监管过度，现在开始逐渐放松监管，在这一过程中如何避免新风险的累积，避免区域性和系统性危机的爆发，是摆在中国监管机构面前的严峻挑战。

四是人民币国际化。2009 年以后，中国政府明显加快了促进人民币国际化的步伐，这一方面与我们在现行国际货币体系下处于不利地位有关系，另一方面也与中国经济的快速成长有关系。目前人民币的国际地位远不能和中国在全球贸易和世界经济方面的地位相匹配。迄今为止，尽管人民币国际化发展很快，但是背后有很多市场主体在利用内地和香港两个人民币市场之间的汇差和利差来做套利，所以人民币国际化进程的背后是有泡沫的。人民币国际化本身不应该是一个政策目标，应该是一个政策结果。中国政府应该用人民币国际化来创造条件，加快国内的金融市场化改革，促进人民币汇率和利率改革，这样就能够发挥类似于2001年中国加入WTO而产生的倒逼机制。人民币国际化要遵从适当顺序。在人民币充分国际化之前，人民币利率和汇率的形成机制必须要理顺，中国金融市场应该更快地向国内民间资本开放，中国政府应该尽快消除已经累积起来的金融脆弱性。

五是亚洲区域货币合作。亚洲货币合作向来具有危机驱动的特征，爆发一次危机就向前推进一步。1997到1998年的东南亚金融危机催生了清迈协议，而本轮全球金融危机使得清迈协议多边化，同时催生了东亚储备库和10+3宏观经济办公室。但目前来看，亚洲货币合作面临新的挑战，第一个挑战是欧债危机的爆发给我们提供了新的教训。一是实现单一货币很难消除内部的结构性失衡，因为劳动力等要素的跨国自由流动很难实现。二是货币联盟需要统一的财政和统一的监管，这是国家联盟短期内很难实现的。欧元区的命运对亚洲货币合作已经产生了，而且将会继续产生很强的示范效应。迄今为止，亚洲非常复杂的地缘政治格局是阻碍区域货币合作的不利因素，而近期中日矛盾和冲突又加剧了局势的复杂性。

六是人民币汇率。我们团队从2003年起就持续呼吁人民币汇率的市场化。因为只要中国经济增长快于全球其他国家，真实汇率升值就很难避免。你可以控制人民币名义汇率的升值，但这最终必然会导致更高的通货膨胀。短期内中国政府可以通过资本账户管制和冲销来抑制通胀，但这一操作产生了很高的成本，且成本主要是由居民部门来承担的。2005年汇改至今，人民币汇率形成机制改革已经走完很长距离，现在还差最后一两步。如何降低央行对每日人民币汇率中间价的干预，让汇率更好地反映市场供求，将是未来汇率改革的重中之重。我们想着重指出的是，过去我们一直在说人民币汇率低估是有成本的，而目前的问题在于，如果我们不尽快增强人民币汇率弹性，人民币汇率低估将会很快转变为高估。而相比之下，汇率高估的危险将比汇率低估的成本更高。近期我们发现人民币汇率的弹性不升反降，这一趋势是与市场化改革的方向相背离的。

改革国际货币体系，难度不小[①]

2014年年初，由于美国两党政治斗争，国际货币基金组织（IMF）份额和治理改革方案在美国国会受阻。此举不仅使国际社会质疑美国在履行其对国际金融体系改革承诺方面的诚意和能力，而且由于美国在IMF内实际拥有的“一票否决权”，这一状况也使IMF改革在短期内难有实质性进展。

作为稳定世界经济和金融体系的重要机构，IMF份额和治理改革直接关系到国际货币体系的未来发展态势，需要国际货币体系以服务全球贸易和国际投资为目的，促进资源在全球范围内的有效配置。世界各国如果都从自身利益出发，就会出现以邻为壑的货币金融政策，导致国际货币体系陷入无序和动荡，结果就是全球层面的长期经济发展受阻。从这个角度来看，国际货币体系还具有公共产品性质，需要超国家的机构进行协调。

然而，现行的国际货币体系，越来越难以实现基本功能。近30年

---

① 本文是与徐奇渊、杨盼盼合作，发表于《人民日报》，2014年4月2日。

来，国际金融危机频繁爆发，尤其是2007—2009年的美国次贷危机以及国际金融危机的爆发，深刻地暴露出当前美元本位制的根本缺陷，使得改革当前国际货币体系的呼声越来越强烈。联合国大会也专门成立了关于国际货币金融体系改革的专家委员会，由著名经济学家斯蒂格利茨牵头。

监管缺失

美元作为世界货币，却只能是美国说了算，监管形同虚设。美国货币政策的负外部性，与其作为世界本位币国家的地位越来越不相称，这是当前国际货币体系面临的根本性挑战之一。

迄今为止，国际货币体系大致历经了金本位制、布雷顿森林体系到当前的牙买加体系（美元本位制）的沿革。建立国际货币体系的初衷，就是为了避免国际货币体系的无序和动荡，维持国际货币体系的平稳运行，从而服务于全球贸易、国际投资。然而，目前国际货币体系的制度安排无法对美国这样的中心国家的货币政策进行有效监管。

其一，美国利用美元的世界本位币地位，为其国际收支赤字融资，这在很大程度上导致了国际收支严重失衡。美元是世界本位币，绝大部分的世界贸易、金融交易都以美元计价，而且货币的交易具有网络性，这个网络一旦形成，在中短期内将难以改变。因此，在没有硬性纪律约束的情况下，美国的货币政策必然具有内在的膨胀倾向，即用宽松的货币政策来为其经常项目赤字融资。与此同时，美国却把国际收支失衡的责任全部推给了顺差国。这种情况下，问题的解决只有两种可能，要么是顺差国承担国际收支失衡调整的主要压力，要么是国际收支失衡继续积累，直至其走向不可持续，从而爆发更严重的全球性金融危机。

可见，现行国际货币体系下，作为中心国家的美国具有成为逆差国的逻辑必然性，但是国际收支失衡调整的主要责任却推向了其他顺差国家。而随着持续的经常账户逆差造成美国对外债务的累积，最终市场会对美元汇率产生怀疑，从而造成投资者最终不愿意继续对美国提供融资，由此发生的美国国内危机将最终削弱美元作为储备货币的基础。这又被称为广义特里芬难题。

其二，虽然美元是全球化的货币，但美国的货币政策却是美联储根据美国经济状况制订的，着眼于美国的就业和金融稳定情况，并不关注其对全球经济的外溢效应。国际金融危机发生后，从 2009 年开始到 2012 年美国连续推出四轮货币量化宽松政策，之后又在 2013 年年末宣布出台缩减量化宽松政策。在此过程中，美国的货币政策触发了全球大宗商品价格和金融资产的大幅波动，也引发了"热钱"在新兴市场国家的大进大出，对这些国家造成显著的负面影响。美国货币政策的负外部性，与其作为世界本位币国家的地位越来越不相称，这也是当前国际货币体系面临的根本性挑战之一。

其三，IMF 是当前国际金融体系的核心实体机构，但这一机构实际所能发挥的作用非常有限。就其投票权份额来看，美国一家就约占 17%，而 IMF 通过一项决议需要 85%的投票权，因此美国对于 IMF 的决议具有很强的控制力；反过来，IMF 难以真正对美国自身的政策起到监管、协调的作用。

能力滞后

从事后的救助来看，作为当前国际货币体系的核心机构，IMF 还存在两个严重问题。一是救助脱离受援国实际，二是实际救助能力也严重滞后于全球金融系统发展的要求，由于美国的阻挠，IMF 增资行动难有实质进展。

从 20 世纪 90 年代的东南亚金融危机到欧债危机，IMF 的表现都备受诟病。IMF 所秉持的理念是“华盛顿共识”，而不是从被救助国家的实际情况出发。在东南亚金融危机期间，泰国、韩国、印度尼西亚等国的经济已经趋于崩溃，但 IMF 却一味地采取紧缩政策，此举甚至加重了危机。反而是马来西亚这样“不听话”的国家，通过恢复资本管制、扩大内需等措施，使经济实现了较快的回稳。2010 年，在时隔十几年后，时任 IMF 总裁卡恩承认了 IMF 在救助中存在的过错。

欧债危机中，IMF 的表现也同样令人失望。2013 年 IMF 在评估自身应对欧元区金融危机的表现时，公开承认了在对希腊救助中出现的重大失误，这其中就包括在早期救助阶段，低估了财政紧缩政策对希腊造成的伤害。

IMF 的实际救助能力也严重滞后于全球金融系统发展的要求。目前 IMF 的借贷能力为 3000 多亿美元，这一数量仅仅与韩国的外汇储备数量大致相当。2009 年的二十国集团（G20）峰会提出了 IMF 增资计划，要将其借贷能力翻番。但由于美国财政困难，难以对 IMF 增资做出相应贡献。这意味着美国的投票权份额将在增资过程中面临稀释，其对 IMF 的绝对影响力也将面临挑战。因此，美国要么就在一定程度上放弃在 IMF 决策机制中的现有地位，要么就得阻止 IMF 的扩大借贷能力，这对美国是两难。在这个两难选择中，美国必然优先考虑其自身控制力，因此，在可见的中短期内，IMF 增资行动即便有所进展，也将严重滞后于正常救援功能所需的资金规模。

改革方向

对现有体系进行修补、形成多极化的储备货币体系、创建超主权储备货币，三者更像是在短期、中期与长期内国际货币体系改革的不同层次的目标，从大方向上来看，国际货币体系的改革正在由一个国家主导向由多个国家甚至国家群体主导的体系演进。

国际金融危机以来，不论从事前监管，还是从事后救助来看，现行国际货币体系均面临越来越多的挑战。国际货币体系改革所需要的，已经不仅仅是反思、讨论这类脑力游戏，还需要在改革步骤上迈出实质性的步伐。关于国际货币体系改革的倡议，主要可以分为三类，这恰好也反映了未来国际货币体系的三大潜在改革方向。

方向之一

在目前的美元本位制基础上进行修补，特别是建立以美联储为核心的双边本币互换机制，来作为应对各国金融风险的新机制。近期，美联储将其在次贷危机期间与部分发达国家央行签署的双边美元互换机制永久化，就体现了这方面的努力。这种改革方向的优点包括：第一，属于存量改革而非增量改革，因此面临的阻力较小；第二，新增的双边美元互换机制能够在紧急时刻提供必要的国际流动性，从而能够缓解危机爆发时的紧张情绪。

然而，这一方法也有缺陷。首先，这种改革既不能克服广义特里芬难题，也不能降低美联储货币政策的负面溢出效应。其次，美联储在与其他国家央行签署双边美元互换机制方面具有很强的选择性，这使得其他国家怀疑一旦本国爆发危机，能否无条件地、及时地从美国获取流动性支持。

方向之二

美元地位逐渐衰落，欧元与人民币地位逐渐上升，从而形成美元、欧元与人民币三足鼎立、共同充当全球储备货币的格局。国际货币体系多极化最显著优点是在美元、欧元、人民币各自发行当局之间形成了一种竞争机制。如果哪种货币发得过多，那么市场会采用“用脚投票”的办法，减持该货币而增持其他货币。这种竞争机制一方面能够部分克服广义特里芬难题，另一方面也使得各储备货币发行国在制订本国货币政策时，不得不兼顾全球经济对流动性的需求状况。

不过，正如美国著名经济学家金德尔伯格所指出的，就系统的稳定性而言，多极化国际货币储备体系可能不如单极化体系，其原因在于，如果市场主体忽然之间都对美元失去信心，从而集体抛售美元资产、增持欧元与人民币资产的话，那么一方面会造成美元剧烈贬值、美国长期利率上升，甚至导致美国出现资产价格泡沫破灭以及经济衰退；另一方面也会造成欧元、人民币剧烈升值，通过出口渠道导致欧元区与中国经济增速显著下降。如何在引入竞争的同时维持系统的稳定性，是困扰多极化储备体系的一大难题。

方向之三

在现有的国际储备货币之外另起炉灶，创建一种全新的超主权储备货币。2009 年 3 月，中国人民银行行长周小川公开提出，在国际储备中扩大“特别提款权”（SDR）用途，从而降低对美元依赖的建议，得到了包括俄罗斯、巴西等新兴市场国家的积极响应。当时的法国总统萨科齐也呼吁就美元地位、改革国际货币体系问题等进行正式讨论。用超主权储备货币来充当全球储备货币，一来可以从根本上克服广义特里芬难题，即将储备货币的发行与任何国家的经常账户逆差脱离开来；二来可以避免储备货币发行国国内货币政策对全球经济造成的负外部性；三来可以在铸币税的分享与使用方面兼顾全球公平，因此是一种理想的改革方案。

然而，要从无到有地创建一种全新超主权货币，不但需要美国这样的既得利益者做出重大让步，而且需要全球各经济体集体行动，创建类似全球央行的机构。可以想象，如此重大、复杂的改革必然需要经过反复、艰苦的博弈，很难在短期甚至中期内实现，因此只能成为一种愿景。

综上所述，当前国际货币体系改革的三个潜在方向，既有着各自的独特优势，也具有各自的缺点。因此，学术界以及政策制定者在这个问题上并没有停止争论，短期内达成共识的可能性也不大。不过，从深层次来看，这三个改革方向并不是相互排斥与替代的关系，很可能是相互补充的。从时间维度来看，对现有体系进行修补、形成多极化的储备货币体系、创建超主权储备货币，更像是在短期、中期与长期内国际货币体系改革的不同层次的目标。从大方向上来看，国际货币体系的改革正在由一个国家主导向由多个国家甚至国家群体主导的体系演进。

中国作用

提升中国在全球经济治理机构中的话语权，完善金融安全网构建，积极参与国际货币体系改革，加强与各国经济政策协调，推进人民币国际化，对全球金融稳定与经济发展意义重大。

中国作为世界第二大经济体，其分量在全球经济中举足轻重。中国领导人曾表示，全球需要一个更多元、更均衡的货币体系，逐步扩大人民币的跨境使用，有助于完善国际货币体系，有利于全球金融稳定和经济发展。中国积极参与国际货币体系改革，可以有以下几个途径：

第一，积极发挥在全球经济治理机构中的作用，提升话语权。推进落实 IMF 份额与治理结构改革，提升中国及其他新兴市场国家的话语权。为了体现新兴市场国家和发展中国家在全球经济中不断上升的权重，IMF 董事会 2010 年 11 月通过份额改革方案，超过 6%的份额将向有活力的新兴市场国家和代表性不足的发展中国家转移，并改革董事会使其更具代表性，其成员全部由选举产生。改革完成后，中国、巴西、俄罗斯、印度、南非等新兴经济体在IMF的表决权份额将增加4.5%~14.3%，其中中国的份额将从原来的3.72%升至6.39%，成为继美、日之后的IMF第三大会员国。这是近70年来IMF最具根本性的治理改革，也是针对新兴市场国家和发展中国家最大的份额转移方案。

目前，改革遇到了一定的阻碍，有关各方应尽力促使2010年达成共识的份额与治理改革正式生效，并积极准备2015年1月的第十五次全面份额评估。除了IMF之外，也要充分利用其他国际组织的平台，如G20、金融稳定委员会等相关全球治理机构，将国际货币体系改革作为促进全球经济长期可持续增长和全球金融稳定的议题进行讨论。

第二，积极参与各层次的金融安全网构建。国际货币体系好坏的一个衡量标准是其面对危机时的韧性，而金融安全网则是危机发生时给予各国保护的重要屏障。中国应在全球、区域、双边等多层次全面参与金融安全网的构建。在全球层面，中国可以积极督促各方尽快完成IMF增资改革，扩大IMF的借贷能力，探索多样化的危机救助方式。在区域层面，继续推进完善亚洲区域外汇储备库及亚洲债券市场发展，促进区域金融稳定。在双边层面，在现有的人民币双边本币互换协议的基础上，探索与更多国家签署双边互换协议的可能性，进一步推进双边本币互换协议的发展，在促进双边贸易投资的同时，探索促进双边金融稳定的渠道。

第三，积极参与国际储备体系的改革。外汇储备是危机发生时的缓冲垫，充足的外汇储备有助于防范短期资本外逃的负面影响，对于新兴市场国家而言更是如此。中国应当积极参与IMF的SDR改革，提升SDR作为储备资产组成部分的作用，探索在美元为外汇储备主导货币的背景下，如何使SDR充分有效地发挥作用。作为外汇储备第一大国，中国应当积极探索外汇储备多元化的形式，创新现有外汇储备资产运用模式，在保证外汇储备资产安全的同时，利用外汇储备资产促进长期增长和国民福利。积极推进人民币国际化，使人民币在外汇储备多元化中发挥更加重要的作用。

第四，积极参与各国经济政策协调，促进互利共赢，避免以邻为壑。国际货币体系得以持续健康运行的另一个重要前提是各国之间政策的协调。近期美联储量化宽松政策退出与新兴市场国家货币贬值，再一次表明了国际政策协调的必要性。中国应当在国际政策协调中发挥更加重要的作用，需要更加重视评估各国宏观经济政策外溢效应、监测跨境资本流动、分析实体经济发展与全球金融市场的联动性、评估各国金融稳定性、建立相关危机预警系统等机制。中国应当在G20中继续强化已经被写入公报的政策沟通机制，确保各国的货币政策、财政政策及其他宏观政策制定者有效沟通，保持谨慎调整态度，关注溢出效应，防止经济政策调整对全球经济产生负面冲击。

第五，积极推进人民币国际化。以美元为主要国际储备货币的国际货币体系有诸多弊端，而人民币国际化则有助于国际储备货币多元化，进而有助于国际货币体系的改革。人民币国际化应内外兼修。对内应当进一步改革国内金融市场，继续推进利率市场化改革，培育与国际储备货币地位相匹配的金融市场，完善金融基础设施建设；应进一步对国内经济进行结构性改革，保持中国经济长期可持续增长，稳固世界各国对中国经济和人民币的信心。对外应当继续推进人民币汇率形成机制的改革，形成双向浮动机制；审慎、稳步推进资本账户双向开放，避免过快开放资本账户带来的冲击；推动跨境贸易与投资的人民币计价与结算，完善人民币跨境支付和清算机制；加强与其他国家的合作，促进人民币离岸市场的发展。

结构调整应成为下阶段世界经济主旋律[①]

当前世界经济的发展态势大致是，美国经济复苏的态势已经比较明显，2014 年第一季度较低的经济增长主要是季节因素所致，不会妨碍复苏大局；欧元区经济增长弱于预期，通货紧缩风险加剧；日本经济由于结构改革欠奉，导致宽松政策引致的经济复苏面临可持续性的挑战；新兴市场经济体面临美联储退出量宽的冲击，再加上中国经济潜在增速下降，整个新兴市场的增长状况不容乐观。

尽管目前欧元区政府尚在评估是否加大量化宽松政策力度的可能性，但全球范围内已经开始了对量化宽松政策效果的反思。越来越多的人开始认为，量化宽松政策对于缓解危机冲击虽然是有效的，但仅靠量化宽松却无法保障经济的可持续增长。正是在此背景下，在 2014 年 IMF 春季年会上，代表们开始关注结构调整的重要性。正如 IMF 的国际货币与金融委员会所呼吁的，在全球经济复苏势头上升但依然不够强劲的背景下，各国应该通过结构性改革措施来保持增长。

---

① 本文发表于《人民日报》，2014 年 6 月 16 日。

本轮全球金融危机的实质，是金融长周期步入衰退阶段造成的资产负债表型金融衰退。与总需求萎缩性经济衰退相比，资产负债表型金融衰退的特点是复苏需要的时间更长，需要金融机构进行痛苦的去杠杆化。从应对策略上来讲，以财政扩张与量化宽松为代表的传统需求管理政策能够有效地应对总需求萎缩性经济衰退，但仅仅靠传统需求管理政策，并不能使全球摆脱资产负债表型金融衰退。

从2008年年底开始，美、欧、英、日等发达国家和地区央行开始实施量化宽松政策。量化宽松的实质，是央行通过在市场上购买长期国债等资产，向市场注入流动性，以此来维持金融市场稳定、提振实体经济增长。事实证明，在金融危机爆发后，量化宽松政策的实施的确有效地缓解了市场上的流动性短缺、维持了金融市场主体的信心、避免了危机的加剧与旷日持久。

然而，自美国次贷危机爆发至今，已经过去近6年时间，但发达经济体目前仍然没有恢复到危机前的增长水平。这表明，仅仅依靠量化宽松政策，似乎并不能保障经济的可持续增长。例如，尽管发达国家央行通过量化宽松将市场利率保持在低位，但银行信贷并未因此快速增长，金融机构依然处于惜贷状况，而家庭与企业的借款意愿依然疲弱。对依赖消费驱动的发达经济体而言，如果银行信贷增长过于缓慢，经济增长的可持续复苏就很难到来。

此外，量化宽松政策还埋下了新的风险。对发达国家而言，量化宽松政策鼓励本国金融机构在融资成本很低的状况下追逐风险，目前美国等国家的股票市场已经回到了危机前的水平，部分市场甚至开始重新出现泡沫。对新兴市场国家而言，在发达国家实施量化宽松期间，它们会面临短期资本流入、本币升值、资产价格上升与经济过热，而一旦美联储开始退出量化宽松，它们又转而面临短期资本流出、本币贬值、资产价格泡沫破灭与经济减速的挑战。换句话说，未来发达国家退出量宽的过程将注定非常艰难，甚至可能引爆新的危机。

既然量化宽松本身不能带来经济持续复苏，而且可能造成新的风险，全球范围内开始对量宽进行反思，并重新评估结构改革的重要性，就变得顺理成章了。结构调整是一个很广泛的概念，它是指通过一系列改革来提高微观主体的竞争力以及宏观经济发展潜力，最终实现经济结构调整的目标。

对不同国家而言，目前结构调整的重点不同。对美国而言，次贷危机的爆发揭示出美国经济过度依赖消费驱动与金融服务业的问题，因此美国经济结构调整的重点在于推动国内基础设施投资建设以及大力发展高端制造业。欧元区受到主权债务危机的困扰，因此欧元区国家结构调整的重点在于实现财政紧缩与经济增长的平衡，同时改革其饱受诟病的劳动力市场。日本经济迄今为止尚未从旷日持久的经济萧条中摆脱出来，因此日本经济结构调整的重点是如何提高日本企业的整体竞争力，如何降低过高的政府债务，如何应对严重的人口老龄化。中国经济结构调整的重点，则是如何实现经济增长由投资与出口驱动，向经济增长由内需平衡驱动的发展方式的转变，这又要以部门间的收入分配改革、打破国有企业垄断、要素价格市场化以及金融体系改革为前提。

为促进全球范围内的结构调整，各国除各自为战之外，还应该加强合作，来为结构调整创造更好的外部环境。毕竟，结构调整政策在短期内可能造成经济增长进一步减速。例如，中国经济当前的 GDP 增速下滑，就与中国政府的结构调整努力密不可分，而这又给其他新兴市场国家造成了新的外部需求冲击。因此，在当前环境下，世界各国应该加强合作，一方面敦促美国等发达国家在制订实施国内货币政策时，更多地考虑这些政策可能造成的负面溢出效应，维持国际金融环境的稳定；另一方面，各国在促进本国经济结构调整的同时，应该加强政策沟通与协调，从而既提高结构改革的效力，又限制结构改革政策可能造成的负面外部影响。

总之，全球经济目前依然处于脆弱的复苏过程中，量宽政策的负面效果正在不断显现，因此结构调整有望成为下阶段世界经济的主旋律。可以说，哪个国家在结构调整中率先取得成功，这个国家就有望在未来的世界经济格局中占到先机。

主要大国应对危机的策略比较及危机演进的前景展望[①]

美日欧应对危机的不同策略产生的后果迥异

美国政府采取了及时、大规模的财政货币刺激政策。其财政政策包括三个方面：其一，援助金融机构，包括给金融机构注资、帮助金融机构剥离不良资产等；其二，大规模减税，主要是针对居民的减税，这与中国 4 万亿救市政策的方向形成鲜明的对比；其三，增加公共支出，包括基础设施投资和支持一些新兴行业。在货币政策方面，第一步是降息，在降息没有空间之后开始推出量化宽松政策（QE），迄今为止美国进行了三轮半的 QE。

欧洲的反应显著滞后于美国，一开始也是降息，降息之后在货币政策方面采取了三种不同的措施：第一是 SMP，欧洲央行从市场上直接购买特定类型的金融资产；第二是 LTRO，欧洲央行向出现问题的各个欧洲成员国的商业银行提供贷款，鼓励这些银行去购买本国的国债；第三

① 本文发表于《文化纵横》，2013 年第 10 期。

是 OMT，这更加类似于美国的 QE，但是到现在还没有真正付诸实施。欧洲没有统一的财政政策，危机国为了获得外部的贷款，不得不纷纷实行财政紧缩政策。财政紧缩就中长期来看是必要的，但在短期内会进一步削弱经济增长，现在希腊、意大利、西班牙等国就面临上述困境。

日本的情况比较特殊，不是直接遭遇了危机，而是长期以来就没有从危机造成的经济低速增长中复苏过来。日本一直在做间歇性的财政刺激，但是间歇性财政刺激不但没有使经济脱离衰退的泥潭，反而造成公共债务居高不下。安倍上台之后，开始推行真正激进的量化宽松政策，例如提出在两年之内把货币存量翻一番，把通胀率从零左右提高到 2%等。除量化宽松货币政策外，安倍政府也想推行结构性改革。例如今年日本参议院选举之后，日本政府将会推出提高消费税税率的政策，但是结构性改革将面临既得利益集团阻碍，困难重重，很难取得进展。

从效果来看，目前美日欧三个经济体都在复苏，但是美国表现最好。对美国经济前景看好的原因有三：首先，美国的杠杆率自 2010 年开始就有明显下降，而欧元区、日本和中国的杠杆率还没有开始向下调整，去杠杆化是经济复苏的一个必要条件；其次，美国的房地产市场已经全面复苏，无论是新开工量、价格、投资、成交量都有比较显著的反弹；最后，美国能源行业爆发了页岩气革命，五年之后美国可能会成为一个能源自给的国家。这一趋势不但对美国的宏观经济会有较大影响，对全球宏观经济，包括全球的地缘战略格局在内都会有很大的冲击。

从美日欧应对危机的策略与效果中归纳得出的经验

从美日欧三者应对金融危机的政策和力度导致的不同后果中，可以总结出三条重要经验：

首先，爆发危机之后，政策反应速度和政策执行力度的不同是这些经济体目前复苏程度不一的重要原因。美国应对危机的反应速度非常快，而且政策力度最大，因此美国经济复苏也最为迅速。

其次，这次危机深化了我们对杠杆率的认识：第一，过去我们只重视政府杠杆率，而不重视私人杠杆率。这次危机表明，私人部门负债率的上升，将会伴随着资产价格的上升，形成资产价格泡沫，而一旦资产价格破灭，危机爆发，政府就必须救市，由此私人部门的负债很容易转化为公共部门的负债，就此而言，债务是可以转化的，私人杠杆率可以转化为公共杠杆率。第二，过去一般认为外债比较危险，内债没有危险，这次危机展示了，即使外债规模处于安全范围内，但如果国内债务过高的话，也可能引发金融危机。例如，美国的外债规模较低，但次贷危机爆发之后美国政府救市，导致私人部门内债最终变成政府内债与政府外债。所以，我们对杠杆率的认识应更加全面：内债与外债的划分并不那么重要，私人部门债务与公共部门债务的划分也并不那么重要，但控制一国总债务规模非常重要。

最后，危机爆发之后，一国是否能利用危机来推动国内结构性改革，决定着各国能不能更快地走出危机。从这一点来看，美国做得比较好。美国和欧洲相继发生危机之后，美国的真实劳动力成本有比较显著的下降，但是欧洲的劳动力成本基本上没有下降。

金融危机的后半程：美国经济全面复苏之日，就是某些新兴市场国家倒下之时

美国的危机已经过去，欧洲还处在危机之中，日本经济能否持续反弹面临不确定性，而某些新兴市场国家可能在不久的将来遭遇危机。这次危机的源头在美国，但是美国的危机已经过去了。欧洲与美国相比不是一个统一的财政联盟，而国别利益的博弈将会主导未来欧债危机的演

进，所以欧债危机会旷日持久，短期不会结束。日本已经连续经历了两个十年的衰退了，安倍政府的量化宽松政策虽然短期内有一定效果，但很难持续。从日本国内来看，无论是放松移民限制，还是大幅增加税收都很困难，所以日本的经济前景有很大的不确定性。总的来说，尽管本次危机的源头在发达国家，但危机很有可能会终结在新兴市场国家。

从目前来看，比较危险的有三个国家：南非、巴西和印尼，因为它们都面临双逆差问题，其经济增长较为乏力，而且外汇储备规模较小。真正的危险期在 2015 年美联储开始加息时。届时，大量资本会从这些新兴市场抽出并回流美国，从而导致这些国家陷入危机。五年之内会有一些新兴市场国家爆发与 1997—1998 年东南亚金融危机类似的危机。本轮金融危机可能会持续大概十年，前五年是在发达国家，后五年是在新兴市场国家。目前来看，印尼、巴西和南非最危险，风险居中的国家包括印度、菲律宾、泰国，比较安全的是新加坡、中国、马来西亚。真正的危险期在一年半以后。

最近两周以来，以印尼、印度、巴西、南非为代表的一些新兴市场经济体，出现了新一轮的资产价格急剧下跌、短期资本大量外流、本币显著贬值与外汇储备快速流失。这引发了市场关于近期内新兴市场经济体是否可能爆发第三轮国际金融危机的担忧。

造成上述现象的外因，是随着美国国内经济形势的继续好转，市场关于美联储将会提前退出量化宽松的预期进一步增强。最近公布的经济数据表明，近期内美国国内劳动力市场继续走强、通胀水平与国债收益率水平有所上升，这强化了市场关于美联储可能从 9 月份起启动退出计划的预期。

造成上述现象的内因，是印尼、印度、巴西、南非等经济体均具有较大的经常账户赤字，这意味着他们不得不依赖于持续的资本流入来平衡国际收支。而造成较大的经常账户赤字的原因，一是全球经济增长低迷造成的外需萎缩，二是短期资本持续流入推高了本币汇率，三是国内货币信贷膨胀造成经济过热。因此，一旦美联储退出量化宽松造成短期资本流动逆转，这些国家就会面临巨大的本币贬值压力。目前市场关注的焦点集中于印尼与印度，因为这两个国家有着亚洲范围内最严重的经常账户赤字，且两国的汇率与股市过去两周内均出现暴跌。尤其值得关注的是，印尼经常账户赤字规模已经达到1996年以来的最高水平。

对上述新兴市场经济体而言，如何应对由短期资本大量外流造成的负面冲击是至关重要的。他们大致面临如下四种选择，但每一种选择都有其特定代价：一是无所作为，这当然要以股市暴跌、汇率贬值、外债膨胀，甚至金融危机爆发为代价；二是通过央行干预外汇市场来稳定本币汇率，而这无疑将造成外汇储备的不断流失；三是通过加息来抑制短期资本外流，进而捍卫本币汇率，但在当前形势下加息又会削弱经济增长；四是通过重新采纳某些资本管制措施来抑制短期资本流出，但对那些已经完全开放资本账户的国家而言，这样做具有一些难度。

尽管上述国家目前面临着显著负面冲击，但我们认为，当前新兴市场经济体集体爆发第三轮国际金融危机的概率仍然较低。主要原因包括：第一，前几次新兴市场国家爆发金融危机的根本原因，在于在经常账户持续赤字的背景下维持了固定汇率制度，造成本币汇率显著高估，从而为投机性资本冲击埋下伏笔。相比之下，当前新兴市场经济体汇率制度弹性大为增强，汇率贬值使得本国经济能够更好地应对短期资本流出造成的不利冲击。第二，由于充分吸取了前几次金融危机的教训，新兴市场经济体普遍持有较高的外汇储备，从而为本国央行的货币市场干预预留出较大空间。第三，过去新兴市场经济体资产负债表上存在显著的期限错配与币种错配，因此难以承受本币对美元大幅贬值所造成的损失。而过去十年内，至少亚洲地区的债券市场发展已经取得了长足进展，造成亚洲地区新兴市场经济体的长期借债与本币借债大幅增加，这显著缓解了资产负债表的错配。第四，与前几次金融危机相比，目前区域内与全球范围内均有更加充足的金融资源可供新兴市场经济体用来抵御危机。例如，如果美元流动性不足，亚洲新兴市场经济体不仅可以向东亚储备库求援，而且可以向IMF申请贷款援助，此外还可以考虑与美联储签收双边美元互换。第五，在当前的全球经济环境下，如果新兴市场经济体集体爆发危机，美欧日等发达经济体也难以独善其身。因此，一旦形势发生不利变化，即使从自身利益考虑，发达经济体与国际金融机构也会迅速施以援手。

发达国家货币政策大分化[①]

2014年6月5日，欧洲中央银行宣布加大宽松货币政策的力度，一方面进一步下调三大政策性利率（主要再融资利率、隔夜存款利率与隔夜贷款利率）。其中隔夜存款利率更是由0.0%下调至-0.1%，这是多年来发达国家央行首次实行负利率；另一方面宣布将实施ABS购买计划与定向长期再融资操作。

欧洲央行进一步放松货币政策的原因，一是欧元区经济增长态势依然疲弱，2014年第一季度环比增速仅为0.2%；二是通货紧缩的风险逐渐增大，2014年6月欧元区通货膨胀率同比增速仅为0.5%；三是过于强劲的欧元汇率影响了欧元区出口。事实上，过去两年内，欧元不仅对美元，而且对人民币均保持强势，可谓全球最强劲的货币。

欧洲央行宣布宽松货币政策加码之后，全球主要发达经济体的货币政策走势形成了一种非常奇特的格局，即美国正在退出量化宽松政策，日本正在实施极其宽松的量化宽松政策，而欧元区很可能即将加大量化

① 本文发表于《中国外汇》，2014年第14期。

宽松的力度。

尽管2014年第一季度美国GDP的年化环比增速出乎意料地跌至-2.9%，但这主要是由于严冬天气所致，并不意味着美国经济复苏的态势就此终结。美国失业率在2014年6月已经降低6.1%的新低，包括ISM制造业与服务业指数以及出口同比增速等在内的若干指标在2014年第二季度都出现强烈反弹，这意味着美国经济将会继续强劲复苏。因此，美联储很可能将会按照既定方案继续退出量化宽松，预计在2014年第三季度结束资产购买计划，且最早可能在2015年年中加息。

尽管2014年第一季度日本GDP的年化环比增速由去年第四季度的0.3%强劲反弹至6.7%，且4、5月的CPI同比增速均超过3%，但这种超强反弹的背后是由于日本居民抢在2014年4月1日日本政府提高消费税税率之前提前消费所致，并不具备可持续性。预计第二季度日本经济增速将会显著回落。鉴于安倍政府是否能够按照计划推进结构性改革依然存在较大的不确定性，预计日本央行将会按照既定方案实施其有史以来最为宽松的货币政策。

美联储在逐渐收紧流动性，日本央行在大量释放流动性，而欧洲央行也可能加大释放流动性的力度，这究竟会给全球金融市场造成何种影响呢？至少在2014年上半年，全球金融市场可谓一片繁荣。包括发达国家股市（不包括日本在内）、新兴市场国家股市（不包括中国在内）、发达国家债市、黄金、白银、原油等在内的大多数资产价格，都出现全面上涨态势。其中尤其令人关注的是，历来呈现出负相关的股票市场与债券市场，也出现了罕见的双升格局。

这一全球主要金融市场皆大欢喜的局面，似乎表明全球流动性状况总体上偏宽松、全球投资者风险偏好处于较强区间。然而，考虑到全球经济增长态势依然低迷、诸多地缘政治风险正在抬头、美联储内部鹰派势力可能再度卷土重来、美元有效汇率可能真正步入上升通道等因素，当前的全球资产价格普遍上涨格局无疑是脆弱的，全球投资者的乐观情绪背后无疑充满了隐忧。大家都在等待压倒骆驼的那根稻草。

笔者认为，美欧日货币政策大分化的背后，实则是主要发达经济体增长态势并不均衡，世界经济的全面复苏依然充满变数。具体到金融市场，发达国家货币政策的分化实则为全球流动性状况与投资者风险偏好的变动增添了新的不确定性。当前貌似风险偏好走强与流动性充裕的格局，在意外事件的冲击下很可能短期间内发生逆转。

对中国经济而言，真正重要的是发达国家货币政策变动的加总效应。然而，如上所述，很难判断发达国家货币政策的新变局对中国而言究竟意味着短期资本流入压力还是流出压力。近期，短期资本流动变动不居、外汇占款增量大起大落、人民币汇率出现双向波动，这给中国政府的宏观经济管理提出了新的挑战。在这一背景下，中国政府应该保持政策定力，增强宏观政策的自主性与前瞻性。一方面，在国际金融市场不确定性上升、短期资本流动变动不居的背景下，应审慎开放资本流动；另一方面，国际金融形势的新变化为人民币汇率的双向波动提供了绝佳的时间窗口，中国政府应加快人民币汇率形成机制的改革。

强势美元对全球经济影响几何[①]

2014年下半年以来，美元汇率强势上涨。国际清算银行公布的数据显示，美元兑一篮子货币的名义有效汇率指数，由2014年6月的100.76上升至2014年12月的108.59。同期内，美元兑欧元、英镑、日元与卢布汇率分别升值了9%、7%、17%与61%。

美元汇率强势升值的原因，一是美国货币政策正常化。2014年1—10月，美联储将月度购买金融资产规模由每月850亿美元降至零。目前市场普遍预期，美联储将在2015年某个时点开始加息。二是美国经济持续复苏。受消费复苏与出口改善影响，2014年第二季度与第三季度美国GDP环比增速折年率分别达到4.6%与5.0%，创下11年来最佳纪录。三是其他国家货币普遍面临下跌压力。受连续降息与新一轮量宽影响，欧元汇率跌势连连。受全球原油与大宗商品价格下跌影响，卢布、澳元与加元均处于弱势。四是全球金融市场与地缘政治动荡加剧，导致美国国债市场作为避风港的角色强化，避险资金流入美国国债市场

① 本文发表于《人民日报》，2015年2月4日。

也将提振美元。

强势美元对全球经济影响几何呢？

从负面影响来看，第一，强势美元及其背后的美联储加息预期，将会增强美元资产的吸引力，从而导致新兴市场国家普遍面临短期资本外流的格局。而资本持续外流也会造成新兴市场国家的资产价格下跌、本币持续贬值、外债负担加剧，甚至引爆金融危机。第二，强势美元会压低全球能源与大宗商品价格，这会恶化能源与大宗商品出口国的贸易条件，造成这些国家出口收入下降，进而造成经济增速下滑与金融市场动荡，近期的俄罗斯与巴西就是典型案例。第三，对于那些试图维持本币对美元汇率稳定的经济体而言，其本币将跟随美元对全球其他货币快速升值，从而显著降低其出口产品的国际竞争力，造成贸易顺差下降与本币汇率高估，这不仅会对经济增长与就业产生负面影响，而且可能形成金融风险隐患。

从正面影响来看，第一，强势美元压低了全球能源与大宗商品价格，这对能源与大宗商品进口国而言是一种正面外部冲击，它可以改善贸易条件，提高居民真实收入与降低企业生产成本，从而达到改善总供给甚至总需求的目的；第二，强势美元背后得到美国经济持续复苏的支撑，美国需求由弱转强，有助于促进其他国家对美国的出口。

强势美元对美国经济自身的影响也有利有弊。

从好处来看，强势美元一方面可以降低进口商品与服务的本币价格，从而提高居民部门真实收入，增强美国居民的消费能力与水平；另一方面有助于降低美国企业的全球融资成本，在一定程度上刺激投资。

从坏处来看，其一，目前美元汇率的逆市升值，将会显著降低美国出口商品的国际竞争力。一方面进口增速上升，另一方面出口增速下降，这将导致美国经常账户逆差重新扩大。这一局面将会再次降低美国进口替代行业的就业水平，从而引发国内政治压力。此外，贸易逆差扩大也会降低经济增速。其二，美元对其他货币的升值，将会造成美国跨国公司以美元计价的全球利润缩水，这会降低美国跨国公司的盈利水平，可能引发美国股市向下调整。其三，考虑到美国对外资产多以外币计价，对外负债多以美元计价，美元强势升值将会加剧美国的全球净负债水平。

综上所述，笔者认为，美国政府对强势美元的容忍程度将会逐渐下降。这将导致美国政府政策作出如下调整：第一，美联储可能适当推迟加息的时点，以降低强势美元对经济复苏的冲击；第二，美国政府将会加大要求其他国家货币保持汇率稳定，甚至跟随美元升值的压力。相应的，来自美国的贸易保护主义压力无疑会卷土重来，关于全球经济再平衡的讨论也会再度成为热点。基于以上考虑，笔者认为，2015 年美元汇率很可能继续保持强势，然而继续大幅升值的空间非常有限。

欧元汇率有望趋势性走弱[①]

自欧元诞生以来，欧元兑美元汇率经历了跌宕起伏的波动。2000年10月，在美国互联网泡沫破灭前夕，该指标一度跌至0.83左右的历史性低点。而在2008年4月，该指标一度达到1.60左右的历史性高点。2010年至今，欧元兑美元汇率大致在1.34的均值左右上下波动。2012年7月欧债危机最深重的时期，该指标跌至1.20左右的周期性低点，而在2014年3月，该指标则升至1.40左右的周期性高点。然而，2014年3月以来，欧元兑美元汇率显著下跌，到9月已经跌破1.30。未来几年内，欧元兑美元汇率将会何去何从呢？

从短期来看，决定双边汇率走势的最重要指标是两国利差，而决定利差的最重要指标又是两国经济增长趋势。毫无疑问，目前美国的经济增长趋势远好于欧元区。尽管美国与欧洲都爆发了金融危机，但美国在危机后的调整速度远快于欧洲，造成目前美国的GDP增速大致要比欧元区高上1.5至2个百分点。经济增长趋势的差异决定了美欧货币政策

① 本文发表于《人民日报》，2014年10月13日。

的差异。目前美联储正在退出量化宽松，大致将在2014年第三季度结束资产购买，并在2015年下半年开始加息。与之形成鲜明对比的是，欧元区央行近期连续两次降息，将基准利率变为负利率，并很可能加大量化宽松政策的实施规模。两国迥异的货币政策，造成美国利率水平将会持续高于欧元区，利差的拉大将会造成国际资本由欧元区流向美国，从而推动欧元对美元持续贬值。

从长期来看，决定双边汇率走势的最重要指标是两国劳动生产率增速，劳动生产率增速更高的国家的货币将会升值。目前全球范围内似乎正在酝酿新一轮技术革命的浪潮。我们尚不确定新一轮技术革命究竟会爆发在生物医药、新能源还是互联网，但大致可以确定的是，新一轮技术革命爆发在美国的概率，要远高于爆发在欧洲的概率。此外，要彻底走出危机，欧元区必须进行痛苦的结构调整。而在结构调整期内，欧元区的劳动生产率可能不升反降。因此，即使从长期来看，欧元兑美元依然有贬值的压力。

欧元兑美元贬值，这有利于提高欧元区出口商品的国际竞争力，从而有助于提振欧元区（特别是德国）的出口，从而有利于提振经济增长。然而，如果市场上形成持续的欧元贬值预期，这将导致欧元区国家面临持续的资本流出，这可能会给金融市场以及企业融资造成压力。对那些较为依赖大宗商品进口的欧元区国家而言，欧元兑美元贬值可能提高进口成本，从而制造输入型通胀压力，甚至加剧滞涨局面。

由于未来几年人民币兑美元可能保持在6.0~6.2水平上双向波动的局面，因此欧元兑美元如果持续贬值，这将会造成人民币兑欧元持续升值。毫无疑问，这将会影响中国对欧元区的出口增速。反过来，由于人民币海外购买力上升，中国从欧元区的进口将会显著增加、中国对欧元区的海外直接投资也可能快速增长。

然而值得警惕的是，如果欧元兑美元持续贬值，那么美元的有效汇率（即美元兑一篮子货币的加权汇率）可能快速上升，从而导致美国出现更大的贸易逆差。在这一背景下，美国政府可能反过来加大对中国政府的压力，要求人民币进一步升值，否则可能对中国实现贸易制裁。由于目前人民币兑美元汇率已经接近均衡水平，如果人民币兑美元进一步显著升值，则可能造成人民币汇率高估，从而损害实体经济并造成新的风险。因此，中国政府应尽快实施人民币汇率形成机制的市场化，避免给美国政府以中国政府仍在操纵人民币汇率的口实。

汇率战与贸易战阴影正在重新袭来[①]

美国商务部发布的数据显示，2015 年 3 月美国的贸易赤字规模达到 514 亿美元，远超过 413 亿美元的预期值，创下 2008 年 10 月以来之最。3 月贸易赤字超过预期，给 2015 年第一季度美国 GDP 增速终值蒙上了一层阴影。事实上，第一季度美国 GDP 增速初值仅为可怜的 0.2%，远低于 2014 年第二季度的 4.6%与第三季度的 5.0%。在 3 月份的贸易数据出台之后，高盛、德意志银行与摩根大通更是将 2015 年第一季度美国 GDP 增速终值下调至-0.5%。

为何 2015 年 3 月美国贸易赤字规模会远超预期呢？我们不妨更深入地解析一下数据。2015 年 3 月美国出口额为 1878.4 亿美元，与预期值 1861.9 亿美元基本相符；进口额为 2392.1 亿美元，显著高于预期值 2220.9 亿美元。不难看出，3 月份美国贸易赤字显著高于预期，主要原因在于进口额显著高于预期。而导致 3 月份美国进口额飙升的主要原因，则是从 2014 年年底开始的美国西海岸港口工人罢工在劳资双方达

① 本文发表于《中国外汇》，2015 年第 10 期。

成新的协议后告一段落，导致大量集装箱纷纷涌入，从而推高了当月的进口。3 月份美国食品、资本与日用消费品进口额均创下历史新高。

然而，导致近期美国贸易赤字规模扩大的更深层次原因，则是过去两年以来美元汇率的快速升值。一方面，受美联储退出量化宽松以及即将步入新的加息周期的预期的影响，美元对其他主要国家货币汇率显著升值；另一方面，从 2014 年年底，欧洲央行与日本央行出台了新的量化宽松政策，造成欧元与日元汇率对美元大幅贬值，从而进一步推高了美元有效汇率的升值幅度。来自国际清算银行的数据显示，2013 年 4 月—2015 年 3 月这两年期间，美元对一篮子货币的名义有效汇率指数由 98. 9 上升至 114. 67，升值幅度达到 16%，而同期内，欧元的名义有效汇率指数贬值了 6%，日元的名义有效汇率指数更是贬值了 11%。

贸易逆差扩大导致的经济增速走低，造成的后果之一，是美联储加息的时点可能推迟。尽管目前美国失业率已经降至 6%以下，但劳动参与率仍然没有显著改善。经济增速显著走低，可能导致美联储担忧，失去量宽与超低利率支撑的增长动力，并不足以使得美国经济回到快速增长的轨道上来。此外，美联储步入新的加息周期，也可能导致金融市场上的风险偏好下降、杠杆率下调，从而产生新的金融风险。因此，笔者预计，美联储首次加息时间将至少推迟至 2015 年三四季度之交。如果第二季度的经济数据依然没有起色，美联储不在 2015 年加息也并非没有可能。

一方面是贸易逆差的扩大，另一方面是加息周期的推迟，这两个因素均可能导致外汇市场上的美元牛市进行调整。美元对主要货币汇率在未来一段时间内可能会明显走弱。而作为全球能源与大宗商品最重要计价货币的美元走弱，则可能给原本疲软的能源与大宗商品市场注入一丝亮色，甚至引发一波反弹。不过，由于美元走弱的原因是美国经济走弱，这会给本就疲软的需求面新的一击，从而决定了能源与大宗商品市场的反弹难以持久。

笔者更为担心的是，如果美国的贸易赤字持续扩大，这将对美国的经济增长与就业产生显著负面拖累，从而导致美国国内政治压力上升，进而造成美国政府在汇率与贸易问题上重新变得强势。例如，美国政府可能会向如下几个国家施压：一是经常账户顺差占 GDP 比重过高的德国，要求其增加居民工资、扩大国内消费与投资；二是过去一段时间对美元贬值过快的日本，要求其维持日元对美元汇率相对稳定；三是尽管有效汇率升值很快，但近期贸易顺差绝对水平较高的中国。美国政府既可能通过双边渠道（例如美国财政部评估其他国家是否存在汇率操纵），也可能通过 IMF 之类的多边渠道，向贸易顺差国不断施压。如果贸易顺差国的货币继续对美元保持弱势，不排除美国国会通过对特定国家进行反倾销、反补贴等贸易制裁的可能性。

换言之，当美国经济高歌猛进时，美国政府可能对强势美元听之任之。而当美国经济增长疲弱时，美国政府会在汇率问题上变得越来越强硬。在 2015 年，汇率战与贸易战的阴影正在重新袭来。对此，各贸易顺差国应该做好准备，力争通过谈判与协商解决问题，尽量避免陷入以邻为壑式的竞争性贬值或报复性贸易战的困局。

警惕美联储加息可能引爆新一轮汇率战[①]

2015年6月中旬，世界银行发布了最新的半年度全球经济展望报告。报告将2015年全球经济增速预测从3.0%下调至2.8%。世界银行首席经济学家Kaushik Basu建议美联储将首次加息时点推迟到2016年，以避免汇率波动状况加剧从而进一步损害全球经济复苏。

当前全球经济增长态势都不尽如人意，分化与停滞成为当前的两大特征。所谓分化，是指无论在主要发达国家（美、欧、日）之间，还是新兴市场大国（例如“金砖五国”）之间，经济增长态势都相差迥异。所谓停滞，是指长期性停滞（Persistent Stagnation）已经成为世界经济面临的现实风险。尽管全球金融危机已经爆发7年时间了，但目前世界经济增长速度依然远低于危机前的增速。目前发达国家除了美国，新兴市场大国除了印度之外，普遍都面临着增长下行或停滞的局面。

分化的经济增长态势，造成了主要国家央行货币政策的分化。受国内经济持续复苏影响，美联储已经在2014年退出了量化宽松，并即将

① 本文发表于《人民日报》，2015年6月23日。

步入新一轮加息周期。由于增长低迷已经由外围国家传递至核心国家，欧洲央行不但将基准利率降至负利率期间，还在 2015 年实施了新一轮加码的量化宽松政策。而日本央行自安倍首相上台之后，就实施了史上最宽松的量宽政策并延续至今。目前新兴市场国家的货币政策也呈现出分化格局。一方面，以中国为代表的一批国家为缓解经济下行，实施了以降息为代表的宽松货币政策；另一方面，以巴西为代表的一批国家为抑制通胀与资本外流，不得不采取加息等方式来进行应对。

货币政策的分化自然会对汇率产生重要影响。受美联储收紧货币政策影响，过去两年美元兑全球主要货币（例如欧元、日元、俄罗斯卢布等）汇率呈现出强劲升值的局面。更为重要的是，汇率变动与资本流动结合起来，将形成一种正反馈的机制。例如，受美联储加息以及美元走强影响，目前新兴市场国家普遍面临资本外流的局面。资本外流将会导致新兴市场国家外汇市场上本币供过于求、外币供不应求，从而加剧本币贬值预期，而本币贬值预期又将刺激更大规模的资本外流。

目前新兴市场国家已经由全球经济增长的引擎，蜕变为拖累全球经济复苏的引擎。例如根据牛津经济研究所的数据，2015 年第一季度，17 个最大的发展中经济体导致全球贸易增长率下滑 0.9 个百分点，而在 2000—2014 年期间，这些国家每年为全球贸易增速贡献 2.5 个百分点。导致发展中经济体贸易增速下滑的主要原因，一是全球大宗商品价格处于持续熊市，二是全球经济增长持续低迷，三是中国经济增速显著下行导致进口增速下降。

从国际经验来看，在全球经济增速低迷，特别是贸易增速放缓的背景下，为了通过出口来刺激增长与就业，全球大国之间就容易爆发以邻为壑的汇率战。目前考虑到美联储即将步入加息周期而引发的新一轮美元汇率走强，在部分发达国家（例如欧元区与日本）与新兴市场国家之间出现本币兑美元汇率竞争性贬值的风险，无疑正在上升。

从美国政府一贯的经济政策制定来看，考虑政策的外部性不是其优先选项，货币政策的变动主要受国内因素影响。因此，除非美国经济第二季度增速继续低迷，否则美联储在2015年年底加息的概率依然较大。为了避免美联储加息引爆新一轮全球汇率战，主要国家应该通过各种多边平台（特别是二十国集团）增强政策协调。毕竟，从全球视角出发，汇率战是一种此消彼长的零和博弈，最终会构成对世界经济的一种伤害，而非福音。

本币贬值是天使还是魔鬼[①]

最近一段时间以来，全球货币按照汇率强弱，可以基本划分为三大类：一类是汇率强劲的美元与人民币，一类是汇率相对稳定的欧元，另一类则是汇率喋喋不休的其他主要货币。后者既包括日元这样的发达国家货币，也包括俄罗斯、巴西、印度、印尼等新兴市场国家的货币。

有趣的是，尽管本币贬值的国家不少，但这些国家又可以分为两类：一类是通过各种操作主动压低本币汇率的国家，例如日本与俄罗斯。另一类则是在通过各种操作努力抑制本币贬值的国家，例如巴西、印度与印尼。尽管本币贬值的结果大致相同，但这两类国家采取的措施截然相反，其原因究竟何在呢？

归根结底，是压低汇率的国家与捍卫汇率的国家，在当前形势下面临的主要压力与主要问题不同，导致各自采取的对策迥异。

对日本与俄罗斯而言，通过提高出口增速来拉动国民经济增长，是政府的主要目标。在外需持续低迷的状态下，要提高出口增速，就必须

① 本文发表于《人民日报》，2013 年 9 月 18 日。

维持一个较低的汇率水平来增强本国出口产品的国际竞争力。对日本而言，所谓“安倍经济学三支箭”中的第一支，就是通过扩大货币发行规模来压低日元汇率，通过日元汇率来刺激经济增长。对俄罗斯而言，前段时间全球原油市场的低迷不但降低了经济增速，而且加剧了财政赤字，因此也产生了通过保持较低的汇率水平来刺激出口增长的冲动。

对巴西、印度与印尼而言，当前的主要挑战在于如何应对美联储退出量化宽松预期造成的负面冲击。随着 2013 年 6 月份美联储主席伯南克宣布退出量宽的时间表以来，这些新兴市场国家都遭遇了大规模的资本外流。资本外流又造成了股市暴跌、汇率贬值、外债负担加剧等不利后果。如果不妥善应对，这些国家很可能爆发与 1997—1998 年东南亚金融危机类似的汇率危机。

为了遏制短期资本外流，巴西、印度、印尼等国的央行必须努力抑制本币贬值。而当前能够选择的方法无非两种，一种是通过央行在外汇市场上卖出美元、买入本币来维持本币汇率；另一种是通过加息来提高国内金融市场对国际资本的吸引力。遗憾的是，干预外汇市场会导致本国外汇储备规模不断缩水，因此是难以持续的；在本国经济增速已经下降的背景下，加息将会进一步抑制经济增长。换句话说，这两种应对手段都有其成本或副作用。

那么，在不同国家迥异的汇率政策背后，是否有什么共同联系呢？笔者认为，上述两种现象背后的共同推动力，其实是全球金融危机后，部分发达经济体与新兴市场经济体在经济增长速度方面的趋同，即美国等经济体的经济增速上升，而整个新兴市场经济体的经济增速下降。前者导致美联储即将逐渐退出量化宽松，而后者则对不同基本面的新兴市场经济体产生了不同的压力：基本面好的经济体不得不通过提振出口来保增长，基本面差的经济体不得不通过各种措施来抑制美联储退出 QE 导致的短期资本外流。本币贬值，对基本面好的经济体而言是天使，对基本面差的经济体而言则是魔鬼。

这种二元化的现象，一方面说明了作为全球最大经济体的美国，其国内政策对于全球经济具有巨大的溢出效应；另一方面也凸显出全球新兴市场国家应该团结起来，通过多边国际治理来应对美联储政策造成的负面冲击，并敦促美国政府实施更具责任的国内政策的必要性。

金砖与灵猫为何沦为“脆弱五国”[①]

当前世界流行创造新概念。自高盛前首席经济学家吉姆·奥尼尔在2001年推出“金砖五国”（BRICS，分别指巴西、俄罗斯、印度、中国与南非）以来，汇丰不甘示弱地推出了“灵猫六国”（CIVETS，分别指中国、印尼、印度、越南、土耳其与南非），高盛随后再度推出“金钻11国”（Next-11，即增长潜力仅次于金砖五国的11个新兴市场国家，包括巴基斯坦、埃及、印尼、伊朗、韩国、菲律宾、墨西哥、孟加拉国、尼日利亚、土耳其与越南）。不过，这些新概念也并非完全褒义。继“欧猪五国”（PIIGS，即爆发主权债务危机的国家，包括葡萄牙、爱尔兰、意大利、希腊与西班牙）之后，摩根士丹利在2013年推出了“脆弱五国”（Fragile 5，包括巴西、印度、南非、土耳其、印尼）。正所谓你方唱罢我登场。

问题在于，巴西、印度、南非、土耳其与印尼，这些曾经的金砖国家或灵猫国家，是如何沦为“脆弱五国”的？这一无奈的沦落过程，

① 本文发表于《中国外汇》，2014年第6期。

究竟是运气使然，还是宏观政策操作失误的结果？

让我们先从四方面数据入手来展开分析。从经济增长来看，巴西、印度、南非与土耳其最近两年的 GDP 增速显著低于 2010 年的 GDP 增速；巴西、印度、土耳其最近两年的 GDP 增速也显著低于 2001—2010 年这 10 年的平均增速。

尽管这些经济体近年来经济增速显著下滑，但通货膨胀率却处于较高水平。2013 年，“脆弱五国”的 CPI 同比增速均超过 5%，其中印度的 CPI 同比增速超过 10%。巴西与印度 2013 年的 CPI 同比增速更是超过 2001—2010 年 CPI 同比增速的均值。换句话说，对巴西与印度而言，近年来经济增速显著下降，但通货膨胀率却显著上行，这意味着两个国家面临滞涨压力。

从国际收支来看，这五个国家在最近几年来毫无例外地都存在经常账户逆差，这意味着“脆弱五国”不得不依赖于资本账户顺差来平衡国际收支。而进一步的分析表明，在这些国家的资本流入中，短期资本流入又占据相当比重，而直接投资流入的比重相对较低。既然“脆弱五国”均严重依赖短期资本流入来平衡经常账户逆差，那么一旦短期资本流入逆转，这些国家将会出现严重的国际收支双赤字，从而加剧本币贬值压力。

从本币兑美元汇率走势来看，“脆弱五国”的本币兑美元汇率在次贷危机结束后到 2013 年之前，整体上对美元均有显著升值。但从 2013 年 5 月美联储表达退出 QE 的预期后，这些国家本币兑美元汇率均出现大幅贬值。

如果我们将以上四方面证据整合起来，我们就能清晰地看到，上述“金砖”与“灵猫”国家是如何一步步沦为“脆弱五国”的：

首先看看繁荣时期的风险累积。由于充分从 20 世纪 90 年代东南亚金融危机中吸取了教训，美国次贷危机与欧洲主权债务危机爆发对新兴市场国家的直接冲击普遍较小。然而，随着美欧日英等主要发达国家相继实施量化宽松政策，大量短期国际资本由发达国家流向新兴市场国家。由于印度、巴西、印尼、南非与土耳其一方面没有进行适当的资本流动管理（部分原因是其中一些国家已经全面开放资本账户），另一方面也没有实施足够的宏观审慎监管。因此，短期资本的持续流入造成以下不良后果：一是加剧通胀、资产价格泡沫与经济过热；另一方面推动了本币升值。全球需求疲软与本币升值的结合，造成这些国家的经常账户由顺差转为逆差，本币开始出现高估。

其次来看美联储退出量宽造成的冲击。随着美联储表态退出量宽，短期资本由流入转为流出，这一方面导致上述国家的资产价格下降，另一方面使得这些国家转为面临国际收支双赤字，从而本币面临较大贬值压力。资产价格下降的负面财富效应导致这些国家的消费增速下降，而本币贬值造成的进口成本上升在短期内进一步推高了通货膨胀率。

总之，部分“金砖”国家与“灵猫”国家最终向“脆弱五国”嬗变的根本原因，是在外部环境良好、资本大举流入的背景下，这些国家既没有实施适当的资本管理政策与宏观审慎监管，也未能利用这一时间窗口通过国内结构性调整来重塑增长动力，从而造成金融脆弱性的累积以及增长动力的逐渐衰竭，并为最终资本流动逆转的冲击埋下伏笔。

这些国家的沦落固然与外部环境变化、贸易条件恶化等运气性因素有关，但更多地取决于宏观政策操作失误，即未能在流动性的盛宴达到高潮之前未雨绸缪，以至于最终在流动性大潮退出之后被发现是在裸泳。

新一轮新兴市场动荡的溯源与展望①

2014 年 1、2 月之交，一些新兴市场经济体再度面临资本外流、本币贬值与金融市场动荡的局面。自 2013 年 5 月美联储表达退出市场的意愿以来，这已经是新兴市场面临的第三波市场动荡了，其中第一波与第二波分别发生在 2013 年 6、7 月与 9、10 月。与前两波市场动荡主要爆发在印尼、印度、巴西、南非等国家不同，新一波动荡还卷入了阿根廷、土耳其、俄罗斯等经济体。1 月 23 日，阿根廷比索兑美元汇率单日下跌超过 13%，跌幅创下近 12 年新高。土耳其里拉兑美元汇率在 1 月下旬一度跌至历史最低点。俄罗斯卢布兑美元汇率也跌至多年来的低点。新一轮新兴市场动荡为什么会发生？这会最终演变为新一轮国际金融危机吗？本轮市场动荡对中国经济将会产生何种影响？本文将试图回答这三个问题。

① 本文发表于《中国金融》，2014 年第 5 期。

新一轮新兴市场动荡溯源

造成新一轮新兴市场动荡的原因之一，是美联储从 2014 年 1 月起正式开始削减月度购债规模。2013 年以来新兴市场经济体面临的三轮动荡，最直接的驱动原因都与美联储退出量化宽松的行为和预期显著相关。继美联储在 2014 年 1 月份将月度购债规模削减 100 亿美元之后，1 月末召开的美联储例会又宣布，将从 2 月份起将月度购债规模再度削减 100 亿美元，至 650 亿美元，并表示将会在未来几次会议后以审慎步伐继续削减债券购买规模。一方面，美联储削减债券购买规模直接降低了其向市场注入的流动性；另一方面，美联储退出 QE 的举动造成美国市场收益率上升、全球风险偏好下降，导致国际短期资本由新兴市场回流美国市场。这就造成新兴市场国家面临资本外流与本币贬值的局面。

造成本轮新兴市场国家不利局面的原因之二，是被卷入动荡的新兴市场经济体自身的基本面存在较大问题。例如，由于国际大宗商品价格持续低迷，导致阿根廷的经常账户不断恶化，并在 2013 年出现了较大的经常账户逆差。为缓解本币兑美元的贬值压力，阿根廷央行不得不在外汇市场上进行干预，导致阿根廷外汇储备显著下降，由 2010 年第三季度末的 500 亿美元以上下降至 2013 年年底的 300 亿美元左右。又如，土耳其的国民总储蓄率仅为 15%左右，导致不得不通过持续的经常账户逆差来融通国内投资，其经常账户逆差占 GDP 比率超过 5%，这意味着本币显著高估。此外，土耳其近来爆发了较大规模的游行示威，政府与宗教派系之间发生了较大冲突，总理由于贪腐丑闻不得不重新组阁，这进一步降低了国内外投资者对本国局势的信心，从而加剧了资本流出。

造成数轮新兴市场动荡的原因之三，是在美联储实施量化宽松政策期间，这些国家没有充分实施包括资本流动管理在内的宏观审慎监管政策，从而导致大量短期资本流入，这刺激了国内货币信贷增长，并造成资产价格上升、通货膨胀高企与经济过热。例如，2013 年土耳其除外商直接投资之外的资本流入就超过了 GDP 的 8%。又如，2012 年 9 月—2013 年 12 月，阿根廷月度 CPI 同比增速持续高于 10%。再如，在美联储实施量化宽松期间，为避免本币过快升值，一些新兴市场经济体采用降息的方式来应对，导致国内股价与房价快速上升。由于未能在短期资本大举流入的背景下实施反周期的宏观经济政策或加强资本流动管理，导致在繁荣时期形成了较大的泡沫，积累了不容忽视的金融脆弱性，这就使得上述国家难以应对外部流动性逆转形成的挑战。

造成新一轮动荡的原因之四，在于很多遭遇不利冲击的新兴市场国家采用连续加息的方式来应对，而加息是一把副作用非常明显的双刃剑。固然，在短期资本大举外流的背景下，提高国内利率有助于增强国内市场的吸引力，缓解资本外流及其造成的本币贬值压力。然而，在国内经济增长率原本就在回落的背景下，连续加息将会损害消费与投资增长，从而加剧经济增速回落，同时加息还会造成国内资产价格的显著下跌，从而进一步削弱投资者的信心。其实，在应对短期资本大举流出方面，更有效的方式是加强资本流动管制。

造成本轮新兴经济体动荡的原因之五，是中国经济增速出现的趋势性下降。中国经济的潜在增长水平，可能已经由过去的 9% 以上下降至目前的 7%左右，鉴于中国已经是全球第二大经济体，尤其是来自中国的需求对全球大宗商品价格走势具有决定性影响，这就使得中国经济增长放缓对部分大宗商品出口国具有显著的负面溢出效应。事实上，2013 年以来巴西、南非、阿根廷等国家遭遇的市场动荡，在很大程度上与中国经济增长放缓造成的全球大宗商品价格低迷有关，因为贸易条件的恶化加剧了这些国家的经常账户逆差，使得本币汇率高估更为突出，因此也更易遭遇外生性的流动性冲击。

短期内爆发大规模金融危机的可能性较低

尽管近期部分新兴市场经济体的动荡加剧，但笔者依然认为，短期内新兴市场爆发大规模金融危机的概率依然较低。做出这一判断的主要原因包括：

首先，就新兴市场整体而言，其经济基本面与金融稳健性，均显著好于20世纪90年代东南亚金融危机爆发之前。其一，新兴市场整体目前仍是经常账户顺差，而东南亚金融危机爆发之前是逆差；其二，新兴市场整体目前外债占GDP比重低于30%，而在20世纪90年代中期接近40%；其三，无论是外币债务占总债务比重，还是短期债务占总债务比重，新兴市场整体的目前水平均显著低于东南亚金融危机爆发之前；其四，目前新兴市场整体的外汇储备规模也显著高于1996—1997年期间，这意味着央行干预外汇市场、抵御资本流出的能力今非昔比；其五，与20世纪90年代相比，目前新兴市场经济体的汇率弹性显著增强。换句话说，这些国家可以将本币贬值作为抵御外部冲击的第一道防线。尽管如前所述，阿根廷、土耳其等新兴经济体的基本面的确有较大问题，但即使是这些经济体的基本面，与东南亚金融危机爆发前相比，仍然有相当大的改善。

其次，2014年发达经济体增长前景较为光明，这有助于提振新兴市场经济体的出口增长。尽管2013年12月与2014年1月美国的制造业与就业数据出现了一些反复，但这一态势主要与极度寒冷的天气有关，2014年美国经济继续复苏的可能性很大。2014年欧洲主权债务危机恶化的概率较低，欧洲经济有望进一步走出衰退。尽管国内消费税改革前景存在较大的不确定性，但日本经济仍有望较快增长。2013年英国经济的增长速度超出市场预期，预计在2014年仍能得以维系。一旦美欧日英均能维持较快增长，这意味着全球需求将会继续复苏，这对出口导向经济体或大宗商品出口国而言均是利好消息，这将有助于新兴市场经济体更好地降低经常账户赤字与汇率高估水平。

再次，作为全球经济的重要引擎之一，中国经济在2014年仍会稳定增长。尽管2013年中国经济增速有所下降，但下降幅度有限，预计2014年中国GDP仍能维持7%以上的增长。国内流动性成本上升、房地产宏观调控与地方融资平台治理固然会压低投资增速，但国内消费与出口仍有望保持较快增长。土地改革与城镇化的加速、服务业开放与民营资本的进入、行政审批的弱化与取消、要素价格市场化等结构性改革的推进将会有助于提高全要素生产率。如果发达经济体与中国的经济均能保持相对较快增长，这意味着其他新兴市场经济体在2014年面临的外部环境，可能显著优于2013年。

最后，如果部分新兴市场经济体不幸爆发金融危机，以美国为代表的发达经济体与以IMF为代表的国际金融机构很可能采取更快的行动与更合理的措施进行救助，以避免危机的扩展深化。众所周知，东南亚金融危机爆发之后，美国、IMF等提供的救援措施不但行动迟缓，而且紧缩性的国内政策药方加剧了危机国家的衰退。前车可鉴，尤其是在发达国家自身经济复苏依然脆弱的背景下，发达国家与国际金融机构不得不充分吸收过去的经验教训，及时地、更富针对性地对新兴市场国家提供救援。一方面，美联储可能通过与特定新兴市场经济体建立双边美元互换来提供流动性支持；另一方面，IMF的贷款机制也已经变得更为灵活与更加量体裁衣。此外，被卷入危机的新兴市场经济也可以从东亚储备库等区域性金融安排或通过与中国建立双边本币互换的方式获得流动性支持。

新一轮动荡对中国经济的冲击有限

尽管2013年以来新兴市场经济体已经数次风声鹤唳，但迄今为止，新兴市场动荡对中国经济的冲击是比较有限的，这一局面有望在2014年继续维持，主要原因包括：

第一，2014年中国仍能维持相对加快的出口增速，以及较大规模的贸易顺差。美联储退出QE与新兴市场动荡对中国经济的冲击主要包括贸易层面与金融层面。从贸易层面来看，新兴市场国家局势动荡自然会降低中国对这些国家的出口增速，但美国经济的逐渐走强以及其他发达国家的经济复苏，会对冲新兴市场国家的需求下降。此外，全球大宗商品价格低迷有助于改善中国的贸易条件，降低中国的进口成本。综合判断，外部冲击对中国国际贸易的影响不大。

第二，2014年中国仍会面临一定规模的资本流入，而非大规模资本流出。从金融层面来看，美联储退出QE及其造成的新兴市场动荡将会降低全球投资者的风险偏好，从而导致中国面临的短期资本流入放缓甚至逆转。考虑到外汇占款是中国国内市场流动性的重要来源，因此外汇占款增量下降可能抬升国内银行间市场利率。事实上，2013年6月的银行间市场钱荒，一个重要的外生性冲击，就是2013年二季度中国的资本与金融账户由正转负。然而尽管如此，2013年中国仍维持了国际收支双顺差的格局，其中经常账户顺差为1886亿美元，资本与金融账户顺差为2427亿美元，这导致2013年中国外汇储备又增长了4313亿美元。更为重要的是，2013年每个季度中国均维持了资本与金融账户顺差，其规模分别为901亿美元、286亿美元、805亿美元与810亿美元。即使在全球市场最为动荡的2013年第二季度，尽管资本流入显著下降，但中国依然维持了资本与金融账户顺差。导致资本流入的原因，既有中国经济增长基本面的吸引力，也有人民币升值预期与国内外高利差造成的套利资本流入。预计这一局面在2014年将继续保持。

第三，中国政府有很大的政策空间来应对美联储退出QE以及新兴市场动荡造成的潜在不利冲击。一方面，超过3.8万亿美元的外汇储备、超过20%的法定存款准备金率、相对较低的政府债务水平等，赋予了中国政府应对外部不利冲击的强大政策储备；另一方面，甚至更为重要的是，中国政府尚未全面开放资本账户，一旦面临短期资本大进大出的局面，中国政府可以重新加强资本流动管理。例如，为应对2013年第一季度套利资金的异常流入，外管局采取一系列新举措收到了显著效果。

综上所述，尽管2014年年初一些新兴市场国家遭遇了新一轮市场动荡，但市场动荡演化为大规模金融危机的概率依然较低，而且这一动荡对中国经济的冲击依然有限。中国政府应充分把握这一时机，在2014年加快国内结构性改革，特别是人民币汇率与利率形成机制的进一步市场化、打破国有企业对服务业的垄断、加快国内要素价格市场化、推动国内金融市场对民间资本的开放等。最后，考虑到国内影子银行体系的风险上升以及国外美联储退出QE造成的市场动荡，中国政府在加快资本账户开放方面应该更加慎重。

在希腊问题上德国人做错了什么[①]

2015 年 7 月 13 日，希腊政府最终与欧盟就新一轮援助计划达成了协议。为了换得未来三年内 860 亿欧元的援助，希腊政府做出了巨大让步，包括成立一个由欧盟监管的 500 亿欧元的基金，将希腊若干重要的公共资产纳入其中，绝大部分收益用来偿还贷款本息；进行大规模的养老金与增值税改革等。让以齐普拉斯为代表的执政党尴尬的是，这些让步，既是该执政党在得以上台的竞选中全力反对的，也是近日希腊全民投票中所反对的。不难判断，未来一段时间齐普拉斯在国内政治中将备受煎熬。

更重要的是，这一轮协议并不意味着希腊债务危机的终结，它仅仅是推迟了希腊债务危机的再度爆发或者希腊退出欧元区的时间。首先，这轮协议中没有债务重组的计划，而债务重组是最终希腊能否走出危机的关键；其次，这轮协议中继续要求希腊政府加强财政紧缩，而财政紧缩造成的经济停滞将使得希腊的主权债务进一步恶化；再次，德国政府

① 本文发表于《东方早报之上海经济评论》，2015 年 7 月 21 日。

在本轮救助中态度过于严厉，特别是要求希腊政府在特定情形下接受“三驾马车”监督的做法，可能会激发希腊国内民众反对情绪，从而为未来新一轮的危机埋下伏笔。

当然，站在德国政府的立场上，笔者可以理解德国政府为何态度严厉。在德国选民看来，其一，他们是在用辛辛苦苦工作缴纳的税款去救助在蓝天白云的沙滩上晒太阳的希腊人；其二，“三驾马车”从2010年起已经给希腊提供了很多援助，而这些援助并没有帮助希腊切实提高偿债能力，巨额资金似乎打了水漂；其三，以齐普拉斯为代表的左翼执政党似乎采取了民粹主义的做法来给债权国施压，例如临时举行全民投票等。在这样的国民心态下，如果德国政府在债务谈判过程中过于温和，那么国内支持率将会显著下降。

然而，笔者认为，从欧元区乃至德国自身的长远利益出发，德国人至少在希腊问题上犯下了四个错误。

错误之一，是过于强调短期的财政紧缩，而忽视了经济增长对恢复一国偿债能力的作用。考虑到希腊危机的本质是主权债务危机，那么帮助该国走出危机的做法应该是尽快恢复该国的偿债能力。问题在于，以德国为代表的债权人过于短视，过度强调通过增加税收与减少支出的方式来提高希腊政府的财政盈余，并以此来降低政府债务水平。他们无意或有意地忽视了以下机制，即如果短期内财政政策过于紧缩，这会导致经济增长率下滑，从而进一步提高主权债务占GDP的比率。经济学的基本常识是，一国政府债务是否恶化还是改善，关键是看债务利率与经济增长率的相对高低，只有经济增长率持续高于债务利率，偿债能力才会显著改善。因此，过于强调短期紧缩，并将希腊政府财政紧缩是否达标作为下一步提供贷款援助的前提条件，是德国等债权人犯下的重要错误。

错误之二，是从本国利益出发反对希腊进行债务重组。国际金融的历史反复表明，一国要走出主权债违约困境，实质性的债务重组通常是不可避免的。债务重组是让债权人与债务人共同分担损失的一种做法，有助于债务人切实降低债务负担。债务重组的假设前提是，债权人应当为债务危机的爆发承担一定程度的责任，例如前者忽视了放贷标准等。尽管自希腊危机爆发以来，私人债权人已经接受了一轮债务重组。但目前以德国政府为代表的官方债权人，始终拒绝进行任何实质性债务重组。这就造成如下困境，即目前希腊政府新举借的贷款，在很大程度上是为过去的贷款还本付息，而不能用于真正具有生产力的领域中。事实上这也是希腊国民对债权国表示不满的原因之一，即债权人提供新的援助是为了保护自己的利益不受损失，而非真心实意帮助希腊脱困。

错误之三，是没有看到希腊等南欧国家对德国经济高速增长的贡献。德国经济在欧元区成立之后持续高速增长，且经常账户盈余占 GDP 比率目前在全球处于最高水平。如果德国依然使用马克的话，那么马克的汇率必然会显著升值，就像人民币汇率过去 10 年的显著升值一样。然而，由于欧元区作为一个整体的经常账户收支基本平衡，欧元并未显著升值，这就造成德国有效汇率的持续低估。换言之，正是由于以希腊为代表的国家存在持续的贸易逆差，这才帮助消化了德国持续的贸易顺差。这一格局既帮助德国实现了国内产能的充分利用，又使得德国持续保持了较强的竞争力。笔者认为，德国是欧元区诞生之后最大的受益国，没有之一。如果看不到希腊等国家对德国经济增长的贡献，过于强调援助希腊是一种没有回报的单边福利转移的话，德国人就太过短视了。如果德国脱离欧元区而自立的话，日子将远没有现在这么好过。

错误之四，是在希腊问题上表现过于强硬，削弱了欧盟其他国家对德国的好感，加强了前者的疑惧情绪。从世界历史来看，欧洲国家对德国经济的崛起总是心存担忧。欧元区的成立与其说是经济原因主导，不如说是政治原因主导。例如，法国前总统密特朗就曾经以德国加入欧洲货币合作为谈判砝码，作为法国支持两德统一的前提条件。欧元区的成立被视为加强欧洲经济一体化，从而永久性地避免军事冲突的制度性保障。然而，欧债危机的爆发生动地说明，货币一体化非但没有促成欧洲各国经济发展水平的趋同，反而加剧了各国经济之间的分化。德国政府与国民花了几十年的时间与欧洲其他国家修好，可谓成果卓著。然而在欧债问题上，囿于国内民意压力，德国政府表现得过于强势，这事实上损害了过去相当长时间德国政府与社会的上述努力。

综上所述，在以德国为代表的债权国充分认识到上述错误，从而在未来显著改变自己的态度之前，希腊问题远未结束。目前存在着两种危险，一是未来希腊政府没有兑现之前承诺的目标，债权国再次取消援助，希腊被迫退出欧元区；二是希腊国内民众的反对意见高涨，希腊主动退出欧元区。无论哪种危险转变为现实，对希腊、对德国、对欧元区的未来，都将是一种灾难。

欧洲主权债务水平缘何创出新高

根据欧盟统计局最近发布的数据，欧元区各国主权债占 GDP 比率在 2015 年第一季度平均达到 92.9%，高于上季度的 92.0%以及 2014 年同期的 91.9%。作为欧元区主权负债最高的国家，希腊的主权债占 GDP 比率高达 169%。此外，意大利、比利时、塞浦路斯与葡萄牙的上述比率也超过了 100%。《欧元区稳定与增长公约》曾经规定，成员国主权债占 GDP 比率不能超过 60%。而讽刺的是，就连德国与法国等欧元区核心国家当前也显著超过了这一界限。

导致欧元区国家主权债水平上升的表面原因，是欧元区国家目前普遍存在财政赤字。从经济学意义而言，主权债存量无非是每年财政赤字的累积，因此持续的财政赤字自然会导致主权债规模上升。而欧元区国家普遍存在财政赤字又源自四个原因：一是经济增长低迷自然会导致各种税收减少、失业保险等财政支出增加，也即所谓的“自动稳定器”在起作用；二是为了摆脱经济低迷，政府会进一步出台减税、扩大财政支出的扩张性财政政策，这会加剧财政赤字；三是由于每年欧元区政府要为存量债务还本付息，这也会加剧财政赤字；四是随着欧元区老龄化的加剧，诸如养老与医疗等刚性财政支出也在不断上升。

然而，如果注意到，衡量主权债务水平的指标是主权债务规模占本国 GDP 的比率，而非主权债务规模的绝对值，那么，不难发现，导致欧元区国家主权债水平上升的根本性原因，其实是源自欧洲危机后欧元区经济增长乏力，从而导致经济增长率低于主权债利率，最终造成主权债占 GDP 比率的恶化。由于目前除希腊外，其他欧元区经济体的主权债利率已经降低至较低水平，因此，造成目前欧元区国家主权债水平创出新高的根源，实则是当前欧洲经济体增长速度持续低迷。事实上，过去 8 个季度，欧元区经济增速均为超过 0.5%，远低于美国与日本。

对于希腊、葡萄牙、西班牙、意大利等欧元区外围国家而言，经济增速低迷的原因，既有国内劳动力成本居高不下导致国际竞争力下降等中长期原因，也有主权债务危机爆发后被迫实现财政紧缩政策的短期原因。但问题在于，目前经济增长低迷状况已经蔓延至德国、法国等欧元区核心国家。对德国而言，经济增速走低的原因在于过于依赖出口，国内消费与投资均增长乏力，而国内消费增长乏力与德国居民工资收入增速缓慢有关。

前段时间希腊危机重燃，意味着欧洲主权债务危机尚未彻底终结。尽管希腊退欧危机暂时告一段落，但如果没有实质性债务重组，希腊再度违约是迟早的事情，这不仅会给欧元区的未来蒙上一层阴影，而且会通过包括预期在内的各种渠道，影响欧元区经济增长。如果欧元区不能有效提振经济，其主权债水平在未来不断创出新高，无疑将是大概率事件。

要遏制主权债水平的继续上升，欧元区国家必须大力提振经济增长。对欧元区所有国家而言，借危机来倒逼国内结构性改革，尤其是通过劳动力市场改革来重新提振国际竞争力，是绕不过的必选项。对外围国家而言，要努力实现保增长与稳财政之间的平衡，不能实施过度的财政紧缩，而这一点也需要核心国家的支持。对德国而言，通过更加宽松的财政政策来提振消费与投资，是实现经济可持续增长的必要途径。最终，为了保全欧元区，德、法等核心国家必须克服国内有关阻力，允许希腊等国家实行实质性债务重组，这才是降低欧元区整体主权债水平的关键所在。债务重组是纲，纲举目张。

卢布汇率剧烈波动的原因及对中国金融改革的启示

2014年下半年，俄罗斯卢布兑美元与欧元的汇率均大幅下跌。其中卢布兑美元汇率一度由2014年年初的1美元35卢布左右跌至9月底的接近1美元70卢布，卢布兑欧元汇率同期内也一度由1欧元45卢布左右跌至1欧元85卢布左右。如此之大的本币汇率贬值至少给俄罗斯经济带来如下负面冲击：一是以本币计价的出口收入锐减；二是贬值预期与短期资本流出相互作用并相互强化；三是以本币计价的进口成本上升并造成输入型通货膨胀压力；四是举借了外币债务的金融机构与企业的偿债负担加剧。事实上，2015年前三个季度俄罗斯GDP同比增速出现持续负增长，很重要的原因就是2014年下半年的本币剧烈贬值。

卢布汇率在2014年下半年的剧烈贬值，主要源自三个原因。原因之一，是国际原油价格在2014年下半年大幅下跌；原因之二，是俄罗斯经济的诸多层面，例如出口增长、经济增长与财政收入，均过度依赖原油出口；原因之三，是俄罗斯国际收支结构具有较强的脆弱性。

国际原油价格在2014年6月底还高于每桶100美元，而在2014年下半年一度跌破了每桶 40 美元。造成国际原油价格大幅下跌的原因是多方面的，主要包括：

第一，从需求层面来看，世界经济增长疲弱导致全球范围内原油进口需求低迷。对全球原油进口的头两个大国而言，一方面，页岩油气革命已经显著降低了美国的原油进口需求；另一方面，中国经济潜在增速下行与经济结构调整也降低了中国的原油进口需求。

第二，从供给层面来看，其一，尽管目前中东地区地缘政治冲突不断，但迄今为止的地缘政治冲突并未造成石油供应链的断裂。其二，在 2014 年下半年原油价格暴跌的背景下，以沙特为代表的 OPEC 国家并未像过去那样通过减产来稳定原油价格，而是继续增产，这无疑进一步压低了油价。而之所以 OPEC 国家采取这种有损自己短期利益的做法，市场的猜测主要是为了打压美国国内页岩油气产业的发展。这是因为，一旦国际油价降低每桶 50 美元以下，美国几乎所有的页岩油气企业都会面临亏损格局。其三，伊朗与伊拉克等国的油气生产正在复苏，对其他国家的出口也在逐渐上升。

第三，从计价货币来看，受美联储退出量化宽松以及未来加息预期的影响，作为全球石油交易最重要的计价货币，美元兑全球主要货币的有效汇率在 2014 年显著升值。即使全球原油的供给与需求不发生变化，美元有效汇率的升值也会压低全球原油价格。

第四，从全球原油交易市场来看，原油是一种典型的顺周期资产，而在 2014 年，随着全球经济长期性停滞风险不断上升、美联储货币政策正常化的冲击日益凸显、全球范围内地缘政治冲突明显加剧的背景下，全球投资者的风险偏好显著下降，这意味着他们会显著增持美元、美国国债等避险资产，而显著减持原油、金属、新兴市场国家股票等风险资产，这进而会导致原油交易市场上空头力量上升，从而加剧油价下跌压力。

过去10年以来，俄罗斯经济结构单一化程度加剧，这直接体现在俄罗斯经济增长与财政收入对原油出口的依赖程度不降反升之上。例如，尽管出口占俄罗斯GDP的比重由2001年的37%下降至2013年的29%左右，但油气产品出口占俄罗斯出口的比重却由1994年的40%左右上升至2014年的70%左右。这意味着油气出口直接占到俄罗斯GDP的五分之一。根据俄罗斯官方数据，俄罗斯财政收入超过一半直接来自油气出口，而目前俄罗斯财政收入的收支平衡线约为原油每桶价格100美元上下。这意味着一旦国际油价跌至每桶100美元以下，俄罗斯就会面临财政赤字。根据俄罗斯财政部的声明，2014年下半年的全球油价下跌至少使得俄罗斯财政收入降低了1000亿美元。既然俄罗斯的经济增长与财政状况如此依赖原油出口收入，那么全球原油价格暴跌造成俄罗斯经济增长放缓以及卢布汇率贬值，也就不足为奇了。

此外，俄罗斯国际收支状况的脆弱性也是2014年下半年卢布汇率剧烈贬值的重要原因。俄罗斯国际收支在过去5年内大致处于经常账户顺差与资本账户逆差的组合。然而，货物贸易顺差是俄罗斯经常账户顺差的唯一来源，除此之外，无论是服务贸易、收益还是转移支付等项目，俄罗斯均处于逆差状态。这就意味着一旦石油出口收入下降，俄罗斯的经常账户就会由顺差转为逆差，这就使得俄罗斯会突然面临国际收支双逆差格局，这一格局自然又会造成外汇储备规模迅速下降，从而进一步加剧卢布贬值预期以及短期资本外流。

十一届三中全会后，中国的金融改革明显加速，目前人民币存款利率上限已经被放开，811汇改改变了每日汇率中间价与前一日汇率收盘价之间的背离，资本账户开放也处于紧锣密鼓的推进过程中。而2014年下半年俄罗斯卢布暴跌以及背后的原因，至少可以为中国相关改革提供如下启示：

第一，应该高度重视国际资本流动的顺周期特点。短期国际资本具有显著的顺周期特点，也即当一国经济趋向繁荣时，国际资本通常大举流入，而当一国经济进入下行阶段时，国际资本通常会掉头流出。更为重要的是，短期资本流出通常会与本币贬值预期相互强化，甚至形成恶性循环。因此，如果中国政府要避免本币汇率的大起大落，对短期资本流动保持一定程度的监测与管理是非常必要的。

第二，应该关注国际收支状况在特定情形下显著恶化的风险。1999—2013年期间，中国在大多数年份都面临经常账户顺差与资本账户顺差的双顺差格局。而从2014年第二季度起，随着人民币升值预期的逆转，中国开始面临持续资本账户逆差的格局。与俄罗斯类似，尽管中国有着较大的经常账户顺差，但目前中国的经常账户顺差有两大问题。问题之一，是中国经常账户顺差的唯一来源是货物贸易顺差，中国的服务贸易、收益与转移支付项目前都是逆差；问题之二，近期尽管中国的货物贸易顺差较大，但其原因不是因为出口表现强劲，而是进出口表现都很差，且进口表现显著差于出口表现。换言之，这是一种“衰退型顺差”，很难构成我们对中国经济与人民币汇率乐观的理由。此外，持续低迷的全球需求以及过于强劲的人民币有效汇率，意味着未来中国的经常账户顺差占GDP的规模有望继续稳中有降。换言之，未来中国可能面临不断缩水的经常账户顺差以及显著扩大的资本账户逆差的新组合，而这种组合既可能造成外汇储备的缩水，也可能会强化人民币贬值预期。

第三，中国政府应该尽快建立完善宏观审慎监管体系以应对不断上升的金融风险。随着人口老龄化的加剧以及传统增长模式的调整，中国经济潜在增长率的下降已成定局。随着金融抑制环境被打破以及隐性金融风险的显性化，未来几年内中国国内金融脆弱性可能显著上升。如果不能妥善应对这一局面，中国可能爆发区域性乃至系统性金融危机。因此，中国政府应该未雨绸缪，通过建立并完善宏观审慎监管体系来应对潜在金融风险的上升，通过建立金融机构破产清算机制来应对金融机构违约风险上升以及“大而不倒”的问题。在美联储即将步入新的加息周期，且中国国内金融风险日益上升的背景下，中国很可能面临短期资本持续大规模外流的格局。为了应对这一冲击，一方面中国政府应该继续渐进、审慎、可控地开放资本账户，避免资本账户过快开放；另一方面中国政府应该引入托宾税等新的价格型工具来管理跨境资本流动。最后，中国政府应该建立危机的预警、应对与管理机制。中国在跨越中等收入陷阱的过程中，很可能会面临金融危机的洗礼。危机爆发本身并不可怕，可怕的是危机爆发之后，我们却处于不知所措、束手无策的被动境地。

全球金融市场近期为何剧烈调整

最近一段时间内，全球金融市场可谓哀鸿遍野。无论是欧美日发达国家股市，还是广大新兴市场国家股市，各类股指均大幅下跌。一些新兴市场国家货币兑美元汇率一路狂泻。全球原油价格跌破每桶40美元。关于新一轮国际金融危机的说法再度变得流行起来。那么，导致近期金融市场剧烈调整的原因何在？当前的市场震荡是否会引发大规模的金融危机呢？

笔者认为，造成近期金融市场动荡的主要原因包括：

首先，美联储加息预期与全球经济低迷态势存在明显冲突，而此冲突在近期被放大。

最近，美联储会议释放出加息条件基本成熟的信号，尽管市场对下半年美联储加息的节奏依然存在争论，但美联储在下半年至少加息一次的方向已经基本明确。作为全球最大的经济体、全球最大的金融市场以及储备货币的发行国，美国的货币政策变动具有显著的外部性。换言之，美联储加息预期可能造成全球流动性趋近、融资成本上行，而这与全球经济目前的低迷态势构成了明显的冲突。

当前，全球发达国家除美国外，全球新兴市场国家除印度外，都遭遇了增长率下行或增长率低迷的问题。中国经济的潜在增速正在下行，GDP 增速也从过去 9%～10%的水平下降至目前的 6%～7%的水平。欧元区经济仍在衰退的边缘徘徊。日本经济已经基本耗尽大规模宽松货币政策造成的短期红利。俄罗斯、巴西与南非这三个金砖大国遭遇了大宗商品持续熊市的打击，经济依然陷入衰退。以巴西与秘鲁为代表的拉美国家目前正面临大宗商品价格下跌与短期资本大量外流的双重冲击，金融脆弱性正在急剧上升。

全球经济目前有陷入长期性停滞（Persistent Stagnation）的风险，这一疲弱态势与美联储加息可能造成的流动性收紧之间存在矛盾，而这一矛盾恰好是近期金融市场动荡的原因之一。一方面，近期新出炉的主要大国的宏观经济数据继续下行，另一方面，近期美联储会议释放出即将加息的信号，这就加剧了全球金融市场的悲观情绪。

其次，随着货币条件的收紧，以及过去若干根深蒂固的“信条”的破灭，造成全球投资者的风险偏好程度显著下降，而风险规避程度显著上升。

在全球金融危机爆发后的几年时间内，由于主要发达国家央行普遍实施零利率或极低利率，并相继出台大规模量化宽松政策，造成全球流动性水平非常充裕，这刺激了投资者的风险承担行为（Risk-taking），导致大量短期资本流向新兴市场国家的风险资产市场，全球股市、汇市与大宗商品市场一路上涨，这可谓是发达国家非常规货币政策带来的短期红利。而随着美联储退出 QE 以及即将步入加息周期，这一红利正在逐渐终结。

此外，全球投资者过去形成了一些根深蒂固的“信条”，这些信条被认为能够长期持续，从而使得投资者忽视了信条变化可能带来的风险。例如，中国经济长期高达 9%～10% 的增长使得全球投资者认为中国对大宗商品的进口需求将持续上升，这是造就大宗商品价格牛市的根源。然而随着中国宏观经济增速的下行以及结构调整取得的进展（第二产业占 GDP 的比重下行、第三产业占 GDP 的比重上行），中国对大宗商品需求的增速显著下降，这无疑对全球大宗商品市场造成了显著冲击。又如，过去几年人民币兑美元汇率保持基本稳定，全球投资者预期，由于中国央行致力于推进人民币国际化，维持人民币兑美元的相对稳定可能成为一种占优策略。在此背景下，大量的人民币套利套汇交易盛行，投资者低估或者忽视了人民币兑美元汇率显著变化的风险。因此，随着 2015 年 8 月中国央行改变人民币汇率定价机制，人民币兑美元汇率明显下行，这使得大量进行套利交易的投资者遭遇了不小的损失。全球投资者风险偏好程度的下降，将会造成诸如股市、汇市、大宗商品市场等风险资产价格显著下调，而诸如美元与发达国家国债使市场等避险资产价格显著上升。

再次，目前全球金融市场的一体化程度显著增强，各国金融市场之间的互联互通程度显著上升，这就使金融震荡的彼此传染与相互加强变得更加容易。

例如，如果特定国际投资者在一个新兴市场国家股市投资遭遇亏损，那么这个投资者可能大举调低在所有新兴市场国家的股市投资，从而使得股市下跌从特定国家传递到一批国家。再如，如果大宗商品主要需求国经济增速下行，全球投资者预期大宗商品价格需求将会减弱，从而主动做空大宗商品市场。如果此举造成大宗商品价格下跌，那么大宗商品出口国的宏观经济增速与金融市场将会遭遇巨大压力。

尽管当前全球金融市场动荡不安，但笔者并不认为新一轮国际金融危机爆发在即。当然，个别国家爆发危机的可能性是存在的，但如下一些原因造成大规模国际金融危机爆发的可能性依然很低：

第一，与东南亚金融危机爆发时期相比，新兴市场国家总体上经济账户赤字规模更小、外汇储备水平更高、宏观当局经济管理能力更强，因此新兴市场国家整体上爆发危机的概率不大。当然，新兴市场国家中存在结构性的问题，例如，目前拉美国家抵御金融风险的能力就明显低于东南亚国家。

第二，目前美国经济的持续复苏也面临一些不确定性，例如劳动力市场参与率偏低、企业投资积极性不高、美元升值过快影响出口与就业增长等，这就决定了美联储不会过快收紧货币政策，联邦基金利率可能需要 2～3 年时间才会加息到位，这就会限制美联储加息造成的负面冲击。

第三，由于目前发达国家经济增长也很疲软、金融市场也动荡不安，这就决定了，一旦特定新兴市场国家爆发危机，IMF 等发达国家主导的国际金融机构可能会积极介入，及时提供一些条件性较弱的贷款，美联储可能也会给危机国提供一些双边美元互换的支持。原因在于，如果新兴市场国家危机爆发，发达国家也很难独善其身。在当前这个错综复杂、彼此关联的时代，“各人自扫门前雪，莫管他人瓦上霜”的策略已经不再可行了。

为何不会爆发新一轮国际金融危机

自2015年8月中旬以来，全球金融市场可谓风声鹤唳，震荡不断。若干新兴市场国家货币兑美元大幅贬值，发达国家与新兴市场国家的股市集体重挫，全球大宗商品价格再创新低。有观点认为，美联储即将步入新一轮加息周期，再加上中国经济增速的趋势性下行，这两股力量相互重叠相互强化，可能导致一些新兴市场与发展中经济体爆发金融危机。而一旦新的危机爆发，发达国家也难以独善其身。因此，有学者认为，美联储不仅不会在2015年加息，甚至有可能推出新的量化宽松措施，也即QE4。

然而，笔者并不认同这一判断。首先，美联储在今年至少加息一次，这几乎已成定局；其次，短期内爆发新一轮国际金融危机的概率，其实并不太高。目前全球金融市场面临着继续震荡的可能性，但酿成大规模危机的可能性不大。与防范金融危机相比，目前全球经济面临的更大问题是如何应对中期内的长期性停滞（Persistent Stagnation）困局。笔者做出上述判断的主要原因包括：

第一，美国的国内外环境均决定了，即使美联储在2015年加息，其加息的节奏也不可能太快，这意味着美联储加息的行为基本上已经被市场所预期在内（Price In）了，造成额外负面冲击的概率不大。尽管美国经济在2015年第二季度环比增速折年率达到3.7%，远超过2.3%的初值，且2015年7月失业率已经降低至5.3%的较低水平。但美国经济复苏的背后也并非没有隐忧。其一，目前美国就业市场的劳动参与率依然处于较低水平，说明劳动力长期退出就业市场的问题依然严重。其二，目前美国经济复苏的动力主要是消费与存货调整，美国企业进行固定资产投资的意愿依然不强，仍在大量囤积现金。其三，过去两年美元有效汇率升值太快，已经影响到美国的出口增长与就业。此外，美联储加息形成的负外部性也通过各种渠道反作用于美国经济，例如影响到美国的出口增速与对外投资收益。基于这些原因，笔者认为，美联储可能需要两年甚至更长时间，才能使得联邦基金利率回到历史平均水平。换言之，美联储加息的冲击短期内是可控的，它甚至被市场高估了。

第二，短期内中国经济增速下行有趋稳的态势。由于2015年上半年经济增速不尽如人意，中国政府明显加大了宏观政策的刺激力度。在财政政策方面，以七大重大工程包为代表的新一轮国内基建浪潮以及以一带一路为代表的新一轮国际基建浪潮正在蓄势待发。在货币政策方面，2014年11月至今已经有5次降息3次降准，且未来进一步降准的可能性依然很大。在人民币汇率方面，2015年8月以来人民币兑美元汇率的下行已经改善了汇率高估的局面。这些政策的出台将会使得中国经济增速在2015年下半年趋稳，从而缓解中国经济下行的国际冲击。

第三，与东南亚金融危机爆发时相比，目前新兴市场国家抵御风险的能力已经显著增强。以东南亚国家为代表的新兴市场经济体，从20世纪90年代的东南亚金融危机中充分吸取了教训。目前与当时相比，新兴市场国家总体上经常账户逆差更小、外债规模更低、外汇储备水平更高、国内扩张性政策空间更为充裕，因此整体上应对负面冲击的能力要强劲得多。换言之，新兴市场国家爆发大规模危机的概率很低。当然，新兴市场也并非铁板一块，拉美资源出口型国家目前的宏观经济与金融脆弱性就显著低于东南亚国家。个别国家爆发金融危机的可能性的确存在。

第四，如果个别国家爆发危机，它获得外部援助的及时性与规模都有望显著改善。的确，在东南亚金融危机爆发后，国际组织向东南亚国家提供的援助不仅迟缓，而且带有非常严格的条件性。但这个世界已经今非昔比。由于目前大多数发达国家经济增长非常低迷，一旦新兴市场国家出现大规模危机，发达国家可能再度被拖入衰退。这就决定了，如果个别新兴市场爆发危机，国际组织甚至发达国家的救援将会更加及时。此外，与20世纪90年代相比，目前新兴市场国家之间也出现更多的区域性或集体性救助安排，例如多边化的清迈倡议、金融国家储备库等。换言之，危机从特定国家传染至全球的可能性非常之低。

综上所述，目前的全球金融市场震荡并不会在短期内恶化为新一轮国际金融危机。但这并不意味着我们可以高枕无忧。与金融危机相比，要帮助全球经济摆脱长期性停滞的困局，这一挑战更加艰巨。这不仅要求各国政府克服国内阻力、推动本国结构性改革，也呼唤着各国之间加强政策协调。笔者期待，在2016年中国主持的G20峰会上，各国政府会在这一方面取得重要进展。

当前全球经济的四大特点及其对中国经济的冲击

当前全球经济的主要特点，可以用停滞、分化、动荡与碎片化四个关键词来概括。

所谓停滞，是指尽管距离全球金融危机爆发已经有六七年时间了，但全球经济依然增长乏力。在 2008 年全球金融危机爆发的前 5 年，全球经济年均增长约为 5%，但根据 IMF 的最新预测，2015 年全球经济增速仅为 3.1%。“长期性停滞”（Persistent Stagnation）的风险正在凸显。所谓长期性停滞，是指全球储蓄远超过全球投资，只有实际利率降到显著为负的水平，才能重新实现全球储蓄与投资的平衡。然而，一方面全球范围内通货膨胀水平很低，另一方面名义利率下调面临零利率下限，因此全球实际利率降不下来，这就使得全球投资持续低于充分就业投资水平，最终导致全球经济增速可能长期低迷。

所谓分化，是指目前无论在发达国家内部还是新兴市场国家内部，都存在着经济增长苦乐不均的现象。在发达国家内部，目前美国经济的复苏态势较好，而欧元区与日本的经济复苏各有各的问题。在新兴市场内部，目前印度与印尼的增长态势较好，而巴西、俄罗斯等资源出口国的增长态势较差。

所谓动荡，是指与美联储加息的时机与节奏相关的不确定性，将在未来相当长时间内对全球金融市场产生冲击。尤其是如果美联储未来加息曲线较为陡峭，这可能造成新兴市场国家面临持续资本外流、新兴市场国家货币贬值、全球大宗商品价格继续下跌、个别国家爆发金融危机等问题。

所谓碎片化，是指在 WTO 等全球贸易投资规则之外，目前有关国家正在积极构建区域化的贸易投资体系，而这些体系可能形成新的竞争，从而使得全球贸易与投资自由化遭遇挑战。例如，美国目前正在积极构建以 TPP、TTIP、TISA 为代表的新一轮贸易投资规则，而中国也在以积极推动 RCEP 以及一带一路倡议来加以应对。这种区域性贸易投资协议竞争加剧的格局，使得未来国际贸易或投资冲突爆发的可能性明显上升。

全球经济的上述特征，使得当前中国经济面临的外部挑战大于外部机遇，笔者认为，按照重要性由高至低排序，当前中国经济面临的主要外部风险如下：

首先，当前中国经济正在面临持续的短期资本外流，而未来如果资本账户加快开放，资本外流的规模可能显著放大，进而对中国的经济增长与金融安全造成冲击。而短期资本的持续外流又会对中国经济造成如下影响：第一，相应造成的资本账户逆差可能超过经常账户顺差，从而导致中国外汇储备规模的下降。这一方面将使得央行改变过去依赖外汇占款来发放基础货币的方式，另一方面可能使得人民币在外汇市场上面临下行压力。第二，短期资本外流可能与人民币贬值预期相互作用相互加强，以至于形成“贬值—资本外流—贬值加剧—资本外流加剧”的恶性循环。第三，持续的资本外流可能造成国内流动性水平下降，从而使得央行不得不通过降准等方式来补充流动性。

其次，人民币汇率形成机制改革不到位，导致市场上形成持续的贬值预期，这不仅可能造成宝贵的外汇储备资源的不断流失，而且可能造成更大规模的、持续的短期资本外流。目前中国央行采取了同时在在岸市场与离岸市场上进行大规模干预的方式来提振人民币兑美元汇率。目前甚至形成了离岸市场上人民币要比在岸市场更贵的倒挂现象。而如果市场上的贬值预期没有消失，而且市场意识到央行的逆市干预很难持续，那么短期资本外流的局面就不会得到根本性的改变。

再次，全球经济增长低迷，长期性停滞的风险凸显，意味着中国经济面临的外需不容乐观，未来出口的表现可能持续低迷。2015 年前 10 个月，中国出口同比增速有 8 个月出现负增长，这是除 2009 年次贷危机爆发后之外前所未见的。而导致出口增速低迷的原因，最重要的就是全球经济增长缓慢。此外，过去两年人民币跟随美元兑全球其他货币的过快升值，也是影响出口增长的重要原因。

第四，全球大宗商品价格持续下行，加剧了中国经济面临的通货紧缩压力，也加大了“债务—通缩”恶性循环的威胁。截至 2014 年 10 月，中国已经连续 44 个月面临 PPI 同比增速负增长的局面。PPI 负增长显著增加了中国企业的实际融资成本。考虑到中国企业负债占 GDP 比率已经达到 130%以上，且在内外需萎缩的背景下必将进入去杠杆化阶段，那么 PPI 持续负增长就可能引发“债务—通缩”恶性循环，甚至可能导致银行业系统性风险的爆发。

最后，国际范围内爆发贸易与投资冲突的概率正在上升，可能影响到中国跨境贸易与投资增长。从国际经验来看，全球经济增长越低迷，国际范围内爆发贸易战、货币战与投资冲突的概率就会上升。而作为全球的贸易投资大国，中国的跨境贸易与投资可能因此而受到负面冲击。

中　篇

中国宏观经济：潜在增速下行、金融风险上升

探寻中国经济的中长期增长动力[①]

在本文中，我将从生产函数这一简单的分析框架出发，讲三个故事。第一个故事，是改革开放的前30年（1978—2008年），中国经济为何能够高速增长；第二个故事，是自全球金融危机爆发至今（2008—2015年），中国经济为何增长乏力；第三个故事，是如果中国经济要重塑经济增长动力，结构性改革必须落在何方。

生产函数的左边，是GDP增速或人均收入增速；生产函数右边大致有四个变量：变量一是劳动力数量，变量二是劳动力质量（也即人力资本），变量三是实物资本，变量四是全要素生产率（也即除劳动与资本之外其他可能导致经济增长的要素，我们可以主要将其视为技术与制度）。

① 本文为笔者2015年6月27日、28日在广州与深圳的“岭南大讲堂”的演讲实录，感谢南都评论记者李靖云先生的整理，已经笔者审阅。

1978—2008 年，中国经济高速增长的动力何在

改革开放前 30 年，1978—2008 年，中国经济能够以 10%的平均速度快速增长，增长动力源自何方？有这样五个原因。

第一个原因是劳动力数量不断增长。这个层面主要是有两个人口红利在起作用。

第一个人口红利是过去 30 年内，工作年龄人口占比不断上升，也就是 16~60 岁的人口数量，占整个社会总人口数量的比率不断上升。具体是什么原因导致 1978—2008 年中国工作年龄人口占比不断上行呢？计划生育是一个重要的制度根源。计划生育在前 30 年扮演了很积极的作用，降低了被抚养人口占比，增加了总人口中的劳动力数量，因此推动了经济增长。

第二个人口红利是人口的结构性变化。改革开放最初的 30 年间，农村富余人口源源不断地流向城市，又由于中国农村人口的生活水平显著低于城市，这就使得上述劳动力流动压低了城市的工资水平，使得中国获得了发展制造业的比较优势。再加上中国在 2001 年加入 WTO，廉价劳动力成本与世界市场相结合，使得中国迅速成为全球工厂，成为全球制造业最后一道环节的集大成者。

第二个原因是过去 30 年内中国人力资本积累的速度一直很快。

要衡量一个经济体的人力资本积累速度，主要是看中低收入阶层愿意将多少收入投资于子女的教育。1978—2008 年期间，一个普通农村家庭的孩子考上大学，就很可能从草根阶层进入城市的中上阶层，甚至可以带动一家人进城，从而改变一个家庭的命运。就这一点来说，中国梦和美国梦没有什么区别，都是通过一代人的积累基本实现温饱，通过几代人的积累实现阶层的跃迁。为什么中国家庭愿意投入这么多钱给子女的教育呢？用经济学术语来讲，就是人力资本投资的潜在回报率很

高。那为什么当时的回报率很高呢？从制度根源来讲，那是因为当时中国社会各阶层之间的流动性很强，个人通过努力完成阶层的跃迁的机会很大。用社会学的术语来讲，当时的阶层板结性程度不高。因此，中国中低收入阶层愿意将很多钱投资在自己子女教育上，从而通过积累人力资本来推动经济增长，这其中的逻辑链条是非常清晰的。

第三个原因是中国实物资本的积累速度很快。当前中国固定资产投资占到 GDP 比重差不多 50%，说明中国是典型的投资驱动的经济体。

造成中国固定资产投资增速很快的原因之一，是因为投资收益率非常高。首先，中国改革开放是从一张白纸开始，所以企业成立之后无论生产什么都有需求，初期整个社会的产品匮乏导致固定资产投资有利可图；其次，中国改革开放前 30 年正好赶上世界经济增长的黄金时期，全球经济增长速度每年大概是 5% 以上，所以提供了强劲的外需。中国的高投资紧密结合出口导向战略，外需足以将中国投资形成的产能全部吸收。此外，这 30 年间中国经济的增长速度也很快（年均超过 10%）。换言之，内需和外需都很强劲，使当时的企业投资有利可图。

造成中国实物资本积累比较快的另外一个原因，是当时企业的融资成本较低。中国无论是家庭、企业还是政府都比较喜欢储蓄，很高的储蓄率可以支撑我们这么高的投资率，从而抑制了融资成本的上升。造成中国高储蓄率的原因，有很多解释，例如预防性储蓄、流动性约束、文化、习惯等。然而从经济学的意义来说最重要的原因，就是前面提到的人口红利一。过去 30 年内，随着工作年龄人口占总人口的比重不断上升，中国的国民储蓄率自然会水涨船高，这是因为净储蓄者比重增加、净消费者比重下降。

最后，过去 30 年间全要素生产率增速较快。一是因为技术进步速度较快，二是由于重大制度创新能够不断产生。

第四个原因是过去 30 年中国的技术进步速度很快。主要原因是我们有很大的后发优势。中国从很低的技术水平启动改革，技术落差使得我们可以比较轻松从国外引进、消化、吸收、改良国外先进技术，并在此基础上形成自己的技术。当时中国作为一个小型经济体，盗版抄袭不足以显著影响其他发达国家的利益。所以这些发达国家采取了“善意忽略”的态度，我们可以借机实现技术升级。

第五个原因是每10年一次的重大制度创新。1978—2008年，经济增长不是没有起伏。而一旦经济增速跌破8%，就有产生一次重大制度变迁，重新塑造了增长动力。这30年间有三次重大的结构性改革支撑了中国经济持续高速增长。首先是农村的联产承包责任制改革和城市的放权让利（也即承包制）改革。其次是20世纪90年代社会主义市场经济改革，从邓小平南方谈话启动改革，到国企下岗分流、住房商品化。最后一次是2001年中国加入WTO，使中国成为全球的制造工厂。从2012年起，中国经济增速再次跌到8%以下。如果没有重大改革，中国经济增速很难再回到8%以上，这也是全社会对十八届三中全会有很高期盼的原因。

全球金融危机至今中国经济增长动力为何衰减

了解过去高速增长的动力机制，就能比较好理解当前的问题何在。从2008年全球危机爆发之后一直到现在，中国经济增长乏力，这是大家普遍的感觉。我们可以发现，上述五个层面的动力来源都在发生结构性变化，对经济增长的支撑力度都在悄然减弱。

首先，两个人口红利目前都正在消失。

工作年龄人口占比在2010年前后已经达到峰值，现在已经开始下降，中国的人口老龄化已经逐渐加速。当一个经济体内部老年人的人口不断增长，这意味着劳动力的数量开始下降，那么推动经济增长的能力就会减弱。如果做国际比较就会发现，中国老龄化速度比其他国家要严重，其制度性根源也是计划生育。计划生育是一把双刃剑，1978—2008年期间，出生率被压低，人口抚养比降低，同时也压低了未来的劳动力供给。换言之，计划生育在前30年让我们享受到人口红利，但是现在让我们尝到人口加速老龄化的苦果。

如今的中国农村，能够外出务工的农民都已经出来了，农村劳动力向城市的转移基本结束。1978年到2006年，农民工的工资剔除通胀之后，基本没有变化，但2007年之后到现在，农民工的工资在剔除通货膨胀之后，差不多每年以15%的速度增长。工资的增长对农民工是好事，但是也意味着劳动力市场结构发生深刻变化，由供过于求转变为供不应求。十年前一个农民工的月工资在2000块钱左右就可以了，但目前在广东4000块钱想招到人也非常困难。简言之，两个人口红利都在悄然消失。

其次，在人力资本方面，近年来中低收入阶层投资子女教育的积极性已经显著下降。这几年有很多研究表明，重点大学中农村学生的比重正在逐渐下降。最典型的就是北大，北大在20世纪80年代差不多来自农村的学生可以占到1/3，但是在最近十年，来自农村的学生不到10%。换而言之，就是因为城市和农村的教育水平正在逐渐地拉大，导致农村的孩子想通过自己的努力考上重点大学非常困难。上学开支巨大，毕业之后不好找工作，往往大学开始之日就是家庭举债之时，大学毕业之日就是家庭破产之时。因此，目前农村家庭愿意出钱让子女上大学的意愿越来越弱。换言之，过去这十年投资教育的回报率显著下降了，自然会降低中低收入阶层投资子女人力资本的积极性。而如果人力资本积累的速度下降，对经济增长的带动作用自然会下降。那么是什么原因导致投资教育的回报率下降了呢？制度性根源就是目前阶层之间的流动性显著下降了。现在一个年轻人，通过自己的努力想改变自己的阶层属性已经越来越难。用社会学的术语来说，目前阶层之间的板结性已经显著增强。换句话说，就是想实现阶层跃迁的梯子似乎被拆掉了。这是一个“拼爹”的时代，这句流行语就是阶层之间流动性下降的最佳注解。

再次，和人力资本非常相似，过去十年实物资本的积累速度也在显著下降。从最近的宏观数据可以发现，固定资产投资同比增速已经降到过去二十年的最低点，这就是中国经济最近为什么下滑的最重要原因。

造成固定资产投资增速下降的原因之一是投资回报率下降，而产能过剩就是投资回报率下降的最佳体现。目前，制造业领域几乎面临全面的产能过剩，该问题不仅仅出现在钢铁、水泥等传统产业，太阳能、风能等新兴产业同样面临过剩。在基础设施领域，中西部地区 2008 年新增的不少基础设施投资同样面临收益率严重偏低的问题。造成产能过剩的一大原因是外需与内需的同时走弱。2007 年至今，世界经济的年均增速不到 3%，外需明显下降。中国经济目前的增长速度只有不到 7%，内需也明显下降。内外需都在下降，这自然会通过加剧产能过剩来降低企业投资的回报率。

造成固定资产投资增速下降的原因之二是企业融资成本的上升。当前中国中小企业普遍面临融资难、融资贵的问题。导致融资难、融资贵有很多原因，例如融资链条显著拉长、直接融资渠道不畅、风险溢价显著上升等，但我认为最重要的原因是中国的储蓄率已经开始下降。这背后的原因则是中国人口年龄结构开始老龄化。总结来说，内外需疲弱，产能过剩加剧，造成企业投资的收益率下降。人口老龄化加剧，降低了中国的储蓄率，提高企业的融资成本。

最后，中国的全要素生产率增速也开始悄然下降。

技术上我们曾有很强的后发优势，但是现在正日益消失。首先就是因为中国的技术在不断进步，距离国际先进技术的落差正日益缩小。其次，中国已经成为经济总量排名第二的国家，其他国家对违反知识产权的做法不再是善意的忽略。美国政府最近正在试图在大西洋（TTIP）

和太平洋（TPP）构筑一个新的国际贸易投资体系，重塑全球的贸易投资规则。个中原因在于，美国已经意识到中国在WTO的框架下如鱼得水，现在要建立更高标准的投资贸易标准来约束你。这意味着发达国家已经不再对中国善意忽略，而是开始重视。中国想以比较低的成本从国外获得先进技术已经变得越来越难。

与此同时，中国国内的技术创新也不甚得力。为什么我们创新动力不足呢？首先，是所有制问题，国有企业由于创新者不能获得相关回报，创新动力肯定不如民营企业。现在很多行业仍然是国有企业垄断一切的格局，这会损害我们创新的动力。其次，过去中国对知识产权的保护很薄弱，可以使我们以低成本从海外获得技术，但是现在我们要进行技术创新，没有相关的保护，民营企业也没有动力进行创新。后发优势的消失和自身研发能力的不足，共同导致技术进步的速度开始下降。

我在前面曾经提到，过去30年中国有十年一次的重大制度创新，这夯实了中国经济长期增长的基础。遗憾的是，自2001年中国加入WTO到现在的这14年间，还没有意义上可以与前三次制度变革相提并论的重大制度创新。正是因为前一个十年没有进行重大结构性改革，造成制度创新比较缓慢，经济增长没有那么快。如果再没有重大结构性改革的话，中国经济就可能急转而下。所以，新一届政府不得不在执政的前五年进行重大的结构性改革。这是不容易的，可能会得罪很多既得利益阶层，阻力可能会很大。

如何重塑中国经济的增长动力

回溯历史之后，我们现在就要展望未来了。在当前这样一个传统的增长动力正在消解的背景下，能不能通过结构性改革获得新的动力，就成为中国政府面临的重大挑战。那么，如果政府想重新使中国经济增长焕发活力的话，可能在哪些领域做文章呢？

我们依然从劳动力数量开始。人口红利的消失是没有办法改变的，但我们可以考虑如何延长或者转变人口红利。人口的老龄化是不能逆转的，但是我们能不能缓解人口老龄化背景下劳动力数量不断下降的局面。首先就应该取消计划生育制度。但是在取消计划生育初期，工作年龄占总人口比重反而会加速下行，会带来一定的负面作用。但是为长远考虑，计划生育政策必须放开。根据我们社科院人口所相关研究人员的预测，在未来一两年之内，所有家庭的二胎都可能会放开。延长退休年龄也是缓解劳动力数量下滑的举措，对你我来说肯定是65岁退休了。此外，如果依靠内部努力不能缓解劳动力数量加速下滑的局面，中国政府未来还可以采取从海外移入劳动力的举措。

虽然劳动力从农村向城市的流动已经比较充分，但农民工有多少人愿意一辈子生活在城市里呢？恐怕绝大多数还是先攒点钱，回到当地的县城，买套房、做点小生意。如果农民工不能留在城市，就不会愿意进行大宗消费，而是要进行储蓄，工作的积极性也不会太高。要焕发农民工的工作积极性，就要通过改革让他们可以在城市定居下来。复旦大学陆铭教授的一项研究表明，如果能够给农民工城市户口（或者至少提供相应的公共服务），一个农民工的相应消费会上升40%。所以想继续维持人口红利二，就意味着户籍制度改革，至少应该实施公共服务的均等化。让农民工及其家庭在城市能够享受教育、医疗、上学等方面的平等权利。但盖洛普的调研结果显示，一线城市的大多数市民反对这类改革，认为会挤占自己能够享受的公共产品资源。这生动地表明，有时候虽然我们口头支持改革，但是遇到具体问题后又会反对，这就是宏观层面和微观层面有时会发生的冲突，也是为何改革越来越难的原因之一。

即使农民工能够进城，但如果农民工没有财产的话，在城市是待不长久的。要赋予农民工财产权，这意味着土地改革要推进。两年前三中全会的决议中前所未有地给了农民在耕地、集体经营性用地、宅基地方面进行流转的权利。但是这两年间土地改革推进缓慢，因为目前中央高层有一种担忧，也即土地改革会造成农地高度的集中，出现失地的农民。他们希望在制度设计上要规避这样的风险。正是因为这样的担忧导致目前的土地改革进展缓慢。

过去十年间人力资本的投资积累速度放缓，是因为阶层的流动放缓。如果要解决这一问题，就需要有一系列改革，但这些改革会触及很多人的利益。首先我们要改变再分配改革，首先就是遗产税，其次房产税，其三是资本利得税，要将资源转移给中低收入阶层，就必须要有税制改革。再者教育改革。中国目前过度重视高等教育，忽视职业教育。导致的结果就是现在的就业市场是结构性的失业，大学生是严重的供过于求，但是高级蓝领工人供不应求。从这个角度来说，像蓝翔这样的学校应该更多一些。在德国一个蓝领工人赚的钱可能比白领高，社会地位至少跟白领是一样的，而中国什么时候可以到这样的地步，那么职业教育自然会兴起。

虽然目前制造业与基础设施领域面临严重的产能过剩，但是服务业投资的潜力巨大。目前几乎所有高利润率的服务业部门，都被国有垄断企业把持。因此要扩大服务业投资，首先就是要打破国有企业对很多服务业部门的垄断，这就需要真正意义上的混合所有制改革。

为缓解融资成本提高的压力，可以通过金融市场改革来提高储蓄投资的转化效率。首先就是人民币利率和汇率的市场化。有可能在2015年年底或2016年年初，存款利率就会完全由银行自己来决定。其次要大力发展包括债券市场与股票市场在内的直接融资市场。再次，中国的金融市场要逐渐对外开放。然而值得注意的是，金融改革的次序非常重要。在利率汇率改革没有完全到位之前、在当前金融市场的现有风险没有完全暴露与受到控制之前，我们反对贸然全面开放资本账户。如果跨境资本流动控制不了，就很容易爆发金融危机。

在技术层面，后发优势的消失是不可避免的。要提升自己的研发能力，一要打破国有垄断，必须让私人企业全方位地进入服务业各部门；二要加大对知识产权的保护，一定要严惩窃取知识产权的做法，这样才能激励企业搞真正长期的创新。

由于过去十年没有发生重大的制度性改革，新一届政府面临的压力很大，必须冒着风险在第一个任期内推进痛苦的结构性改革。最可能发生结构性改革的有三个领域。首先是国企改革，我的判断是地方国企改革的进展会显著超过央企。过去十年间，地方政府积累了很多债务，为了解决存量债务压力，地方政府可能会出售国企股份的方式获得资金，所以地方国企的改革可能会先行一步。其次是土地改革，但由于上层对土地集中与失地农民的关切，目前进展较为缓慢。再次，值得注意的是，中国政府正在紧锣密鼓地推进金融改革，汇率改革、利率改革、民营银行、新三板等都在密集地出台各种举措，看起来，似乎本届政府已经将结构性改革的方向圈定为金融改革。但是这一点也是让人比较担心的，如果金融改革太快，而实体经济的改革跟不上，就可能会出很大问题。尽管金融改革面临既得利益集团的抵制比较小，但是潜在风险也相对较高。如果实体经济改革的步伐持续落后于金融改革的步伐，那么未来十年间中国就可能进入爆发金融危机的高危期。国际经验表明，任何从发展中国家变为发达国家的国家，都要经历金融危机的洗礼，中国恐怕也不能例外。当然，危机的影响有好有坏，关键看有没有准备，以及有没有应对的方法。

总之，对于中国经济的中长期增长潜力，首先应审慎乐观，我们既知道问题出在哪儿，也知道改革可以在哪些方面做，但是大家也知道改革很难做；其次应未雨绸缪，如果知道哪些地方可能会出现风险，知道哪些地方机遇很大，就能够提前进行布局了。

中国经济新常态：内涵与展望[①]

回顾2014年，新常态（New Normal）无疑是中国经济学界与政策制定圈最热门的语汇之一。关于新常态的特征事实与政策涵义，甚至新常态这个词本身是否准确（例如有经济学家认为根本没有新常态，当前事实上处于“旧疲态”，也即过去传统增长模式的转型期），都存在着广泛的讨论与争议。因此，在辞旧迎新之际，从国内与国际视野相结合的角度出发，来再度梳理新常态的内涵以及演进，对我们把握未来中国政府的宏观政策取向，具有相当重要的意义。

一谈到新常态，有心者马上就能想到“三期叠加”的概念。所谓三期叠加，是指当前中国经济正处于增长速度换档期、结构调整阵痛期与前期刺激政策消化期。增长速度换挡，是指中国经济增速将由过去30年的10%左右下降至未来10年的6%~7%左右。结构调整，是指中国经济增长模式将由过去投资与出口导向的粗放型增长模式转为由国内消费与投资平行驱动的集约式增长模式。前期刺激政策消化，是指

① 本文发表于《环球财经》，2015年第2期。

2008年全球金融危机爆发以后，中国政府出台的扩张型宏观经济政策（4万亿财政刺激以及银行信贷的高增长）产生了一系列副作用，包括制造业产能过剩、地方债务快速上升与部分城市的房地产泡沫，要消化这些副作用可谓耗时费力。不难看出，要应对增长速度换挡、结构调整与刺激政策副作用消化的其中之一，都不是一件易事，更何况当前中国经济面临的是三项任务的叠加。

更令人纠结的是，中国经济所面临的三期叠加，又是在全球经济增长低迷，甚至面临中长期停滞（Secular Stagnation）的外部环境中展开的。尽管自全球金融危机爆发以来已经六年有余，但全球经济仍然处于动荡与分化的过程中。目前全球地缘政治冲突不断，局部的冲突甚至有加剧之势。美联储步入新的加息周期将给国际金融市场与新兴市场国家带来不利冲击。当前不管在发达国家与新兴市场之间，还是在发达国家与新兴市场各自的内部，都出现了不同国家之间经济增长率差距拉大的现象。全球经济的动荡与分化，一方面意味着中国出口面临的外部环境将会持续低迷，另一方面意味着中国可能面临短期资本大进大出的不利冲击。这样的外部环境，自然会加大中国政府应对国内经济问题的难度。

在笔者看来，中国经济新常态的提法至少具有如下内涵：

内涵之一，是经济增速面临趋势性下降。造成中国经济增速趋势性下降的因素包括：一是人口红利的消失。随着计划生育政策导致的人口老龄化的加剧，一方面劳动力的供给将会逐渐下降，另一方面中国的国民储蓄率将会下滑，从而难以支持高投资率，这将会造成资本积累速度的下降；二是作为持续经济增长的结果，中国国内各种要素价格显著上升，这无疑会削弱中国作为全球制造工厂的优势，从而使得出口导向的发展模式难以为继；三是制造业面临产能过剩、中西部新增基础设施面临利用率不足、部分城市出现房地产供给过剩，这三种过剩使得传统投资收益率下降，而服务业受到国企垄断与行政管制的掣肘，造成私人资本难以大规模进入。传统领域投资过剩、新的领域投资不足，这无疑也会拖累经济增长。

内涵之二，是各种金融风险陆续浮出水面。过去几十年，为了实施投资驱动的经济增长，中国政府有意维持了金融抑制的环境，也即政府人为压低资金价格，实施从居民部门到企业部门与政府部门的福利转移，进而通过固定资产投资来拉动经济增长。然而，长期金融抑制与高投资的结果，是各种金融风险的集聚。目前中国企业部门负债占 GDP 的比率已经超过 130%，这是全球主要大国中企业杠杆率最高的。中国商业银行体系的健康与否，在很大程度上取决于中国房地产市场的走向。自全球金融危机爆发之后，在宽松财政与货币政策的刺激下，中国地方政府债务快速攀升，目前部分地区已经出现违约征兆。随着利率市场化的推进以及中国资本账户的开放，上述潜在风险将会陆续浮出水面。例如，未来几年中国商业银行的不良贷款比率很可能显著上行，各种影子银行产品违约甚至商业银行自身倒闭的事件可能此起彼伏。一旦对金融风险显性化准备不足或应对失当，则有可能爆发区域性金融危机甚至系统性金融危机。

内涵之三，是结构调整虽然痛苦，但势在必行。如前所述，过去 30 年中国经济的高速增长，在很大程度上取决于建立在金融抑制环境下投资驱动与出口导向的增长模式。这套模式固然适合过去的中国，但随着中国经济的发展壮大以及国内要素成本的上升，旧的模式已经难以为继。然而，在旧体系下已经形成了势力庞大且盘根错节的既得利益集团，他们会千方百计阻挠旨在进行调节存量利益的结构性改革。例如，如何实现国民收入更好地在居民、企业与政府部门之间的分配？如何缓解居民内部的收入分配失衡？如何打破国有企业对若干高利润率服务业部门的垄断，真正对民营企业开放这些部门？如何确保“混合所有制”

不成为新一轮国有资本鲸吞民营资本的借口？如何加快实现包括人民币利率与汇率在内的各种要素价格市场化？以上这些改革，每一项对中国经济的可持续增长而言都至关重要，然而遗憾的是，没有哪项改革是容易推动的，因为它们都涉及对既得利益的调整，从而必然会招致既得利益集团的反对。如何大力推动结构性改革，将会考验新一届政府的勇气与智慧。

内涵之四，是再度出台全面、过度宽松的宏观经济政策的概率明显下降。众所周知，当前中国经济面临的很多问题，实则是2008年全球金融危机爆发之后，中国政府在宏观政策方面做出了过度反应，实施了过于宽松的财政货币政策所致。随着中国经济潜在增速的下降，如果中国政府再度采取过于宽松的财政货币政策，这不仅会导致结构性问题的恶化，而且可能造成更加剧烈的通货膨胀与资产价格泡沫。因此，中国政府实施宏观经济政策的思路亟待变化：与其从总量上实施宽松宏观政策，不如采取各种措施激发微观主体活力；与其放松财政货币政策从需求端发力，不如简政放权从供给端发力；与其实施相机抉择型嬗变宏观经济政策，不如通过提高央行等机构的独立性来在市场上建立稳定的政策预期。2014年，中国政府尽可能地避免实施全面宽松的财政货币政策，相反实施了稳健的财政政策与定向宽松的货币政策，这充分地表明了政府试图实现宏观调控转型的态度。

展望2015年，在经济新常态的背景下，预计中国政府将会在以下几个领域进一步发力：第一，加大实施结构调整的力度。2014年中国经济增速约在7.3%左右，2015年有望进一步回落至7%。如果没有结构性政策的实施，预计2016年中国经济将会有更大幅度的下滑。2015年结构性改革的重点可能在金融领域，例如全国性存款保险公司的推出以及利率市场化改革的加速。此外，混合所有制改革也可能成为一个亮点。第二，财政货币政策的宽松力度有望加大。保增长与调结构未必是相互替代的，两者在一定程度上可能是相互促进的。如果增长速度回落过快，结构调整很可能会被推迟，而非加速。年底中央经济工作会议是指，财政政策要更有力度，货币政策要松紧适度。这意味着无论财政政策还是货币政策都将进一步发力。2015 年财政赤字占 GDP 比率有望进一步上升，市场也将看到进一步的全面降准与降息。第三，中国政府将会更加重视预防与管理金融风险。近期俄罗斯卢布暴跌与国内金融动荡，给中国政府提供了一个生动的经验教训。预计中国政府将在 2015 年加大宏观审慎与微观审慎监管措施的实施力度，努力规范金融机构行为，一方面努力促成潜在金融风险显性化（例如允许部分影子银行产品或金融机构违约）以防范道德风险、改变刚性兑付格局、提高市场主体风险意识；另一方面又会把上述风险暴露可能造成的潜在冲击控制在一定范围内（全国性存款保险公司的成立就是题中之义）。第四，预计中国政府在资本账户开放方面将会变得更加审慎。这是因为，俄罗斯的近况充分说明了，如果一个国家主动放弃了资本账户管制这一有效工具，一旦出现大规模资本外流，它就不得不借助连续加息这一副作用极强的政策工具。在国际环境波诡云谲、国内金融风险不断上升的背景下，何苦要自毁长城呢？

畅想中国梦：人民币国际化与国际货币体系改革[①]

2030年，中国的经济总量已经接近甚至超过美国，尽管人均GDP仍落后于全球主要发达国家，但中国已经成长为全球举足轻重的经济体。人民币也成为仅次于美元与欧元的全球第三大国际货币。

在中国的跨境贸易与投资中，人民币已经成为最重要的计价货币与结算货币之一。中国出口商品的50%左右用人民币计价结算，而进口商品的30%左右用人民币计价结算。采用人民币进行跨境贸易的计价与结算，既帮助中国企业规避了汇率风险，又帮助中国企业降低了汇兑成本。中国对外投资的50%左右用人民币计价结算，而外国来华投资的75%左右用人民币计价结算。跨境投资大规模用人民币计价结算的前提，是境外市场上流通着大量的人民币。据测算，离岸市场上的人民币存量，已经与中国国内的人民币存量大致相当。

中国已经实现了资本账户的完全可兑换，中国金融市场也实现了完全对外开放。中国巨大的经济总量，广袤的国内市场，以及具有特色的

---

① 本文发表于《社会观察》，2013年第3期。

金融机构，使得人民币资产成为全球投资者在配置资产组合时不得不加以考虑的重要选择。大多数新兴市场国家与发展中国家，以及一部分发达国家，均将外汇储备的25%左右投资于人民币资产。人民币国际化以及中国金融市场开放，一方面使得中国企业与居民可以用本币进行国际融资，从而避免了货币错配造成的风险，另一方面也赋予了中国政府向其他国家征收铸币税的权利。

在中国内地、香港、台湾、澳门组成的“大中华区”内，人民币已经成为自由流通的货币。除此之外，人民币在东南亚、东北亚、中亚、非洲、拉美等区域也成为炙手可热的国际货币之一。在很多实施钉住一篮子货币汇率制度的国家中，人民币已经成为货币篮中的重要组成部分。部分与中国具有密切贸易与投资往来的小型开放经济体，甚至直接实施钉住人民币的汇率制度。东亚国家已经实现了各国汇率的集体浮动，而人民币在其中扮演了锚货币的角色。在亚洲货币基金中，中国已经成长为份额与投票权最高的成员国。

全球范围内，已经形成美元、欧元与人民币“三足鼎立”的态势。从区域上来看，南北美洲国家主要使用美元，欧洲、中东与北非国家主要使用欧元，而亚洲国家主要使用人民币。三种货币集体充当全球储备货币，通过引入竞争机制而有效地克服了“特里芬两难”，即维持本币汇率稳定与满足全球清偿力需要之间存在的矛盾，以及在维持本国货币政策独立性与承担全球责任之间的矛盾。全球投资者在三种主要储备货币之间用脚投票，这为美国、欧盟与中国货币当局的货币政策形成了外部约束。在此前提下，三个货币当局都有强烈的激励去实施更负责任的货币政策。这一格局有效地克服了过去由美元充当全球储备货币而造成的全球经常账户失衡与流动性过剩。

在国际货币基金组织（IMF）中，中国的份额与投票权已经基本上与美国或欧盟相当。美国的一票否决权已经被取消，美国、欧盟与中国之间已经形成了彼此制衡的格局。在IMF发行的特别提款权（SDR）的定值货币篮中，人民币的权重也与美元、欧元相当。在治理结构方面，IMF定期根据各国经济实力在全球范围内的相对变化来调整各国的份额与投票权。除了进行危机救援外，IMF也成长为一个全球性的主权资产管理机构，通过替代账户帮助有着多余外汇储备的国家管理外汇资产。在这一方面，中国是IMF最重要的客户之一。IMF也负责对全球宏观经济与金融市场进行多边监测，以甄别、防范与预警系统性风险。一旦成员国爆发风险，IMF能够快速提供量体裁衣式的充足救援，贷款附加的条件性既有助于克服道德风险，也能够避免对成员国经济的负面冲击。

除IMF之外，中国也在世界银行、金融稳定委员会、巴塞尔银行委员会、世界贸易组织、二十国集团、金砖国家集团等国际多边机构中扮演着重要角色。除了在份额与投票权方面占据着重要地位外，中国人也定期轮流担任国际多边机构的首脑。来自中国的技术官僚也频繁、大量地出任上述国际多边机构的中层管理工作。

尽管国际金融危机还会不时发生，但由于全球范围内建立了系统性的危机防范、预警与救援机制，一旦危机爆发，相关国家就能够采取对症下药的应对措施，以防止危机的传染与深化。因此，全球性与系统性金融危机的爆发频率有所下降，而危机的破坏性更是显著降低。

综上所述，在2030年，随着中国经济与中国金融市场在全球范围内的地位上升，人民币成长为重要的全球储备货币，中国也积极地参与并试图主导国际货币体系改革。随着人民币的成长以及中国的参与，国际货币体系的稳定性不断增强，应对金融危机的能力也与日俱增。

这无疑是一个美好的梦想。然而，要实现这一梦想也绝非易事。笔者认为，要使得梦想变为现实，至少需要如下几个前提条件：

第一，是中国经济能否在未来十年内完成经济增长模式的转型。过去二十年，中国经济增长主要由投资与出口拉动。然而当前中国投资率已经接近50%，不少行业的产能过剩已经相当严重，继续提高投资率的空间不大。随着全球金融危机爆发造成世界经济增长低迷，中国企业继续通过扩大出口来消化过剩产能的做法也将遇到越来越多的困难。为了确保中国经济能够在未来二十年内持续较快增长，中国经济必须完成经济增长模式由投资与出口驱动向消费与投资平衡驱动的转型。而要完成上述增长模式转型，以下三方面工作是不可或缺的：一是实现国民收入在居民、企业与政府三部门之间更加均衡的分配，以及降低居民内部的收入分配失衡；二是打破国有企业对若干高利润率服务业部门的垄断，向民间资本真正开放这些服务业部门；三是加快推进包括利率与汇率在内的国内要素价格市场化改革。这些结构性改革措施注定会遭到各种既得利益集团的强烈抵制，其推进取决于中国政府的智慧与决心。

第二，是中国金融市场能否在对内开放与对外开放的过程中发展壮大，并尽可能避免系统性金融危机的爆发。人民币要成为一种国际化货币的前提，是中国金融市场应该更广、更深、更具流动性与开放性。中国金融市场的定位应该由为融资者服务转变成为投资者服务，提高市场透明度与监管水平。国内存在市场分割的主权债市场与企业债市场应该整合到一起，多头监管的格局应该转变为单一主体统一监管。在向外国投资者全面开放之前，中国金融市场应该先向国内民间资本全面开放。为避免系统性金融风险的累积，中国政府首先应该加强对金融机构的宏观与微观审慎监管，其次应该避免资本账户的过快开放。

第三，是在中国经济快速增长、国际地位迅速崛起的过程中，中国能否协调好与世界各国之间的竞争合作关系，避免大的国际冲突。其一，在享受了全球化红利的同时，随着自身规模与重要性的凸显，中国应该努力承担更多的国际责任。例如，中国政府在制定国内经济政策之时，应该充分考虑这些政策的溢出效应，避免国内政府负外部性对其他国家造成的不利影响。其二，中国政府应该努力参加各种国际多边与双边合作，在包括联合国、二十国集团、金砖国家集团、IMF、世界银行、世界贸易组织、各种类型的自由贸易区中扮演更加积极主动的角色。在各种国际论坛与会议上，中国政府与相关机构应该成为重要议题的提出者。其三，作为发展中国家与当前新兴市场大国，中国应该在国际社会上为发展中国家与新兴市场国家争取更多的利益。中国也应该将自身的成功经验与其他发展中国家分享，以帮助这些国家实现发展阶段的跃迁。中国政府应通过自身的努力，将中国经济的崛起与全球经济的共同繁荣相结合，以克服国际社会内针对中国崛起的猜忌与抵制。

中国对外经济战略升级版应该关注的几个问题[①]

中国是一个喜欢仪式感的国家。正如2008年北京奥运会的召开象征着中国经济在全球金融危机爆发后异军突起一样，2014年北京APEC会议的召开似乎象征着中国对外经济战略的全面升级。

根据笔者的观察，中国对外经济战略升级版的主要特征似乎是：第一，中国政府以更加积极的姿态参与区域经济金融合作。一方面致力于改造与提升固有机制（例如APEC），另一方面努力主导创建新的机制（例如金砖银行、亚洲基础设施银行与一带一路建设）。第二，以基础设施为主导行业，促进中国企业（特别是国有企业）的对外直接投资，以此来消化国内积累起来的过剩产能。第三，注重运用金融杠杆。中国政府动用外汇储备资金为金砖银行、亚洲基础设施银行与丝路基金等注入资本金，希望以此来撬动更大规模的银行融资或民间资本。第四，属于传统经济外交策略的重要拓展，试图通过增加对周边国家的直接投资来获得这些国家对中国模式以及中国崛起更大程度的认同。第五，试图

① 本文发表于《彭博商业周刊》，2014年11月17日。

对抗美国以自身为主导的 TPP 与 TTIP 建设。无论是 RCEP 还是亚洲太平洋自由贸易区，都体现了中国政府在新形势下试图突破美国钳制、创设更具主动性的区域乃至全球经济新秩序的努力。

不容否认，对外经济战略的全面升级，是中国政府基于对当前国内外诸多环境因素的全面考量，并从解决自身现实问题出发，深思熟虑后制定的新策略。这一策略，至少有助于缓解中国经济面临的如下问题：第一，外汇储备高企与投资渠道匮乏。目前中国外汇储备规模已经达到 4 万亿美元，由于大部分只能投资于发达国家政府债券，收益率乏善可陈。尤其是与中国引入的外商直接投资相比，收益率差距更是有云泥之别。这造成了尽管中国是一个国际净债权人，但中国还在向其他国家净支付利息的扭曲局面。通过鼓励中国企业的对外直接投资，中国政府试图达到加强外汇储备多元化投资从而提高主权外汇资产投资收益率的目的。第二，试图缓解制造业产能过剩与金融系统性风险。自全球金融危机爆发以来，中国制造业的产能过剩率显著上升，这造成企业部门负债高居不下，给宏观经济增长与金融体系问题均造成很大隐患。通过扩大中国企业对海外的基础设施投资，客观上可以更加充分地利用国内目前积累起来的庞大产能，从而缓解企业去杠杆的压力，促进经济增长与金融稳定。第三，缓和与周边国家的地缘政治冲突，改善中国周边外交的紧张局面。近年来，随着中国经济的快速成长、中国制造的全球畅销、中国对外直接投资的激增，尤其是中国周边地缘政治冲突的加剧，使得周边国家对中国的疑惧心理显著上升，这客观上为美国的重返亚太提供了战略空间。因此，通过加强与亚太区域国家的贸易投资联系，中国政府期望能够缓和周边国家的疑惧情绪，为自身发展争取更好的国际环境。

如上所述，中国对外经济战略的全面升级的确有其客观性与必要性。然而，现实永远比理想更加复杂，为了让中国对外经济战略升级版推进得更加扎实与更可持续，笔者认为，中国政府至少应充分考虑如下问题：

第一，如何切实提高中国主权资产的海外投资收益率？最近市场喜欢把中国对外经济战略的升级版比喻为中国版本的马歇尔计划。这是一种良好的愿望，众所周知，美国从马歇尔计划的实施过程中获得了不菲的收益。然而，美国通过马歇尔计划援助的国家，是市场机制已经基本健全、仅仅是被二战夷为平地的西欧国家。即使没有马歇尔计划，这些国家也必然复苏无疑，马歇尔计划仅仅是加速了这些国家的复苏而已。相反，未来金砖国家银行、亚洲基础设施银行与丝路基金的投资重点，是市场机制尚未充分建立、国内政治制度尚不稳定的新兴市场国家，投资这些国家的风险，无疑远远超过当初美国投资西欧国家面临的风险。此外，考虑到未来中国通过上述机构对外直接投资的重点是基础设施投资，而基础设施投资的一大特点是收益率偏低，因此，在确保投资安全的基础上，如何确保未来的中国对外投资能够获得满意回报，从而改善中国的海外投资净收益，这是中国政府在未来制度设计方面应该重点考虑的问题之一。

第二，如何切实改善周边国家对中国的疑惧态度？大量的国际经验表明，一个国家对外提供的援助越多，这个国家被其他国家接受的程度未必越高。在国际交往的过程中，有关各方越来越重视软实力的重要性。与军事、经济实力不同，软实力更强调文化、制度与价值观。例如，中国政府在新中国成立后提出的和平共处五项原则，一度成为中国外交的核心价值观，为中国赢取了一大批发展中国家作为盟友。中国经济的崛起本来就已经引起周边国家的疑虑，因此，中国政府主导下对外直接投资的增加，很容易加深而非缓解周边国家的抵制与疑虑情绪。对中国政府而言，最不值当的结果是，我们花了钱，但其他国家对中国的敌意却不减反增。因此，要切实缓解周边国家对中国的疑惧态度，功夫实则在钱外。中国政府应该更加真诚、积极地与周边国家分享中国经济高速增长的经验，帮助周边国家解决其面临的紧迫问题，加强与周边国家在文化与价值观方面的交流。事实上，与传统的霸权理论相比，中国传统文化中的天下主义情怀，对小国是有很强的吸引力的。

第三，如何避免直接与美国对抗？历史经验表明，作为全球第二大经济体的中国要获得进一步发展壮大的空间，就应该尽量避免与美国直接对抗。目前美国与中国仍在很多问题上（例如反恐、全球经济复苏、朝鲜问题）有着共同利益，中美外交应该更加强调共同利益，而非彼此之间的分歧。特别是考虑到，在共和党把持了参议院以后，美国的对华经济政策可能变得更为强硬，对华贸易保护主义与要求人民币升值的压力都会卷土重来，因此，如何能够与美国政府进一步增强战略互信，在合作中求发展，是中国政府面临的一大考验。例如，如何进一步加快中美 BIT 谈判？在建设 RCEP 与亚太自贸区的同时能否主动与 TPP 保持密切接触？如何与美国在气候变化等具有共同利益的国际谈判中加强合作？这都是值得考虑的问题。

第四，如何克服对外经济战略升级版与国内结构性调整之间的冲突？假设未来几年内，中国真的能够通过加强对外直接投资而成功地多元化主权外汇资产投资、缓解国内制造业产能过剩问题，那么，中国政府是否会降低人民币汇率市场化改革与国内经济结构转型的动力？中国国内的结构性改革由于若干既得利益集团的阻挠，向来具有压力驱动或危机意识驱动的特点。如果中国政府能够成功地找到新的外部机制来缓解外汇储备飙升与产能过剩突出的问题，上述痛苦的结构性改革是否会被再次束之高阁？对中国这样的大国而言，其发展壮大的动力主要仍将源自内部，因此，如何在实施对外经济战略升级版的过程中推动国内结构性改革，实乃中国政府不容回避的重要挑战。

直面一带一路的潜在风险[①]

近期以来，中国政府公布的一带一路战略引起了全球范围的普遍关注。中国政府将之作为未来10年中国对外经贸投资布局的重点，以及实现新常态之下中国经济结构转型的重要抓手。全球国家，尤其是位于一带一路范围内的国家，也正对该策略如何付诸实施而拭目以待。作为一带一路策略实施的金融支持机构，亚洲基础设施投资银行与丝路基金的设立、治理机制与运作方式也备受关注。

一带一路战略如果能够得到顺利实施，的确可能给中国乃至沿线国家带来巨大收益。然而不容否认的是，一带一路战略能否得以顺利推进，存在着很大的不确定性。因此，较为全面地梳理一带一路背后的潜在风险，有助于中国政府更加有的放矢与可持续地推进该战略。正所谓凡事预则立，不预则废。

一带一路战略面临的潜在风险之一，是相关投资收益率偏低。众所周知，一带一路战略所带动的投资，有很大一部分集中在国际基础设施

① 本文发表于《财经》，2015年6月8日。

投资领域。而大多数基础设施投资都具有投资收益率偏低的特点。无论是机场、高铁、高速公路、港口、管道等基础设施，要靠自身收费来收回投资相关本息，均需要很长的时间。换言之，项目自身投资回报率是很低的。

中国经济过去30年高速增长的背后，有着长期、持续、大规模基础设施投资的支撑。为什么投资收益率很低，但中国的基础设施投资还能维持高速增长呢？笔者认为，至少有两种解释。第一，在某种程度上，基础设施属于公共产品，具有正外部性的特点，因此，中央政府愿意将财政资金投入到这一领域；第二，一旦基础设施建成投入使用，那么基础设施周边的土地通常会显著增值，这会使得进行基础设施投资的地方政府从中获得不菲收益，正所谓“堤内损失堤外补”。

然而，上述两种机制在一国内部适用，在国际上却未必管用。例如，尽管基础设施投资能够给沿线国家带来巨大收益，但中国政府能够将很大一部分财政资金长期花费在中国境外吗？将这部分资金用于中国的中西部，岂不是更具合法性？作为境外投资者，在进行基础设施投资后，能够要求东道国政府将基础设施周边土地的增值收益转让给自己吗？当地民众的抗议浪潮是否会风起云涌？

一带一路战略面临的潜在风险之二，是投资安全面临较大挑战。从目前一带一路所涉及的国家来看，可谓经济发展程度、政治体制、文化历史、宗教状况千差万别，这一区域既是地缘政治冲突的热点地带，也是全球主要政治力量角逐的焦点区域。这就意味着，中国通过一带一路战略而进行的对外直接投资，将在投资安全方面面临很大的挑战。例如，假如东道国发生剧烈的政权更迭，新政府上台后是否可能实现外国投资的国有化？又如，假如两国之间发生战争，战争一旦摧毁了相应基础设施或厂房，谁来负责赔偿？再如，在一带一路沿线国家中，有个别国家有着长期且经常的主权违约记录。即使该国政府对特定项目进行了政府担保，但如果政府再次宣布违约，中国企业的海外投资安全如何保障？当然，值得指出的是，国家开发银行与丝路基金面临的违约风险要显著高于亚投行。这是因为，相关经验表明，东道国对多边机构的违约成本很高。换言之，通过多边机构进行投资的安全性可能更高一些。

一带一路战略面临的潜在风险之三，是私人部门与境外主体出资有限，从而使得中国政府不得不成为主要的出资者。一方面，私人主体的决策是非常市场化的，是否投资主要看收益与成本。如上所述，一带一路相关基础设施投资的收益率偏低，且海外投资安全可能得不到保障，在这一前提下，即使中国政府在这一过程中努力推动 PPP（公私合营），私人主体也可能对此缺乏兴趣。另一方面，一带一路沿线国家主要是发展水平较低的新兴市场国家或发展中国家，这些国家自身原本就缺乏充足的资金用于相关投资，这也是为何亚洲存在巨大的基础设施投资缺口的根本原因之一。而如果私人部门与境外国家不能投入充分的资金，那么出资的责任就会落到中国政府头上。中国政府通过国家开发银行、亚投行与丝路基金的投资，就可能成为一带一路战略的主要融资来源。

目前中国的外汇储备高达 3.8 万亿美元。很多观察家认为，当前外汇储备投资收益率偏低，通过一带一路战略的实施，能够实现中国外汇储备投资的多元化，进而提高外汇储备投资的收益率。然而这一观点可能忽视了以下两点：第一，如上所述，一带一路相关投资的收益率可能并不高、投资安全可能面临较大挑战，因此相关外汇储备投资的收益率可能不升反降，风险可能不降反升；第二，随着人民币单边升值预期的消失以及中国央行加速开放资本账户，中国的外汇储备存量未来可能持续下降，在特定情形下可能下降很快。中国政府究竟能将多少外汇储备投入一带一路战略，事实上存在较大疑问。

一带一路战略面临的潜在风险之四，是可能妨碍而非加速中国经济的结构调整。目前有一种观点认为，输出过剩产能是中国政府推进一带一路战略的重要目的。笔者对此表示严重怀疑。过剩产能如何输出？是要在国内继续大量生产钢铁、水泥、电解铝、PVC，再将这些产品出口到一带一路沿线国家吗？还是由中国的钢铁、水泥、电解铝、PVC 企业在沿线国家进行绿地投资，建立新的工厂？如果是后者，这与其叫作输出过剩产能，不如称之为帮助沿线国家构建其自身产能。如果是前者，则面临着相关产品都属于体积大价值低的商品、运输成本很高的问题。退一步说，即使一带一路战略能够帮助中国解决产能过剩的问题，国内相关产业能够重新步入繁荣，但中国的资源、能源、环境能够再度承载这种发展方式吗？中国经济的结构调整，是否会如同 4 万亿一样，再次被一带一路战略的实施所打断？

一带一路战略面临的潜在风险之五，是可能加深而非缓解沿线国家对中国崛起的疑虑与抵制情绪。大量的国际经验表明，获得投资的东道国未必会对投资来源国感恩戴德，而是会加剧对来源国的疑虑与抵制。出钱未必能办好事，这是中国政府应该高度重视的问题。例如，有人将一带一路战略比喻为中国版本的马歇尔计划，这种比喻是很不恰当的。其一，马歇尔计划的实施与美国和苏联的对抗密切相关，具有鲜明的意识形态色彩；其二，实施马歇尔计划的美国当时在全球占据绝对主导地位。因此，所谓中国版本的马歇尔计划的提法，很容易陷中国政府于被动地位。同理，通过一带一路战略来输出过剩产能的提法也是非常不恰当的，这很容易引发东道国的反感情绪。这就意味着，一带一路战略的实施还需要很多相关工作的配套，这些工作需要体现中国的软实力乃至巧实力。

厘清与正确面对上述风险，有助于中国政府更加顺利与可持续地推进一带一路战略。例如，如何通过相关交易安排与项目设计来提高基础设施投资的回报率？如何加强与东道国的双边合作乃至通过多边合作渠道来保障投资项目的安排？如何在投融资领域吸引私人部门与沿线政府的参与？如何通过一带一路战略的实施来推进中国国内结构性调整？如何通过一带一路战略的实施来切实改善中国与沿线国家的全方位关系？一带一路战略的出台以及亚投行的成立，仅仅是一系列挑战的开始。对此，我们应该有清醒的认识。

如何防范金融开放进程中的潜在风险[①]

经过三十余年来的高速增长之后，中国已经成长为全球第二大经济体。中国经济国际地位的上升，以及经济增长模式转型的需求，都对中国金融市场与金融机构的发展水平与国际竞争力提出了更高的要求。而通过对外开放来引入外部竞争、倒逼国内金融市场与金融机构改革，也成为中国政府当前的改革思路之一。近年来，中国政府开始努力推动人民币的跨境使用、扩大 QFII 与 QDII 的投资规模、通过上海自贸区与前海特区尝试资本账户的加快开放，都体现了这一方面的努力。预计在未来十年内，中国的金融开放程度有望显著提高。中国有望从一个全球贸易大国，转型为一个全球金融大国。

然而，在世界经济发展的进程中，金融开放的提速通常伴随着金融风险的加剧。尤其是很多新兴市场国家，在金融市场开放进程中或者开放后，均遭遇了不同程度的金融危机的冲击。有些国家的经济快速增长进程甚至因为金融危机的爆发戛然而止。很多研究文献表明，金融开放

① 本文发表于《中国金融》，2014 年第 14 期。

本身并不必然意味着经济增长。只有当一国金融市场发展达到一定程度、该国固有的金融扭曲在开放前基本消除、该国在开放进程中实施了审慎的金融监管政策之后，金融开放才可能带来经济持续增长。因此，总结其他新兴市场国家在金融开放进程中遭遇的经验教训，对金融开放进程中可能存在的潜在风险进行防范与应对，这有助于使中国的金融开放之路走得更加稳健。本文试图梳理中国金融业对外开放进程中可能面临的潜在风险，并给出相应的政策建议。

风险一：大量短期资本流入引发资产价格泡沫。

很多新兴市场国家的经验表明，在一国金融市场对外开放初期，通常会经历大规模的短期国际资本流入，这是因为全球资本非常关注所谓投资的“价值洼地”。持续大规模的短期资本流入往往会形成如下风险隐患：其一，大量资本流入会造成新兴市场国家外汇市场上本币供不应求局面，从而推升本币对美元汇率；其二，大量短期资本流入会造成新兴市场国家国内流动性过剩，从而压低该国利率水平，进而推高股市、债市、房地产市场等资产价格，甚至形成较大的资产价格泡沫；其三，在本币汇率高企、国内利率水平较低的背景下，本国金融机构与企业通常会举借大量短期美元负债，从而形成资产负债表上的期限错配与美元错配。而上述风险积累，都会为短期资本流动逆转引爆金融危机埋下伏笔。

中国也概莫能外。考虑到当前中国经济增速依然显著高于全球平均水平、人民币对美元汇率未来仍有一定的升值空间、中国股票市场目前的估值水平处于低位，一旦中国开放本国金融市场与资本账户，也可能迎来大规模的短期资本流入。短期资本流入可能进一步推高人民币汇率、吹大中国股票市场与房地产市场的价格泡沫，并放大中国金融机构与企业的金融杠杆（尤其是加大期限错配与币种错配的程度），从而为未来的金融危机爆发埋下伏笔。

为应对这一潜在风险，相应的政策建议包括：第一，在开放资本账户的过程中，中国政府应该引入以价格为主的资本流动管理新工具，例如针对短期资本流动的托宾税、最低停留期限等，通过提高成本的方式来抑制短期资本的大量流入；第二，加快宏观审慎监管政策的实施力度，例如通过对金融机构的净外币负债头寸征税、提高对金融机构的资本充足率要求与拨备要求等手段来抑制金融机构资产负债表的期限错配与币种错配；第三，通过市场化的调控手段来抑制国内股票市场、房地产市场的价格过度上涨；第四，通过央行的外汇市场干预与冲销操作，防止本币对美元汇率的过快升值；第五，在市场繁荣时期，充分地向国内投资者提示潜在的市场反转风险。

风险二：大量短期资本外流引爆金融危机。

在经历了一段时间的短期资本流入之后，新兴市场国家通常会面临短期资本流动方向的逆转，即开始面临短期资本的大规模流出。造成这一逆转的原因，从外部来讲通常是美联储步入了新的加息周期，导致美国市场对资本的吸引力增强；从内部来讲通常是新兴市场国家内部金融脆弱性的积累削弱了投资者对该国金融体系的信心。在内外因素的联合作用下，无论是外国投资者的资本，还是本国居民与企业的资本，均可能在同一时间内大举流出。短期资本的大举外流又会造成如下一系列不利后果：一是导致国内利率水平显著上升，进而造成新兴市场国家的资产价格大幅下跌，甚至刺破资产价格泡沫，造成持有大量国内资产的家庭、企业、金融机构与政府部门的资产负债表的资产方严重受损；二是导致本币对美元汇率显著贬值，而这一贬值又会导致过去举借了大量美元债务的本国企业与金融机构的外债负担陡然加剧；三是国内资产价格显著下跌与本币剧烈贬值又会进一步削弱投资者的信心，从而引发更大规模的资本外流，这无疑会形成一个通向金融危机深渊的恶性循环。

笔者担心，如果未来几年中国金融市场与资本账户显著开放，那么中国也可能面临大规模资本流出的冲击。事实上，过去若干年内，中国国内金融市场处于金融抑制的环境，由于不能在海外大规模投资，中国居民被迫接受极低的实际利率水平，这对主要的借款者（国企与地方政府）是一种隐性的补贴。一旦中国显著开放金融市场与资本账户，中国居民无疑将会有巨大的投资海外以分散投资风险与提高投资收益。再考虑到未来几年中国金融体系的风险可能显性化（这将主要体现为商业银行体系不良贷款比率的显著上升），以及美联储逐渐退出量化宽松与步入新的加息周期，则中国可能出现大规模的外资撤出与内资外流，这可能导致国内资产价格暴跌、人民币对美元汇率显著贬值以及部分金融机构与企业的债务危机。

为应对这一潜在风险，相应的政策建议包括：第一，中国政府仍应审慎、渐进、可控地开放资本账户，特别是应该对异常短期资本流动保持密切监控。即使已经充分地开放了资本账户，中国政府仍应保留采取各种措施来遏制短期资本大规模异常流动的权利。第二，如前所述，中国政府应该增强反周期的宏观审慎监管政策。在市场繁荣时期，对金融机构实施更严格的监管标准，而在短期资本大举外流造成市场动荡时期，中国政府应适当放松对金融机构的资本金要求与拨备要求，缓解危机对金融机构的冲击。第三，中国政府应该允许个别经营过于激进、金融脆弱性水平过高的金融机构破产倒闭，这有助于增强国内各类主体的风险意识、降低各种道德风险，以及厘清各责任方的相关权利与义务。第四，中国政府应该事先准备充分的政策预案。毕竟，金融危机是无法完全避免的。而预案的重要性在于，一方面，一旦危机爆发，如何将危机的破坏性控制在一定限度之内，避免危机演变为破坏力极强的系统性危机；另一方面，如何利用危机爆发造成的压力，在国内凝聚各方面共识，加速推进各种结构性改革措施，即利用危机来推动国内改革。

风险三：金融市场被外国金融机构操纵，民营金融机构迟迟不能发展壮大。

一些拉美国家与东欧国家的经验教训生动地表明，当一国开放金融市场后，尤其是在金融市场开放之后又遭遇金融危机后，本国金融机构纷纷倒下，这给外国金融机构通过兼并收购做大自己提供了良机。最终造成的结果，是本国银行业与资本市场在很大程度上为外国金融机构所把持与操纵。由于外国金融机构是在全球范围内经营布局的，其经营行为未必会充分顾及新兴市场国家的利益，这使得某些原本无关的外部冲击也会导致新兴市场国家遭遇动荡。例如，当欧债危机爆发时，由于在“欧猪五国”的投资遭遇亏损，西欧银行从其他地区大举撤资，这导致部分东欧国家与拉美国家的金融市场也遭遇了严重冲击。更何况，如果本国金融市场被外国金融机构所把持，一国政府要贯彻实施国家战略或产业政策，无疑也会遭遇较大的掣肘。

迄今为止，外国金融机构在中国发挥的作用依然是有限的，这源自中国政府渐进、稳健的金融市场对外开放策略。但我们也应该看到，中国金融市场对国内民营机构的开放步伐也是非常缓慢的。如此就存在以下这种风险，即如果中国政府在向民间资本充分开放金融市场之前，就全面向外国资本开放金融市场，那么在国有金融机构与外国金融机构的联合夹击下，中国民营金融机构恐怕就很难有发展壮大的一天。而受所有制的委托代理框架与激励相容机制的影响，国有金融机构在创新能力与竞争力方面，恐怕又会显著落后于外国金融机构。一旦这一情景发生，那么中国金融市场就难免不步入拉美国家与东欧国家的覆辙。

为应对这一潜在风险，相应的政策建议包括：第一，中国政府应尽快向国内民间资本充分地开放金融市场，这包括尽快建立全国性存款保险机制、放松对民营银行以及其他类型的民营金融机构的限制、鼓励金融机构的混合所有制等。本国金融市场对民营机构的开放，既有助于通过引入竞争来提高国有金融机构的效率，也有助于从根本上降低中小企业的融资成本。第二，中国金融市场对外国金融机构的开放，仍应继续坚持渐进、审慎的开放节奏。例如，中国政府应该继续采用 QFII 的方式来管理外国金融机构投资于中国金融市场的总体规模，中国政府仍应逐渐放开外资对中国金融机构的持续比例等。简言之，在金融市场与金融机构的开放方面，应坚持对内开放快于对外开放的原则。

风险四：成本收益失当的海外并购，对海外投资风险判断不足。

在一些国家经济高速成长、金融市场对外开放、本币汇率保持强劲的背景下，这些国家的金融企业通常会加剧海外扩张的步伐，竞相在海外大举收购兼并，形成一波波海外直接投资的热潮。但当热潮退去之后，市场往往会发现，很多此类投资的收益被高估、成本被低估、对各类风险重视不足，最终导致被收购对象成为一个烫手山芋，不但不能充分整合到自己的集团内，反而可能带来更多的风险与亏损，最终不得不以低价再度出售。例如，20 世纪 80 年代中后期，日本金融机构在美国进行了大量的房地产项目投资与股权投资，最终大多亏得一塌糊涂。

中国的海外直接投资才刚刚起步，但近年来发展迅速。尽管有不少成功案例，但中国金融机构在海外投资的亏损甚至失败案例也层出不穷。例如中投成立初期对黑石与摩根士丹利的投资就曾引起很大争议，而中信集团对澳洲的铁矿投资后来也被证明问题重重。

为应对这一潜在风险，相应的政策建议包括：第一，中国企业在海外直接投资的过程中，应该坚持审慎、稳健的原则，既要充分了解投资东道国的政治、经济、社会与文化，又要通过详细的尽职调查来了解企业以及所在行业的真实状况，还要通过精心设计的交易架构来规避各种潜在投资风险；第二，中国政府应努力协调中国企业的海外投资行为，例如应避免中国企业在海外特定投资项目上的竞相抬价行为；第三，要充分地发挥中国海外商会的作用，将海外商会发展为帮助中国企业相互沟通以及帮助中国企业进行东道国政府游说、协调海外投资各方利益的一个不可或缺的居间服务机构；第四，鼓励有海外投资经验以及潜在需求的中国企业之间进行充分的沟通与交流，使之彼此能够吸取经验教训、取长补短，避免重蹈覆辙。

加快资本账户开放的八大迷思①

目前，中国国内关于是否应加快资本账户开放的讨论非常热烈。从近期央行高层官员的一系列表态来看，似乎支持加快资本账户开放的声音占了上风。有市场传闻表示，中国政府有望在2015年实现资本账户的基本开放，在2020年实现资本账户的全面开放。然而，笔者反对在当前加快资本账户的开放，而是认为中国政府仍应渐进、审慎、可控地开放资本账户。

在本文中，笔者将梳理并评论关于支持加快资本账户开放的八个主要理由，并指出这些理由大多似是而非、站不住脚。

迷思之一：当前的资本账户管制是无效的，既然无效，不如放开。

诚然，尽管中国政府尚未全面开放资本账户，但近年来中国面临的国际资本流动规模明显放大，波动性也明显增强。不过，这并不意味着中国的资本账户管制是无效的。事实上，近年来大多数研究中国资本账户管制的实证文献均发现，尽管中国资本账户存在一些漏洞，但大体上

① 本文发表于《财经》，2013年5月20日。

依然是有效的。在内地人民币市场与离岸人民币市场上存在显著的息差与汇差，就是中国的资本账户管制依然有效的明证。此外，内地与离岸市场的抵补利率平价存在显著偏差，意味着跨境套利者依然面临着较大的交易成本，这也说明了资本账户管制的效力。

迷思之二：加快资本账户开放有助于优化资源配置。

这个判断原则上是没有问题的，但在现实世界中却面临两个挑战。其一，很多经验研究显示，从中长期来看，放松资本账户管制未必能够促进经济增长。个中原因在于，在一国存在较大的金融脆弱性前提下，过快开放资本账户很可能导致金融危机爆发，而金融危机将会损害资源优化配置。其二，资本账户开放与金融市场开放通常是并行的。而相关研究表明，只有当一国金融市场开展到一定的“门槛”水平后，金融开放（资本账户开放）才能够促进经济增长（资源优化配置）。

迷思之三：加快资本账户开放，特别是促进资本流出，将有助于缓解人民币升值压力。

据说，这是央行内部支持放松资本账户管制的一个很重要理由。然而问题在于，当短期国际资本波动频繁，规模与波动性都显著放大之时，放松资本账户管制，可能会加剧人民币对主要货币的汇率波动。例如，在2013年第一季度，放松资本账户管制意味着人民币对美元汇率加速升值。此外，从连续两年来中国经常账户顺差占GDP比率均低于3%来看，目前人民币汇率距离均衡水平已经不远，并不存在通过放松资本账户管制来缓解人民币升值压力的强烈需求。

迷思之四：加快资本账户开放有助于倒逼国内结构性改革。

笔者认为，这是支持加快资本账户开放的最强有力的一个理由。支持者表示，在国内改革进入存量改革阶段后，由于受到既得利益集团阻挠，国内结构性改革很难推动。因此，加快资本账户改革，可以引入外部压力来推动国内改革，即所谓“以开放促改革”，而当年中国加入

WTO成功倒逼了银行业改革就是明证。

不过，“以开放促改革”并非在任何时期、任何阶段、任何问题上都适用。倒逼既可能有好的结果，也可能有坏的结果。例如，在中国金融市场尚未对国内民间资本充分开放的前提下，贸然全面对外开放，结果将导致民间金融机构在国有金融机构与外资金融机构的挤压下，丧失掉发展壮大的空间。笔者认为，加快资本账户开放，固然有助于进一步推动汇率与利率的市场化，但很难相信，资本账户开放能够显著推进国内收入分配改革以及在若干服务业部门打破国有企业垄断格局等结构性改革。更进一步来说，如果加快资本账户开放最终导致了金融危机爆发，那么危机之后，恐怕国内结构性改革的步伐将会趋缓，而非加速。

迷思之五：加快资本账户开放有助于推动人民币国际化。

这个判断是完全正确的，因为资本账户开放与货币国际化本就是一枚硬币的两面。但问题在于，为什么中国政府要大力推进人民币的国际化？人民币国际化能在现阶段对中国经济带来重要的福利增进吗？笔者对此表示怀疑。国际金融历史显示，货币国际化通常是市场选择的结果，而非政府人为推动的结果。在国内金融市场尚未发展到特定水平、利率与汇率形成机制尚存在扭曲的前提下推动人民币国际化，事实上是在鼓励居民与非居民利用内地与离岸市场的汇差与利差进行跨境套利，这并非真正的货币国际化。人民币在未来要成为真正的国际性货币，归根结底，取决于未来二十年中国经济能否实现持续较快增长、中国金融市场能够继续发展壮大并避免系统性危机的爆发。而加快资本账户开放却可能损害中国的宏观经济与金融市场稳定，因此从中长期来看，加快资本账户开放未必能真正促进人民币国际化进程。

迷思之六：加快资本账户开放不需要遵循固定次序，可以与利率、汇率市场化改革平行推进。

无论是新兴市场国家开放资本账户的实践，还是国际经济学界的理论与实证研究，均表明资本账户开放既需要遵循特定的次序，也需要一定的前提条件。在利率与汇率形成机制尚未充分市场化之前，资本账户开放将带来频繁的、大规模的跨境套利活动，这会加剧该国金融风险的累积，并造成国民福利的损失。如前所述，金融市场发展到一定水平，也是一国全面开放金融市场与资本账户的前提条件，否则开放未必能够带来持续的经济增长。在笔者看来，中国政府要全面开放资本账户，必须具备三个前提条件：人民币汇率形成机制市场化改革基本完成、人民币利率市场化改革基本完成、中国金融市场基本实现对民间资本的充分开放。这三个前提条件中国均没有实现，特别是利率市场化与金融市场对内开放的进度，要显著落后于汇率形成机制市场化的进度。

迷思之七：当前是中国政府加快资本账户开放的战略机遇期。

这一判断的逻辑是，国际金融危机爆发造成发达国家资本市场估值下降，这为中国资本的国际并购提供了时间窗口。然而，基于以下三个理由，笔者认为，当前绝非中国加快资本账户开放的战略机遇期。第一，目前美、日、欧、英等发达国家和地区央行均在实施新一轮量化宽松政策，造成全球流动性加剧，而很多新兴市场经济体已经面临持续大规模的短期资本流入；第二，在这一背景下，诸如巴西、韩国等在过去已经充分开放资本账户的新兴市场经济体，近年来也开始重新采纳一些资本流动管理工具以应对大规模资本流入；第三，就连长期以来以推动资本账户自由化为己任的IMF，也在近年来改变了对资本账户管理的看法，表示资本账户管理应该与宏观经济政策、宏观审慎监管一起，成为新兴市场国家管理国际资本流动的重要工具。

迷思之八：中国庞大的外汇储备足以应对资本账户放开后的任何风险。

尽管从大多数指标来看，中国的外汇储备都太多了。然而从外汇储备/M2这一指标来看，中国的外汇储备并非高得离谱。考虑到目前中国居民储蓄规模约为 60 万亿人民币，假定资本账户一夜放开，而中国居民试图将四分之一的储蓄移至海外进行多元化投资，这意味着 15 万亿人民币的资金流出，而中国外汇储备短期内则可能下降超过 60%！再考虑到国内产权改革尚未完成、制度演进尚存在不确定性，一旦国内资本大举外流，极有可能引发“羊群效应”。因此，真正值得我们担心的恰恰是资本流出，而非当前热炒的热钱流入。

城镇化迷局[①]

城镇化似乎已经成为新一届政府推动中国经济发展策略的重中之重。按照官方的说法，无论是改善居民相对收入水平以刺激国内消费，还是降低投资率与消化过剩产能，抑或是改变制造业与服务业发展不平衡的产业结构失衡，似乎都可以通过城镇化来毕其功于一役。笔者认为，我们恐怕不能对城镇化抱以过高的期望，城镇化并不是一把能够使中国经济突破中等收入陷阱的万能钥匙。与此同时，我们也要防止城镇化沦为地方政府的新一轮投资狂潮与寻租盛宴。

首先需要我们思考的是，城镇化究竟是一种结果，还是一种手段？就笔者所知，对绝大多数发达国家而言，城镇化不过是工业化与人口自由流动的一种结果，是一种市场化的行为，而非一种用来推动经济增长的手段。用加快城镇化来推动经济增长，恐怕还是一种计划经济色彩很浓的思维方式。

其次，由于中国政府目前还未给出对城镇化的详细解读，目前讨论

---

① 本文发表于《彭博商业周刊》，2013 年 4 月 8 日。

这个概念还有如雾里看花水中望月。不过目前形成的共识似乎是，中国的城镇化并非是指发展超大城市，而是力图推动大中小城市的全面发展（这可能恰恰是为什么中国政府要提“城镇化”而非“城市化”的原因）。

之所以很多人对超大城市心存恐惧，恐怕是与目前中国一线城市存在的一系列问题有关，例如交通拥堵、环境污染、看病难上学难、犯罪率高等等。此外，对超大城市的负面看法，也与目前拉美国家与东南亚国家一些大城市存在大片的贫民窟，有碍城市景观，且犯罪率居高不下有关。

需要厘清的是，上述超大城市面临的一系列问题，究竟是城市规模过大造成的，还是经济增长方式、城市管理方式等其他原因造成的？笔者认为，问题可能出在后者上。例如，同样是超大城市的东京、首尔、纽约、伦敦，并未出现目前北京与上海的严重交通拥堵与环境污染。中国一线城市的交通拥堵，很大程度上是由公共交通不发达、私家车持有成本较低、道路设计存在缺陷等原因所致。而环境污染问题，则与环境标准偏低、执行力度有限、环境与资源成本并未充分市场化等问题有关。

中国政府未来要推动的城镇化据说是以人为本的城镇化，一个核心要素是公共服务均等化。问题在于，在任何国家，优质的公共资源（例如医疗与教育）均是稀缺的。稀缺的公共资源必然是集中供应的，这也是为何在市场化条件下，人口会持续集中而形成超大城市的重要原因之一。如果不考虑这一因素而人为推动公共服务的均等化，其结果恐怕未必是全国各地平均公共服务水平的上升，而是一线城市公共服务水平的下降。在此请允许我引用一个经济学者的戏谑之言：城镇化未必能够实现全国的城市化，相反，它可能导致全国变成一个大农村。

超大城市必然会导致犯罪率上升吗？我的朋友复旦大学陆铭教授的

研究表明，超大城市反而能够降低警方防控犯罪的单位成本，因此并不必然导致犯罪率上升。在市场化条件下的人口流动过程中，似乎必然会在超大城市出现“贫民窟”。虽然贫民窟有碍观瞻，但贫民窟一定是百害之源吗？针对印度孟买贫民窟的研究表明，一方面贫民窟为进城平民提供了一个还算不错的落脚之地，能够帮助他们在城市站稳脚跟并通过自身努力提升收入水平与地位；另一方面，看似混乱的贫民窟里其实会内生一套有序的自我管理制度。迄今为止中国城市似乎没有出现贫民窟，但各个城市的城乡结合部与城中村，其实基本上发挥了国外贫民窟的基本职能。

一个有趣的问题是，穷人是适合在小城镇居住呢，还是适合在大城市居住？直观的回答似乎是前者。然而，有国外学者的研究表明，穷人只适合居住在大城市。因为在大城市中，分摊在每个人身上的市政成本较低，因此只有富人才能负担得起在小城镇居住的成本分摊。随着未来国内要素价格的市场化、资源与环境成本的显性化，恐怕中国的低收入群体也会面临相似的问题。

再次，最令人担心的问题，还是在未来几年内，城镇化再次演变为各地政府的大规模造城运动，造成资源浪费与寻租盛行。如果对地方政府官员的政绩考核体系不发生变化，且对地方政府目前的财政收支机制不进行大的调整，那么地方官员将有很强的激励，将城镇化作为一个机遇，来实现大规模的土地财政与城市开发。遍地城市化与人口在市场化条件下不断积聚的叠加，会在中国产生更多的“鬼城”。对资金的浪费还属其次，最可怕的是环境的破坏与土地资源的浪费。

目前，由于中国政府对城镇化尚未给出详细的定义。各方利益集团，都拼命往“城镇化”这个框里塞自己的私货。在当前这个中国经济的十字路口，我们必须要扪心自问，我们想要的城镇化究竟是什么样的城镇化？城镇化究竟应该是市场主导的还是政府主导的？城镇化究竟是一种结果还是一种手段？请让我用一位朋友的话作结："大城市未必不好，小城市未必好。好与不好，这得看出发点建立在什么体制基础上。"

短期资本流动与中国货币政策[①]

当前对货币政策的讨论很多，市场对此非常纠结。我觉得之所以这么纠结，可能是因为当前的讨论把货币政策的三个维度给混淆了。

当前中国面临货币政策三个方面的变化。

第一个变化是随着利率市场化的推进，特别是影子银行的发展，将货币数量作为货币政策中间目标变得越来越困难，因此我们需要从以数量调控为主的货币政策框架转向为以价格调控为主的货币政策框架。这意味着要做如下两件事情：一是要尽早选定基准利率；二是要大力发展包括国债市场在内的各种债券市场，从而形成一条既能反映市场流动性松紧程度，又能反映市场风险溢价的收益率曲线。

第二个变化是要在外汇占款渠道之外，找到一条新的能够稳定发放基础货币的新渠道。过去的十多年我们主要是靠资本流入导致的外汇储备上升（即外汇占款）来发放基础货币。然而随着国内外环境的变化，

---

① 本文为笔者在2014年汤森路透投资论坛及StarMine全球分析师颁奖典礼上主题演讲的文字实录，已经本人审阅，有删节并调整。

中国面临的资本流入变得不再稳定，这就意味着央行难以继续依赖外汇占款渠道来投放基础货币，从而亟需寻找一个新的基础货币发放机制。近期央行关于 MLF 或 PCL 的尝试，似乎也是寻找新的中期内流动性供给机制的努力，但定向宽松政策是否是适宜的基础货币发放方式，仍然值得讨论。

第三个变化是在当前的宏观经济环境下，是否需要进一步放松货币政策，例如是否需要全面降息或降准。

我觉得当前市场纠结的原因之一，是把上面三个变化相互混淆了，而央行当前的货币政策操作是否也存在一定的模糊性。例如，定向宽松政策究竟是常规的放松货币，还是试图寻找一个发放基础货币的新机制，抑或是将在新的货币政策框架中扮演什么角色。我觉得有可能央行还没有把这个问题想得很清楚。

讨论货币政策有很多方式。我今天的演讲分为两部分。在前半段，我想讲一下短期资本流动的变化给央行基础货币发放机制造成的新挑战；在后半段，我想讲一下未来一段时期内常规货币政策操作何去何从。换言之，我讨论的是上述第二个和第三个变化。

自 1999 年以来的十多年时间里，中国的国际收支出现了持续双顺差。为了防止人民币兑美元快速升值，央行进行的外汇市场干预导致外汇占款不断增加。为了防止外汇占款增加导致通货膨胀与资产价格泡沫，央行进行了大量的冲销。在前半段，央行主要通过发行央票来冲销。但随着央票利率的上行，通过央行进行冲销的成本显著上升，央行转为通过提高法定存款准备金率来进行冲销，这正是为何当前大型存款类金融机构的法定存准率高达 20%的主要原因。这样一个通过央行冲销来保证基础货币稳定发放的机制，在 2012 年欧债危机深化之后发生了转变。

自全球金融危机爆发以后，资本与金融账户顺差逐渐取代经常账户顺差，成为中国外汇储备增长的主要来源。2012 年，中国自 1998 年以来首次出现资本与金融账户逆差。众所周知，资本流动的稳定性远低于国际贸易，因此，自全球金融危机以来，中国的国际收支开始变得越来越不稳定。

从金融账户的构成来看，以债权性资金为代表的其他投资的波动性，显著高于证券投资与直接投资。而在其他投资中，最近两年来货币与存款项的流出变得越来越显著，这其中或许体现了中国私人部门通过在境外配置资产来提高收益率或者规避中国经济系统性风险的努力。

2014 年第三季度，中国的经常账户顺差与资本及金融账户逆差刚好抵消。这是一个非常有趣的现象。资本及金融账户逆差意味着国内资本大量流出。众所周知，当前的经常账户顺差中，隐藏着大量跨境套利造成的虚假贸易，这意味着经常账户顺差的背后有着大量套利资金的流入。一方面是套利资本的流入，另一方面是国内资本的流出，这种格局有些吊诡。但套利资本是变动不居的，随着未来跨境套利空间的缩小，中国面临资本持续流出的格局并不令人意外。

随着人民币有效汇率的升值、国内劳动力成本的上升以及其他要素价格的市场化，中国的货币贸易顺差占 GDP 比率有望继续缩小。随着中国服务业的进一步开放，服务贸易逆差可能进一步放大。这意味着未来中国的经常账户顺差将会继续缩小。如前所述，未来中国可能出现资本与金融账户顺差与逆差交替的格局。换言之，中国的国际收支持续双顺差的时代可能已经结束了。

国际收支双顺差格局的转变，导致的直接结果是外汇储备的增长速度放缓，这进而会导致外汇占款的增量显著下降。事实上，从 2012 年起，中国月度外汇占款增量的中枢水平已经发生趋势性下降，尽管近年来波动率显著上升。这一现象造成的一个结果是，从 2012 年起，中国外汇占款同比增速已经持续显著低于 M1 同比增速，这意味着，外汇占款已经不再是一个稳定的发放基础货币的渠道。这也正是为何中国央行在 2012 年大量使用逆回购来向市场注入流动性的原因所在。

什么是未来中国合适的基础货币发放渠道，目前还存在争议。我个人的看法是，中国应该效仿大多数发达国家，将买卖国债作为调节基础货币的主要渠道。当然，目前央行面临的问题是，没有那么多的国债可买。因此，如果将买卖国债作为未来的基础货币发放渠道，我们就需要一个系统性的策略，将央行降低法定存款准备金率、财政部发行国债、设立新的主权财富基金，以及商业银行的相关操作等结合起来。我们团队正在研究这样一个方案。但受时间所限，我今天不能展开这一方面了。简言之，我并不认为诸如 MLF 或 PSL 等定向宽松工具是适宜的基础货币投放机制。

下面我分析第二个问题，即当前货币政策是否需要进一步放松，以及应该如何放松。中国经济潜在增长率与过去十年相比显著下降，已经是业界的共识。然而，很多证据表明，当前中国经济的增速，可能依然低于当前中国经济的潜在增速，意味着目前的产出缺口为负，这意味着央行有进一步放松货币政策的空间。产出缺口为负的一个证据，就是目前 CPI 同比增速低于 2%，而 PPI 同比增速已经接近三年负增长。

为什么迄今为止央行主要依靠定向降准、定向降息、PSL 与 MLF 等定向宽松的新工具，而不依靠传统的全面降准或降息呢？这体现了央行在保增长与调结构之间的纠结。保增长意味着货币政策需要放松，而调结构意味着应该避免过度放松，因此，定向宽松就成为央行不得已而为之的选择。

问题在于，定向宽松政策迄今为止效果不明显，而且带来了一些新问题。第一，货币政策天生是一种总量工具，用货币政策来调结构可谓工具错配；第二，定向宽松意味着央行掌握了分配信贷资源的权利，但这个过程是否会造成新的寻租空间？谁来监督以及评估央行分配信贷资源的决策？第三，定向宽松具有产业政策的性质，而一旦央行开始执行产业政策的职能，可能会削弱而非加强央行的货币政策独立性；第四，从目前的定向宽松政策（尤其是 PSL 与 MLF）来看，央行倾向于既定数量又定价格，这与利率市场化改革的大方向以及我们转向以价格调控为主的货币政策新框架，似乎都是相互冲突的；第五，央行目前是否是把以下两个问题混为一体了，一是是否应该放松货币政策，二是如何实现货币政策框架的转型，这是否会出现目标与工具的冲突？

中国央行的官员们的压力是很大的，因为他们被赋予了过多的任务。众所周知，欧洲央行的货币政策目标只有维持物价稳定这一项，美联储的货币政策目标为维持物价稳定以及保障经济增长这两项。而中国央行的货币政策目标已经有经济增长、充分就业、物价稳定与国际收支平衡四项。如果再加上调结构这一项，五个货币政策目标是否会成为央行难以承受之重？根据丁伯根法则，要解决一个问题，需要有一种工具。央行是否有足够的工具库来同时实现五个目标？

那么，如何走出当前的宏观经济困境呢？笔者认为，仅凭货币政策是难以实现这一目标的。首先，财政政策应该进一步发力，我们不应囿于财政赤字占 GDP 比率必须低于 3%这一红线，只要财政资金能够得以有效使用，加大财政刺激的力度可以降低货币政策的负担，例如不妨加大对小微企业减税力度以及考虑对中小企业融资实现财政贴息。其次，央行应该与银监会密切合作。银监会的差别化监管政策可以很好地引导资金流向，一旦与央行的总量政策相配合，可以更好地实现保增长与调结构的双重目标。再次，笔者认为，在定向宽松政策效果不明显的前提下，目前不妨尝试全面降准或降息。

目前市场上有一种担忧，即一旦央行全面降准或降息，这似乎会给市场释放一种强烈信号，即中央政府会重走老路。我觉得这种担心有点过头。目前，制造业面临几乎全面的产能过剩、二三线城市出现了巨大的商品房库存、地方融资平台正在面临治理整顿，很难想象，一两次降准或降息能够使得产能过剩、房地产泡沫与地方债务问题再度加剧。

此外，笔者担心的是，如果央行不在未来半年内的时间窗口主动全面降准或降息，一旦宏观经济继续下行，来自中央与其他部门的压力进一步加大，央行恐怕最终不得不进行更大幅度的降准或降息。换句话说，目前更小幅度的全面宽松，恰好是为了避免未来更大幅度的全面宽松。短痛是为了避免长痛。

至于当前是应该全面降准还是全面降息，虽然我觉得，全面降准与全面降息的最终效果是大致相似的，但我个人认为降准比降息更好。由于目前很多贷款是在基准利率上加成来定价的，因此降息可能直接降低企业融资成本，这是降息的好处。但在美联储即将加息的背景下降息，这会加剧国内外利差的收窄，从而引发更大规模的资本外流。由于资本外流会降低国内市场的流动性，因此最终央行可能不得不通过降准来补充流动性。这意味着，降息最终可能导致降准。

除此之外，还有两个理由支持降准。首先，当年央行不断提高法定存款准备金率，恰好是为了冲销资本流入造成的外汇占款增加，既然现在资本流出造成外汇占款下降，通过降准来补充流动性就是再自然不过的选择。其次，全国性的存款保险公司在不久的将来就要成立了，商业银行会被要求缴保费。但商业银行会反驳说，20%的法定存款准备金率，不就是为了获得国家的隐含担保而缴纳的保费吗？为了让缴纳保费变得合理，客观上也需要进一步调降法定存款准备金率。

最后，还有两点值得一提。其一，在中国潜在增速下降、金融风险上升的背景下，私人部门对中国经济与金融体系的信心将会下降，在这一背景下，通过推进结构性改革来增强市场信心，是非常必要的应对措施。在笔者看来，最重要的三项结构性改革措施，一是实现国民收入在居民、企业与政府部门之间更好地分配；二是打破国有企业对若干服务业部门的垄断；三是加快实施国内各种要素价格的市场化。其二，笔者个人对当前是否应该加快资本账户开放持保留态度。在人民币汇率与利率形成机制尚未充分市场化之前，在国内金融市场的若干脆弱性得到有效应对之前，在国内金融市场尚未充分向民营机构开放之前，过快推进资本账户开放，有可能会引发大规模的资本外流，这可能损害国内金融市场的稳定性，甚至导致系统性金融危机的爆发。总之，国内结构性改革应加快，而资本账户的进一步开放应谨慎。

银行间市场“钱荒”的根源及政策涵义[①]

2013年6月份以来，中国银行间市场利率大幅上升。6月20日隔夜回购定盘利率更是达到接近13%的历史峰值。一时间，国内金融市场风声鹤唳，有股份制银行违约或者基金爆仓的传闻纷至沓来，关于央行秘密入市干预的谣言也漫天纷飞。然而，迄今为止，并未有金融机构出现违约，而央行也已经通过对特定机构定向注入流动性以及再贴现等方式来稳定市场，银行间市场利率已经显著回落。

尽管本次银行间市场的“钱荒”似乎已经结束，但“钱荒”的后续影响依然在继续。影子银行体系暗流涌动，而实体企业融资成本近来也明显上升。因此，对本次银行间市场“钱荒”的来龙去脉进行深入分析，以及对“钱荒”的后续影响进行前瞻性判断，具有重要的政策含义。那么，本轮银行间市场流动性短缺的根源究竟何在？央行在前期与中期的按兵不动又体现了怎样的政策指向呢？

笔者认为，可以从外部资金流入趋缓、银行体系流动性需求上升、

---

① 本文发表于《金融市场研究》，2013年第7期。

央行一反常态拒绝入市干预这三个层面来理解当前的“钱荒”。

首先，过去十年内，外汇占款几乎一直是中国银行间流动性的重要来源。2012 年中国面临短期资本持续流出，央行没有选择通过降准来补充流动性，而是采用了大规模的逆回购，此后更是引入了新的流动性调控工具 SLO。从 2013 年年初起，伴随发达国家新一轮量化宽松政策的实施，中国转而面临新一轮大规模短期资本流入，导致 2013 年 1—4 月中国外汇占款增量高达 1.5 万亿人民币，显著高于 2012 年全年的 4946 亿人民币。由于市场流动性状况由紧趋松，央行在 2013 年 3—5 月间已经停止逆回购操作，并从 5 月起开始通过重新发行央票来回收流动性。然而，市场形势变化得很快，由于市场担忧美联储可能提前退出量化宽松，从 2013 年 5 月起，新兴市场经济体开始普遍面临短期资本流出，中国也概莫能外。5 月份外汇占款增量骤降至 669 亿人民币。6 月份的外汇占款增量可能更低，甚至不排除负增长的可能。外部资金流入趋缓，是导致银行间流动性出现短缺的重要外生性冲击。

其次，最近这个时点上，有多重合力叠加，导致商业银行对流动性的需求普遍上升。一是即将到第二季度末，贷存比考核即将到来，银行需要积累一定的流动性来应对考核；二是受贷存比考核影响，6 月底银行存款回表将会导致存款季节性增加，从而会增加 7 月初的准备金补缴，这又增加了银行对流动性的需求；三是对银行外汇业务贷存比的考核新规也会增加对流动性的需求；四是由于商业银行普遍预期中国政府将在 6 月份放松货币信贷政策，导致 6 月上旬银行贷款规模激增，这降低了银行内部流动性规模；五是端午小长假的节日流动性需求；六是企业税款的延迟支付，形成了 6 月初的反季节性缴税局面。上述多重因素的叠加，导致近期商业银行对流动性的需求激增。更大的问题在于，商业银行似乎普遍低估了流动性短缺的严重程度。过去相当长时间内，商业银行均依赖于同业拆借来应对季末流动性压力。但凑巧的是，近期市场传闻某股份制银行在票据贴现方面出现违约，导致商业银行在相互拆借方面变得更加谨慎，“各人自扫门前雪”的倾向大增。这进一步放大了商业银行对流动性的需求。换句话说，“钱荒”不是指银行间市场整体上缺少流动性，而是结构性短缺与周期性短缺。

再次，过去银行间市场出现流动性短缺时，央行总是会通过各种措施向市场注入流动性，从而将银行间拆借利率稳定在较低水平。正是基于对央行入市干预的稳定预期，导致商业银行将越来越多的资金用于投资承兑汇票、信托产品等风险资产，形成了愈发严重的期限错配。有趣的是，这次央行改变了自己的行为，在银行间拆借利率达到历史性峰值的情况下，顶住了压力，拒绝入市干预。不仅如此，央行在“钱荒”已经产生后两次发行20亿元人民币央票的行为，象征性地起到了雪上加霜的作用。央行行为的改变打破了市场预期，造成了商业银行的恐慌，从而引发了后者不惜一切代价在市场上拆入流动性的举动，这进一步推高了银行间拆借利率。

银行间流动性持续紧张，目前已经造成中国股市与债市大跌，以及理财产品收益率飙升的格局。如果这一局面持续下去，不仅可能造成部分理财产品或同业拆借违约，而且将会提高企业融资成本，造成经济增速下滑。本轮“钱荒”还会持续吗？央行处理本次“钱荒”的方式是否预示着未来相应宏观经济政策的方向性转变？

如前所述，造成本轮银行间市场流动性紧张的原因，从外部来看源自短期资本流出造成的外汇占款下降，从内部来看源自多种银行流动性需求的叠加。首先，随着美联储宣布了新的退出量宽的时间表，预计未来一段时间短期资本可能继续流出，外汇占款增量将保持在较低水平；其次，诸如贷存比考核、准备金上交、节假日因素、税款延迟上交等国内流动性需求，都是周期性的短暂需求；再次，预计下半年央行将通过停发央票、重启逆回购或者启动SLO等方式来应对外汇占款下降所造成的流动性冲击。综上所述，预计银行间市场的流动性紧张将在2013年7月份逐渐缓解，但本轮“钱荒”的余威尚在，预计2013年下半年银行间市场的流动性也不会太松，商业银行与其他金融机构在流动性管理方面将会更加谨慎。

笔者认为，央行近来行为方式的转变，可能反映了新一届政府宏观调控思路的根本性变化。相关政策重点不再是不惜一切代价保增长，而是在风险可控的前提下打压市场上的风险套利行为，挤出目前在影子银行与房地产市场存在的泡沫，推动制造业部门消除产能过剩，从而真正实现调结构、切换经济增长方式的目标。李克强总理之前提出的“用好信贷增量、盘活信贷存量”的思路，切实地体现在当前央行的行为方式转变上。可以说，央行应对这次银行间市场流动性短缺的做法，比较充分地反映了所谓“李克强经济学”（Likonomics）的三大特征：无刺激、去杠杆与结构转型。

从总量上来看，中国银行体系并不缺流动性，当前的流动性短缺仅仅是一个结构性问题。部分商业银行或非银行金融机构，应该为过度的套利行为付出代价。如果央行在这次银行间市场流动性短缺的处理过程中能够自始至终地保持政策姿态，坚决不入市干预，与此同时守住不发生系统性危机与区域性危机底线的话，那么市场的预期将会发生转变，商业银行在放贷方面将会变得更加谨慎，在进行风险套利方面也将变得不再那么肆无忌惮。商业银行行为方式的调整，将会有助于中国经济增长方式的调整。

调结构不是皆大欢喜的游戏，而是悲喜交集的痛苦过程。“习李新政”迄今为止给了我们不少惊喜，我们更加期待更多结构性改革措施的出台。目前市场的焦点，已经集中于三中全会以及城镇化会议。这两个会议出台的政策，将会指明未来十年的结构性改革与经济增长路径。我们衷心希望，三中全会上出台的相关政策文件，能够真正实现“顶层设计”与“草根推动”的融合与互动，真正推动对中国经济持续增长而言至关重要的结构性调整。

钱去哪儿了[①]

“时间都去哪儿了”是借春晚成功登上头条的著名煽情歌曲，“爸爸去哪儿”是芒果台重新逆袭的进口版亲子节目。而近年来困扰中国宏观经济的一大问题则是，钱去哪儿了。换句话说，从总量上来看中国经济并不缺乏流动性，但为什么大量中小企业的融资成本却高居不下？

关于总量上不缺钱的证明，从存量上来看，中国的广义货币 M2 无论从绝对规模还是相对规模来看都居高不下。截至 2013 年年底，中国的 M2 达到 111 万亿元，与同年 GDP 的比率高达 195%，位居全球主要国家前列。M2 的主体是各类存款，截至 2013 年年底，中国的居民存款、企业存款与财政存款分别为 47 万亿元、52 万亿元与 3 万亿元，合计达到 102 万亿元。

从增量上来看，近年来中国社会融资规模逐渐稳步增长。2006—2008 年，中国的社会融资规模分别为 4.3 万亿元、6 万亿元与 7 万亿元。受美国次贷危机影响，社会融资规模在 2009 年与 2010 年倍增至 14

① 本文发表于 FT 中文网，2014 年 8 月 21 日。

万亿元与 14 万亿元。该指标在 2011 年回落至 12.8 万亿元，但在 2012—2013 年分别回升至 15.8 万亿元与 17.3 万亿元。

虽然总量上不缺钱，但目前微观企业（特别是中小民营企业）的融资成本却非常之高。尽管当前 1 年期基准贷款利率仅为 6%，但中小民营企业如果能以两倍于基准利率的成本获得融资，就相当不错了。事实上，中小民营企业通过信托公司筹资的成本通常高于 15%，而温州民间综合借贷利率通常在 20%以上。

宏观流动性指标与微观借贷成本之间为何发生了偏离？笔者在这里试图提出两个解释：一是蓬勃发展的中国式影子银行体系延长了最终企业的借款链条，而链条越长，信贷成本加价越严重；二是对资金成本不敏感的国有企业、地方融资平台与房地产企业对资金需求的不餍足挤出了其他企业的信贷资源。

近年来，以银行理财业务、信托产品与银行同业业务的中国式影子银行体系发展迅速。从最终供给方来看，金融抑制环境下的低存款利率使得中国居民有很强烈的动机去投资高收益的影子银行产品。从最终需求方来看，受宏观调控政策嬗变的不确定性影响，容易受到调控的地方融资平台与房地产企业具有强烈的融资需求，同时它们也愿意承担更高的借款成本。从金融媒介方来看，商业银行有很强烈的动机去突破诸如贷存比、信贷规模、资本充足率等监管措施。上述三者的需求一拍即合，造就了影子银行体系的大发展。关于影子银行重要性的一大证据，就是传统银行信贷（本外币贷款）占社会融资规模的占比，已经由 2008 年的 73%下降至 2013 年的 55%。

然而，尽管影子银行体系的发展最终帮助企业获得了融资，但影子银行体系事实上延长了企业的融资链条，从而以成本加成的方式最终显著提高了企业的融资成本。例如，假定过去 A 企业能够直接以基准利率加 100 个基点的成本（7%）获得贷款，而现在 A 企业受宏观调控影响，不能直接从银行获得贷款了，它可以从以下三种方式获得贷款：第一，国有企业 B 将自己从商业银行处获得的贷款，通过委托贷款方式转贷给 A。国有企业的融资成本为 6%，但索取了 4 个百分点的费用。第二，A 企业通过与信托公司 C 合作发行信托产品的方式，间接获得银行贷款，而信托公司索取的贷款利率是 12%。第三，A 企业在企业债市场通过发行高收益企业债的方式进行融资，发债利率为 10%，但通过担保公司进行信用增级的成本为 2%，发债其他成本为 1%。换句话说，A 企业通过上述三种方式融资的最终成本分别达到 10%、12%与 13%。如前所述，这几个例子依然低估了中小企业的融资成本。

假定目前通过影子银行体系的平均融资成本达到 15%以上，那么有哪些企业能够承担如此之高的融资成本呢？根据清华大学白重恩教授的估计，受到劳动生产率下降的影响，中国上市公司的资本回报率已经由 2007 年的 15%~16%下降至 2012 年的 11%~12%。由于上市公司已经是中国最优秀的企业群体，因此不难估计，中国大部分民营企业的资本回报率应该低于 10%。这意味着民营企业一般而言难以接受高达 15%以上的影子银行融资成本。它们即使通过民间融资市场或影子银行体系融资，也应该只是短期的过桥性融资。

然而，影子银行产品的大行其道，意味着在 15%的融资成本上依然有庞大的融资需求。而影子银行体系的主要融资方，一是预期收益率很高的房地产企业，二是存在资金软约束的地方融资平台与其他地方国有企业。换言之，前者敢以这么高的成本借钱，是预计未来房价能够涨得更快；而后者敢以这么高的成本借钱，一是压根就没想还钱，二是有地方政府提供隐性担保。而地方政府之所以有能力提供隐性担保，一是手里有大量土地可以用来抵押，二是近年来土地出让市场火爆。也就是说，对资金成本不敏感的房地产企业与地方融资平台，吸收了大量的影子银行体系资金，从而挤出了中小民营企业的融资。

既然如此，究竟如何才能帮助中小企业真正降低融资成本呢？事实上，这已经成为长期困扰中国金融监管当局的一大难题。

在金融市场存在部分借款主体预算软约束、地方政府隐性担保盛行的体制下，诸如降息、降准之类的总量政策恐怕难以发挥作用，它们并不能保证降低中小企业的融资成本。因此，近期中国央行才出台了诸如差别化下调法定存款准备金以支持三农贷款与小微企业贷款的做法。这也是近期再贷款重新成为热门工具的主要原因之一。然而，我们很难相信，通过增加对国开行等政策性金融机构的再贷款能够最终惠及中小企业。

要真正降低中小企业融资成本，笔者认为，只有以下两条路可走。

一是从体制上进行变革，大力发展能够真正为中小企业提供融资服务的机构。诸如国开行、国有四大商业银行甚至股份制银行，都很难真正为中小企业提供融资服务。只有大力发展小贷公司、村镇银行、民营银行等中小型间接融资机构，才有助于增加中小企业可能获得的信贷资源。只有大力发展包括天使投资、风险投资、私募股权投资、新三板市场、创业板市场、中小板市场、主板市场在内的直接融资体系，才能通过引入竞争来降低中小企业的综合融资成本。

二是通过一些金融创新方式来帮助中小企业降低融资成本。例如，中国政府可以借鉴欧洲经验，允许商业银行优先开展中小企业贷款证券化试点。即商业银行在向中小企业提供贷款后，可将相关债权打包后发行相关证券，从而既帮助商业银行更快地回笼资金，又给金融市场上增加了新的投资品种。又如，中国政府应该加大力度发展中国式的高收益企业债市场（也即垃圾债券市场），直接支持中小企业发债融资。诚然，这些金融创新方式可能引入新的风险，但只要做到信息披露的完整性、各方权责的清晰性（例如一开始就允许高收益企业债破产）以及相关监管的全面性，上述金融创新完全可以做到利大于弊。

影子银行下一步[①]

自2010年以来，中国影子银行体系发展迅速，目前已经成为中国金融体系中不可或缺的一大板块。银行信贷占社会融资总额的比重由十年前的90%以上下降至目前的50%左右，就是影子银行体系重要性上升的明证。影子银行体系的发展是市场需求的产物，自然具有其正面意义。首先，这是市场自发突破金融抑制环境的努力，推动了利率市场化进程，并打破了银行与非银行金融机构、间接融资与直接融资之间的藩篱。其次，这有助于缓解宏观调控不确定性对微观主体的负面冲击，尽管从政府角度看降低了宏观调控的效力，但客观上平抑了宏观调控本身造成的经济波动。

然而，由于影子银行体系本身是中国商业银行规避当前监管政策、进行监管套利的产物，因此和正规银行体系相比，影子银行体系面临的监管条件较为宽松，这使得影子银行体系产生了比正规银行体系更为突出的风险。

---

① 本文发表于《中国新闻周刊》，2013年7月，总896期。

风险之一，是影子银行体系具有显著的期限错配，从而在流动性冲击下具有较强的脆弱性。以银行理财产品为例，目前银行理财产品的期限大多在3个月以内，但银行理财资金投资的资产却多为长期资产，例如期限为5~8年的城投债。换句话说，影子银行体系的资产是长期的，而负债是短期的，存在资产与负债的期限错配。

只要影子银行能够不断地滚动发行理财产品，那么期限错配就没有问题。然而，如果市场的波动造成投资者对影子银行产品的信心下降，或者市场流动性短缺造成投资者对影子银行产品的购买需求下降（正如本次银行间市场“钱荒”的冲击），造成影子银行不能继续依靠发行短期负债来匹配长期资产，那么影子银行就被迫面临以下三种选择：或者通过其他渠道进行流动性拆借（例如商业银行通过同业拆借），或者通过提高新发理财产品收益率来吸引潜在投资者，或者抛售长期资产。在本次银行间市场“钱荒”的过程中，由于同业拆借业务剧烈收缩，造成影子银行不得不选择后两项，从而导致理财产品收益率上升，债券市场大幅下挫。

期限错配是所有银行中介的特征，因为商业银行的最重要功能之一就在于将短期负债转变为长期资产。然而，一方面，影子银行体系的期限错配程度要比正规银行体系更为严重；另一方面，正规银行体系的期限错配，能够享受中央银行贴现窗口（最后贷款人职能）的支持，而影子银行的期限错配不能享受最后贷款人的保障。因此，期限错配风险对影子银行体系的冲击远甚于正规银行体系。

风险之二，是影子银行产品的信用违约风险。影子银行产品承诺的收益率显著高于银行存款利率，只有当影子银行体系的基础资产能够获得足够高的回报率，才能保证影子银行产品能够按期足额兑付。一旦基础资产的收益率出了问题，影子银行产品就面临着信用违约风险。

问题在于，目前中国影子银行体系的三大主要借款者——地方融资平台、房地产开发商与中小民营企业，目前都面临盈利能力下滑的困境。地方融资平台的基础设施投资普遍使用率不高，还本付息非常困难。迄今为止城投债尚未违约，主要靠地方政府通过本身财政资金或者要求当地银行提供信贷支持。一旦地方政府本身出现财政困难，地方融资平台的金融风险就会集中爆发。受制于持续的宏观调控，中小房地产开发商目前普遍出现资金链紧张的状况，除非房地产市场能够逆市反弹，否则这些开发商的还本付息能力不容乐观。在外需萎缩背景下的制造业产能全面过剩，则成为中小民营企业的梦魇。总之，随着中国经济增长速度的放缓，影子银行体系的基础资产质量正在恶化，未来出现较大面积违约的情形难以避免。笔者认为，从总体上而言，目前信托产品的违约风险高于银行理财产品，而非保本理财产品的违约风险又显著高于保本型理财产品。

迄今为止，影子银行产品尚未出现重大违约事件。主要原因在于，为了能够继续参与影子银行体系的游戏，无论是主要借款人还是作为融资中介的商业银行或信托公司，有很大的激励通过拆东墙补西墙来避免违约。然而，如果基础资产质量普遍恶化，相关各方就很难继续捂住盖子。毕竟，对影子银行产品而言，由于它们通常位于银行资产负债表之外，因此不能受到诸如拨备、资本金等风险缓冲工具的支持，其脆弱性远高于表内资产。

风险之三，是迄今为止影子银行产品的零违约现象，造成相关产品的风险定价存在扭曲，投资者普遍低估了影子银行产品的风险。而一旦影子银行产品出现大面积违约，既可能引发投资者集体抛售或要求赎回影子银行产品的羊群效应，又可能由于投资者的不满而爆发群体性事件。

众所周知，违约率是金融产品定价的基石。如果违约率为零，但事实上金融产品的潜在风险又很高，这必然会造成该产品的定价存在扭曲，即由于投资者低估风险而造成风险溢价偏低。中国影子银行产品的投资者或许不是不知道存在风险，而是认为影子银行产品背后有商业银行甚至中国政府的隐含担保。正因如此，才会导致投资者对影子银行产品趋之若鹜。但这也埋下了潜在隐患，即一旦影子银行产品出现突然大面积违约，投资者由于难以接受这一事实，将会把怒气发泄到金融机构甚至政府头上。

2013年6月份银行间市场的“钱荒”，本质上是在外源性流动性供给下降的背景下，新一届政府试图通过“不救市”向商业银行施压，试图敦促部分过去在影子银行业务上狂飙突进、风险资产占总资产比重过高的商业银行纠正其过度的风险追逐行为。笔者认为，“钱荒事件”的发生，可能标志着中国影子银行体系的发展遭遇了分水岭。未来一段时间内，影子银行体系的发展速度可能显著下降，潜在风险可能逐渐浮出水面，影子银行业务将面临更加严格的监管。当然，尽管中国影子银行体系将会步入阵痛期，但长痛不如短痛，这对于影子银行体系的长远发展而言，并不是坏事。

笔者认为，正是由于中国影子银行体系的产生具有其合理性，但同时也蕴含了较大的风险，因此，中国政府对于影子银行体系的态度，不应该是因噎废食严厉打击，而是应该疏堵并重，将影子银行体系阳光化，将该体系的潜在风险显性化。

对策之一，是增强影子银行产品的透明度，并加强对影子银行体系的监管。事实上，强化对长期以来游离于常规监管体系之外的影子银行的监管，是本轮全球金融危机爆发之后全球范围内的大势所趋。中国政府应该加强对银行表外业务和非银行金融机构的审慎监管，将银行的表外信贷项目显性化，以避免过度的期限错配与收益率错配。针对资金池理财产品，应该对其中不同风险、不同类型的产品组合进行“分账经营、分类管理”，从而增强资金来源与投向之间的一对一匹配关系。此外，中国政府也应该加强对影子银行体系的信息披露要求，做到对资金投向与投资收益的定期披露，避免由于影子银行产品不透明而产生的风险隐患。

对策之二，是允许影子银行产品违约，打破“刚性兑付”格局，并借此厘清相关各方的损失分担比例和法律责任边界。一方面，违约现象的出现有助于提高信用评级的真实性，从而促进对影子银行产品更准确的定价；另一方面，这有助于打破投资者心目中可能存在政府与商业银行对影子银行产品提供的隐性担保，从而增强对影子银行产品的风险意识。在下一阶段，中国政府应该允许一部分影子银行产品（特别是非保本型银行理财产品与信托产品）违约，但也应该避免在短时间内出现大量影子银行产品系统性违约状况的发生。

对策之三，是通过大力发展债权、企业债等长期资产的二级市场，鼓励资产证券化等金融创新，来提高影子银行体系基础资产的流动性，从而缓解该体系由于资产负债期限错配而面临的流动性风险。如果影子银行体系能够在二级市场上以较低代价较快速度转让基础资产的话，那么在面临流动性冲击时就多了一种应对手段。这不但能够帮助影子银行体系盘活资产存量，而且最终有助于降低融资成本。

对策之四，是中国政府应该继续加快金融改革步伐，以降低影子银行产生与发展壮大的激励。其一，中国政府应加快推进利率市场化改革，特别是增强人民币基准存贷款利率的弹性。其二，中国政府应该努力改变市场分割的格局，通过推动市场整合来提高整体流动性与深度。例如，目前中国的三分天下的企业债市场应该被整合为一个统一的企业债市场。其三，中国政府应该通过加快金融大部制建设来改变目前的分业监管格局、完善监管体系。这一方面有助于解决由分业监管造成的市场割裂与监管标准不统一的问题，降低监管真空与制度套利的空间；另一方面能够避免由于多种监管政策叠加给银行造成过高的合规成本，使得银行不得不求助于影子银行业务。其四，中国的货币金融调控方式应该由僵硬的、一刀切式的数量调控方式，逐渐转变为更为灵活与市场化的价格调控方式。

警惕互联网金融行业的潜在风险[①]

近几年来，中国的互联网金融行业发展得如火如荼。国内已经大致出现支付（例如支付宝）、融资（例如人人贷）和理财（例如余额宝）三种互联网金融模式。近期，百度与华夏基金合作的百发基金更是令市场高度瞩目。一是预期收益率高（年化 8%），二是允许投资者随时赎回，三是作为产品发行者的百度具有很高的市场号召力，以至于首期 10 亿人民币产品，在发行当天很快就销售告罄，甚至还引发了网络瘫痪。

诚然，互联网金融的发展是全球大势所趋，也必将在中国获得蓬勃的发展。然而，正如当年的 IT 革命引发了 .COM 泡沫，当年的证券化革命引发了次贷危机一样，如果在一个新生的金融创新发展初期，不充分重视该行业发展蕴藏的潜在风险，并采用有效的方式进行治理，造成市场主体一窝蜂而上，以至于形成了互联网金融泡沫，那么这最终将阻碍该行业的可持续发展。

---

① 本文发表于 FT 中文网，2013 年 11 月 14 日。

本文将主要从互联网理财与互联网融资的角度出发，分析中国互联网金融行业存在的潜在风险。首先，笔者将剖析互联网金融产品所面临的与传统金融产品类似的风险；其次，笔者将梳理互联网金融产品独有的风险。

与传统的金融产品相比，互联网金融产品也面临如下几个重要风险：

第一是信用违约风险，即互联网理财产品能否实现其承诺的投资收益率。例如，阿里巴巴的余额宝当前的收益率低于5%，且余额宝的性质是货币市场基金。但百度百发的预期收益率高达8%，这就不由得让我们想问，百发最终投资的基础资产是什么？在全球经济增长低迷、中国经济潜在增速下降、国内制造业存在普遍产能过剩、国内服务业开放不足、影子银行体系风险逐渐显现的背景下，如何实现8%的高收益？除了给企业做过桥贷款以及给房地产开发商与地方融资平台融资外，还有哪些高收益率的投资渠道？

第二是期限错配风险，即互联网理财产品投资资产是期限较长的，而负债是期限很短的，一旦负债到期不能按时滚动，就可能发生流动性风险。当然，金融机构的一大功能就是将短期资金转化为长期资金，因此金融机构都会面临不同程度的期限错配，而其中的关键是错配的程度。联想到百度百发给出的承诺是允许投资者随时赎回，这无疑最大限度地加剧了流动性风险。既允许随时赎回，还能给出8%的预期收益率，这当然令缺乏经验的投资者欢欣鼓舞，但也会令富有经验的投资者疑虑重重。

第三是最后贷款人风险。如前所述，尽管商业银行也面临期限错配风险、商业银行发行的理财产品也面临信用违约风险与期限错配风险，但与互联网金融相比的一个重要区别是，商业银行最终能够获得央行提供的最后贷款人支持。当然，这一支持是有很大代价的，例如商业银行必须缴纳20%的法定存款准备金，自有资本充足率必须高于8%，必须满足监管机构关于风险拨备与流动性比率的要求等。相比之下，互联网金融目前面临监管缺失的格局，因此运营成本较低，但如果缺乏最后贷款人保护，那么一旦互联网金融产品违约，最终谁来埋单？互联网金融企业有能力构筑强大的自主性风险防御体系吗？

除上述传统风险外，中国互联网金融产品还面临一系列独特风险，以下笔者将按照重要性由高至低的排序依次梳理这些风险：

其一是法律风险。目前互联网金融行业尚处于无门槛、无标准、无监管的三无状态。这导致部分互联网金融产品（尤其是理财产品）游走于合法与非法之间的灰色区域，稍有不慎就可能触碰到“非法吸收公众存款”或“非法集资”的高压线。例如，前段时间湖北省的天力贷在运行半年后被挤兑、停止运转后，就是被以非法吸收公众存款而立案的。由于缺乏门槛与标准，导致当前中国互联网金融领域鱼龙混杂，从业者心态浮躁、一拥而上，一旦形成互联网金融泡沫，并出现较大幅度违约的格局，就很容易导致中国政府过早收紧对互联网金融的控制，从而抑制行业的可持续发展。中国的互联网金融业应避免重蹈当年信托业、证券业发展初期的乱象。

其二是增大了央行进行货币信贷调控的难度。一方面，互联网金融创新使得央行的传统货币政策中间目标面临一系列挑战。例如，虚拟货币（例如Q币）是否应该计入M1？再如，由于互联网金融企业不受法定存款准备金体系的约束，这实际上导致了货币乘数的放大。又如，如何来看待传统货币与虚拟货币之间的互动与转化？另一方面，互联网金融的发展也削弱了中央政府信贷政策的效果。例如，如果房地产开发商传统融资渠道被收紧，那么很可能会考虑到通过互联网金融来融资。事实上，最近一年来中国互联网理财产品的大发展，其宏观背景就与中国政府收紧了对影子银行体系的监控，导致地方融资平台、房地产开发商等市场主体不得不寻找新的融资来源有关。

其三是个人信用信息被滥用的风险。首先，由互联网金融企业通过数据挖掘与数据分析，获得个人与企业的信用信息，并将之用于信用评级的主要依据，此举是否合理合法？其次，通过上述渠道获得的信息，能否真正全面准确地衡量被评级主体的信用风险，这里面是否存在着选择性偏误与系统性偏差？

其四是信息不对称与信息透明度问题。如前所述，目前互联网金融行业处于监管缺失的状态，那么谁来验证最终借款人提供资料的真实性？有无独立第三方能够对此进行风险管控？如何防范互联网金融企业自身的监守自盗行为？毕竟，有关调查显示，目前在互联网 P2P 类公司中，有专业的风险控制团队的仅占两成左右。

其五是技术风险。与传统商业银行有着独立性很强的通信网络不同，互联网金融企业处于开放式的网络通信系统中，TCP/IP 协议自身的安全性面临较大非议，而当前的密钥管理与加密技术也不完善，这就导致互联网金融体系很容易遭受计算机病毒以及网络黑客的攻击。目前考虑到互联网金融账户被盗风险较大，阻碍了不少人参与互联网金融，这其中绝非没有专业的金融或 IT 人士。因此，互联网企业必须对自身的交易系统、数据系统等进行持续的高投入以保障安全，而这无疑会加大互联网金融企业的运行成本，削弱其相对于传统金融行业的成本优势。

综上所述，既然中国互联网金融企业在起步阶段就面临如此之多的风险，那么是否就应该以此为由放慢甚至扼杀这一宝贵的金融创新呢？答案自然是否定的。有关各方应该在充分考虑潜在风险的基础上，推动互联网金融的稳步、可持续发展。笔者提出的相关建议包括：第一，应充分加强行业自律。用行业准入来替代政府审批，通过加强行业协会的作用，有助于规范行业的发展，并避免政府的过度介入。目前的中关村互联网金融行业协会，以及互联网金融千人会等，都是有益的尝试。第二，应该加强投资者教育，充分向投资者提示投资互联网金融产品可能面临的风险，且这一风险显著高于投资类似的传统金融产品的风险。第三，应该加强网络安全管理，从更高层次上来防范黑客攻击导致的系统瘫痪。第四，监管机构应该构建灵活的、富有针对性与弹性的监管体系，既要弥补监管缺位，又要避免过度监管。

当前中国政府应采取什么样的金融政策组合[①]

当前，中国政府在金融政策的选择上面临诸多两难。

两难之一，体现在影子银行体系挤泡沫、去杠杆与防范金融危机爆发之间的取舍。谁都知道，当前中国影子银行体系（包括中国特色的银行同业业务在内）隐藏着较大的风险，且影子银行体系的风险，与房地产、地方融资平台债务等问题交织在一起，可谓错综复杂。如果不能及时地对影子银行体系进行治理，使其透明化并降低商业银行的高杠杆率的话，随着风险的继续累积，未来爆发的危机可能更为严重。但如果现在就开始挤泡沫的话，一旦个别影子银行产品违约，其可能引发大规模震荡的不确定性，又困扰着监管当局。

更为具体的问题是，究竟应由谁来负责挤出影子银行体系的泡沫，央行还是银监会？这两家机构之间是否应该有恰当的政策配合？迄今为止，笔者并未看到两家机构之间在此方面有令人赞赏的合作。为促进商业银行约束影子银行业务，央行从 2013 年年中起，开始维持银行间流

① 本文发表于 FT 中文网，2014 年 2 月 18 日。

动性市场上的较高利率水平。同样，为促进商业银行规范其影子银行业务与同业行为，银监会在2013年出台了8号文，并且市场一直传闻银监会将会出台更严厉的9号文。如果央行与银监会各扫门前雪，都用霹雳手段来敦促商业银行去杠杆，那么两股力量的叠加是否会导致影子银行泡沫的无序崩溃？至少，市场上一直流行着这一担忧。

两难之二，在于央行维持较高利率水平，与更高利差可能引发更大规模短期资本流入之间的政策冲突。如前所述，为促使商业银行主动降低杠杆率，央行可以在流动性市场上维持较高的利率水平。然而，由于目前央行仍持续干预人民币对美元汇率，导致非抵补利率平价在中国并不成立，这为国内外主体的跨境套利行为大开方便之门。较高的国内利率水平导致大量境外资金流入，这在一定程度上对冲了央行维持高利率水平的努力，或者说，让央行维持高利率水平的举动变得更为困难，或效果更为疲弱。

换句话说，央行正面临维持人民币兑美元汇率稳定与维持货币政策独立性之间的矛盾。正如笔者2013年在FT中文网发表的两篇文章所指出的（“人民币不宜强行升值”，2013年6月26日；“人民币单边升值周期行将结束”，2013年12月23日），2013年人民币兑美元汇率的弹性，与之前比甚至有所下降。央行过去对人民币汇率升值的恐惧症，似乎正在转变为对人民币汇率贬值的恐惧症。由于央行仍在设法维持人民币兑汇率的相对稳定，这就必然会以央行货币政策独立性的损失为代价。例如，目前央行在人民币基准利率问题的决定上，除了要考虑国内通胀水平变化外，还必须考虑基准利率变动对跨境资本流动的影响。这就导致人民币基准利率在2014年变化的可能性很小，因为左右均有所掣肘。

两难之三，在于人民币汇率形成机制改革与国内影子银行体系去杠杆之间可能存在的联系与效应叠加。假定央行目前放松对人民币汇率的干预，随着国内影子银行体系的风险逐渐暴露，以及美联储逐渐退出量化宽松，短期资本流入的下降可能导致人民币升值预期逆转为贬值预期，而汇率运动预期的转变将会加大短期资本流出的规模，这又会导致银行间流动性市场的利率水平进一步飙升，从而使得商业银行面临更大的去杠杆压力。如果处理不好，这可能形成一个恶性循环。

笔者的担心是，当前央行是否能够应对加快资本账户开放的冲击。央行在2012年、2013年表态要加快资本账户开放，尤其是放松对外投资的管制。在国内影子银行体系风险上升、美联储逐渐退出量化宽松的背景下，一旦放开对资本流出的管制，中国很可能面临较大规模的短期资本流出。短期资本流出导致人民币升值预期逆转，从而引发更大规模的短期资本流出，这又可能加剧国内银行间利率水平上升，从而加快影子银行体系的调整。央行有勇气在2014年显著加大资本账户的开放吗？央行有能力应对资本账户加快开放之后的不确定性吗？2014年上海自贸区会给现有的资本账户管理体系开一个怎样的口子？市场正拭目以待。

综上所述，目前中国政府无论实施哪一项政策，都会面临较大的风险与阻力。正如荷兰经济学家丁伯根所言，有多少政策目标，就必须有多少政策工具。因此，当前中国政府必须实施一整套相互配合的宏观与金融政策组合，以达到既加快国内影子银行调整，又避免爆发大规模金融震荡，同时避免短期资本大进大出的目的。笔者建议，当前中国政府应采取如下金融政策组合：

第一，在挤出影子银行体系泡沫方面，央行与银监会应该加强配合。银监会应适时推出9号文，而央行应该通过适当降低银行间市场利率水平的方式来配合。不难判断，9号文的推出将会显著加大商业银行的调整压力。如果与此同时银行间市场利率处于过高水平，这可能引发商业银行的过度调整行为。因此，为配合9号文出台，央行可以适当地通过下调法定存款准备金率或者加大逆回购力度的方式，将银行间市场利率保持在较低水平上。通过如上政策配合，央行与银监会既可以实现降低影子银行体系风险的目的，又将商业银行调整行为对市场的冲击降低至可容忍的程度。

第二，央行应该尽快降低对人民币汇率的日常干预，与此同时应显著增强对短期资本流动的管理。过去几年来人民币有效汇率的快速升值，使得中国过去三年来经常账户顺差占GDP比率均低于3%，这意味着人民币汇率水平已经相当接近于均衡汇率水平。因此，当前是中国央行实施人民币汇率形成机制完全市场化的绝佳时间窗口。如果央行不这样做，而是继续坚持干预人民币兑美元汇率的中间价格，这很可能导致人民币汇率由过去的低估转为未来的高估，而一旦人民币汇率水平高估，就会为将来的人民币升值预期逆转、短期资本大量流出、国内银行间市场利率飙升埋下伏笔。

不过，一旦当前央行降低对人民币汇率市场的干预，在目前的国内外宏观金融形势下，短期资本可能出现首先大规模流入、随后大规模流出的局面，这既可能导致人民币汇率大起大落，也会造成银行间市场利率发生异动、加大央行进行冲销的压力。为避免发生这一局面，央行应该收紧对短期资本异常流动的监测与管制。尽管从中长期来看，中国政府开放资本账户是大势所趋，但在目前国内外均存在较大不确定性、国内金融市场上影子银行体系调整会加大金融风险的前提下，暂时性收紧对短期资本流动的管制，其利远大于其弊。

中国政府是否应在当前加快资本账户开放，曾是2013年国内最火热的政策辩论之一。作为反方，我们很欣慰地看到，在经过反复、客观、理性的辩论之后，正反两方的意见越来越趋同。双方均认同应在中国资本账户逐渐开放的过程中，仍应加强对短期资本流动的监管。事实上，这也是目前全球范围内的趋势所向。总之，下一阶段中国政府的政策重点应该加快消除价格扭曲与加快应对金融脆弱性，在这一过程完成之前，维持资本账户的适当管制是不可或缺的前提条件。

中国货币政策的难以承受之重[1]

目前国内外都在积极讨论经济的“新常态”，但大家都心知肚明，目前国内外货币政策却均为非常规的。国外，美欧日英央行都在实施“量化宽松”（Quantitative Easing，QE）加零利率的货币政策组合，传统上的以利率为中间目标的货币政策让位于倚重数量的非常规政策。国内，中国央行开始将“定向宽松”（Targeted Easing）作为货币政策的关键词，将货币政策风格由“大水漫灌”转变为“滴灌”与“喷灌”。2014年以来两度的定向降准，以及再贷款工具的老树新花，以及热议中的PSL，都似乎构成了定向宽松的新工具组合。

在笔者看来，中国央行的货币政策重点转向定向宽松，实则是应对新的两难境地的不得已而为之的选择。一方面，2014年年初以来，宏观经济数据的下滑使得保增长的压力陡然加大，通过放松政策来确保GDP增速不低于下限成为中国政府的硬性承诺。另一方面，中国经济的杠杆率已经高居不下，尤其是企业部门的负债率与地方政府的负债率

---

① 本文发表于FT中文网，2014年9月3日。

在存量与增速方面都令人担忧，制造业的过剩产能以及中西部新增基础设施的低利用率，都意味着宏观政策调控不能再走总量宽松的老路。换言之，在保增长与调结构之间痛苦权衡的结果，是中国央行出台定向宽松政策的原因。

做央行的官员不易，做中国央行的官员尤其不易。欧洲中央银行的货币政策目标仅仅是维持低通胀，美联储的货币政策目标也不过是兼顾经济增长与通货膨胀。在实施定向宽松政策之前，中国央行的货币政策目标就已经包含了经济增长、充分就业、通货膨胀与国际收支平衡，而从定向宽松开始，似乎调结构也成了中国央行新的货币政策目标。如此多的政策目标，彼此之间是否会发生冲突？央行的货币政策工具能够确保实现上述目标吗？定向宽松是否会成为货币政策的难以承受之重呢？

笔者认为，中国央行的定向宽松政策，虽然确是货币政策创新之举，但能否获得预期效果，实则面临较大的不确定性，只能有待时间来检验。原因在于：

第一，货币政策本质上是一种总量政策，用货币政策来调结构可谓工具错配。一般而言，货币政策调节的是经济体内或金融市场上的流动性松紧（无论是通过法定存款准备金率变动这样的数量手段还是通过短期政策性利率变动这样的价格手段），但它并不能保证流动性的最终流向。能够真正调节流动性流向的是宏观审慎监管政策。例如，通过宏观审慎监管政策的实施，能够降低最终流入资产市场的流动性规模。但宏观审慎政策与传统货币政策属于不同的范畴。

第二，要让货币政策发挥调结构的功能，即使采用最为透明化与市场化的机制，也必须赋予央行对借款者或中介机构提供差别化待遇的权力。例如，如果是定向降准，那么究竟对哪些部门的哪些机构降准？如果是再贷款，那么究竟对哪些金融机构提供再贷款？从之前的定向宽松实践来看，央行货币政策倾斜的重点包括三农贷款、小微企业贷款与棚户区改造贷款。政策照顾的重点似乎并没有错，但究竟给哪些金融机构贷款，贷款多少更为适宜，依然是需要央行相机抉择的事情。这样的工作是由央行来做好？还是由财政部来做好？还是由国务院来做好？既然定向宽松赋予了央行新的权力，那么究竟应该由谁来监督并评价央行量化宽松的绩效？定向宽松政策是一种新环境下的产业政策吗？针对金融机构的相机抉择是否会创造新的设租与寻租空间？这些问题目前似乎都还没有答案。

第三，提高央行货币政策的独立性，应该是现代央行发展的必由之路。传统的货币政策独立性，是指在经济增长与通货膨胀目标之间发生分歧时，应该允许央行克服其他部门的阻力，重点关注通货膨胀。这意味着，央行货币政策的目标越清晰越单一，就越容易提高货币政策独立性。而目前中国央行货币政策目标越来越多的现实，似乎并不利于提高其独立性。例如，如果央行的定向宽松政策具备了产业政策的特征，那么央行与其他部门之间的联系与纠葛，其实正在不断加深，要快刀斩乱麻将变得更为困难。

第四，定向宽松政策的实施并不利于利率市场化背景下央行货币政策框架的转型。虽然利率市场化的不断推进，央行正在实施货币政策中间目标由 M2 向短期货币市场利率的转型。近年来影子银行体系的发展已经使得传统的银行贷款、M2 等指标变得越来越不准确，要全面把握市场整体流动性的变动，银行间市场回购利率、SHIBOR 等似乎是更好的指标。然而，定向宽松政策工具关注的中间目标依然是数量，而非价格。因此，对定向宽松的过度关注可能会妨碍中国央行货币政策中间目标的转变。

第五，我们应该将基础货币的发行机制与定向宽松的货币政策区分开来。目前对于 PSL 的界定存在争议。有人认为它会成为补充外汇占款的新的基础货币发行工具，有人认为它是央行干预中期利率走向的政策工具，有人认为它无非是新版本的再贷款工具。笔者认为，随着中国国际收支双顺差格局的逐渐消失，中国央行的确应该找到新的基础货币投放工具。而最适宜的基础货币投放机制，仍然是在公开市场上的国债买卖。因此，央行与财政部应该在此问题上达成一致。财政部应该发行更大规模、更多期限的国债产品，这除了能够提供更多资金来源之外，还有助于为央行的公开市场操作提供充足的标的。毕竟，基础货币发行机制应该是仅考虑总量而不用考虑结构的，这与 PSL 的属性似乎恰好相反。

综上所述，未来一段时间内，中国央行的政策重点应该是在利率与汇率形成机制日益市场化背景下实现货币政策框架由以数量为主到以价格为主的转型，以及在外部资金流入规模下降背景下找到新的可靠的基础货币投放机制，而非通过定向宽松政策来实现调结构的任务。经济结构的调整不应该过分倚重货币政策这样的总量政策，财政政策才是更理想的调结构工具。过去几年，中国的财政政策从某种角度来讲有些缺位（例如死守 2%~3%的财政赤字底线、在发行国债方面过于保守等），这才导致货币政策被赋予越来越多的任务与压力，以至于成为中国央行的难以承受之重。在未来，财政部与发改委等其他部门应该在调结构方面发挥更重要的角色，这才能为中国央行松绑，提高后者的独立性，让央行的政策重心回归到维持宏观经济与金融市场的稳定上来。

如何走出当前的宏观经济困境①

当前中国宏观经济似乎陷入了新的困境中。这具体表现在：第一，央行千方百计通过各种定向宽松政策来降低中小企业融资成本，但迄今为止中小企业融资成本依然高居不下，有评论者将此比喻为中小企业在流动性的海洋中被渴死；第二，中国政府一直在保增长与调结构之间寻求平衡，但目前似乎结构性调整并未取得显著进展，而若干高频数据表明宏观经济依然面临较大下行压力；第三，尽管沪港通开闸在即，但诸如上海自贸区与前海特区等新型金融试验区在金融开放方面进展缓慢，而且短期资本流动的波动性已经显著加强；第四，作为人民币利率市场化的重要前提，全国性存款保险公司却迟迟未能推出，导致市场开始怀疑利率市场化的节奏是否会显著放缓；第五，最近几月 M2 与社会融资总额增速显著下滑，这固然与监管机构加强对影子银行体系的监管、导致大量表外信贷回表有关，但很大程度上也与融资需求方的萎缩有关。

宏观经济的新困境，造成目前国内政策界与学术界对下一阶段的宏

① 本文发表于 FT 中文网，2014 年 9 月 28 日。

观政策走向众说纷纭、不一而足。目前讨论的焦点似乎集中在要不要全面降息或全面降准。赞成者认为这有助于降低真实融资成本，提振投资消费需求。反对者则认为降息或降准未必能降低中小企业融资成本，反而可能再度造成流动性涌向房地产企业与地方融资平台，从而进一步恶化结构问题。

那么，中国政府究竟应该如何应对，才能走出当前的宏观经济困境，实现调结构与保增长的平衡呢？以下，笔者将按照重要性由高至低排序，提出一系列政策建议。

第一，中国政府应实施更加积极的财政政策。近期央行推出了一系列新的定向宽松措施（例如定向降准、定向降息、再贷款、PSL 等），用传统上的总量货币政策来试图调结构，央行实在是不得已而为之，根源在于财政政策在一定程度上缺位了。财政政策天然是具有调结构功能的宏观政策。但迄今为止，中央财政有些过于保守，年度财政赤字的 GDP 占比被死死控制在 3%以内。诚然，如果财政资金被投向缺乏效率的过剩产能领域，或者被各级官员挥霍浪费，这还不如不扩大支出。但目前只要使用得当，更具扩张性的财政政策能够减轻央行负担，更好地推动中国经济的结构调整。例如，针对中小企业融资难的问题，可以考虑实施定向的财政贴息。对小微企业的所得税减免可以更进一步。可以加大对城乡低收入居民的最低生活保障等。此外，中央财政资金的支出结构，还可以更多地向教育（尤其是职业教育）、医疗、养老等社会公共产品领域倾斜。

第二，央行不应对定向宽松货币政策的效果过于自信，不妨渐进式地使用全面降息或全面降准的总量政策。毫无疑问，央行对 2008 年全球金融危机后过度宽松货币政策的后果记忆犹新。由于害怕全面宽松政策进一步加剧产能过剩、房地产泡沫与城投债务，迄今为止央行一直在通过公开市场操作或定向宽松货币政策来注入流动性。但遗憾的是，这些政策到现在为止尚未发挥作用，而随着宏观数据在 8 月份进一步走低，市场信心开始削弱。笔者认为，全面降准与全面降息并非是洪水猛兽，只要使用得当，还是能够发挥相关效果的。随着外汇占款增量的下降，通过降低存款准备金率这个池子来放水是顺时应势之举。由于很多贷款利率都是参照基准利率定价（在基准利率水平上进行加成），降息对降低融资成本的功效可能强于降准。事实上，近期央行通过 SLF 释放 5000 亿资金，功效上已经相当于全面降准 50 个基点。

第三，银监会应加强与央行的配合，使得信贷能够真正流向中小企业。作为总量政策的实施者，央行很难控制流动性的最终流向。然而作为金融机构的监管者，银监会在控制资金的最终流向方面具有很强的优势。例如，通过适当放松对三农贷款、小微企业贷款的考核标准，银监会可以对贷款最终流向施加激励。换句话说，在切实降低中小企业融资成本方面，需要央行的总量放松政策与银监会的差别化监管政策相互配合。

第四，中国政府应加快推动国内结构性改革，以增强市场信心。在笔者看来，GDP 增速究竟是 7%、7. 5%还是 6. 5%并不太重要，重要的是，在经济增速下降的同时，经济增长的质量是否有所提高，居民部门是否能够从增长中获得更多的好处。要在经济增速下降的背景下缓解社会动荡，就必须加速推动结构性改革。当前最重要的结构性改革，一是进一步提高居民收入占国民收入的比重，二是应尽快打破国有企业对若干服务业部门的事实性垄断，三是应该加速实现要素价格市场化。结构性改革的推进不仅有助于夯实下一轮经济增长的基础，更可贵的是能够加强国内外民众对中国政府与中国经济的信心。在市场动荡时期，信心比黄金更重要。

第五，在资本账户加速开放之前，应尽可能降低金融市场上的各种脆弱性。沪港通目前已经箭在弦上，其他资本账户开放措施也引而未发。笔者深信，未来几年，中国金融市场将迎来波动性显著上升的一个时期。为了避免短期资本流动的大起大落引发国内金融市场危机，中国政府应该抓住当前的时间窗口，通过加强宏观审慎与微观审慎监管，来尽可能降低各种主要的金融脆弱性。例如，商业银行应该对未来几年内不良贷款比率可能显著上升做好准备，进一步提高资本充足率、流动性比率与拨备水平。再如，监管机构应该进行更加全面的压力测试，以甄别一旦爆发尾端风险后，可能造成的潜在损失以及如何进行应对。又如，有关部门应该尽快允许特定影子银行产品违约、允许部分资不抵债的借款者（例如融资平台）破产倒闭、尽快成立全国性存款保险公司以减轻对商业银行的隐性财政担保，只有这样才能真正打破刚性兑付预期，提高有关各方的风险意识。

第六，做好一旦爆发经济或金融危机的应对措施。中国不可能永远不爆发金融危机。重要的是，一旦爆发危机，如何将其控制在最小范围内。中国政府应该准备好系统的应对预案，即一旦金融危机爆发，有关部门应该如何应对。芬兰、韩国的案例表明，一国爆发金融危机之后，其实是该国政府能够更好地凝聚国内各方共识、克服既得利益集团阻力、进一步深化结构改革的良机。然而更多国家的案例表明，如果应对不当，金融危机的爆发非但不会加速国内结构性改革，反而可能拖延、逆转结构性改革，甚至可能让一国几十年来的增长成果功亏一篑，从而陷入中等收入陷阱而不能自拔。对此，我们应保持充分的清醒，做好最坏的准备，以达到防患于未然、转危机为机遇的目的。

全面降准的概率正在上升[①]

2014年第三季度中国GDP同比增速仅为7.3%。事实上，净出口成了中国经济的“解放军”。如果没有快速增长的贸易顺差贡献了三分之一左右的经济增长，三季度的GDP增速将会更低。受城乡居民收入增速下降影响，短期内消费很难显著增长。国内外需求萎缩加剧、制造业产能过剩，利润空间受到挤压，导致制造业投资增速疲软。房地产市场受困于二三线城市的过度供给，去库存化的压力意味着本轮房地产市场的调整不会很快结束，房地产投资仍将持续低迷态势。地方政府债务快速上升带来的风险，将会束缚基础设施投资的空间。三季度的出口增速回暖，一是因为美国经济快速复苏带来的外部需求有所增长，二是上半年人民币贬值的滞后效应，三是跨境套利活动再度抬头。因此，很难指望未来出口增速将会继续显著改善。以上分析意味着，仅靠经济自发性内生增长动力是很难实现2014年的保增长目标的，中国政府在未来一两个季度内进一步放松宏观经济政策，无疑是大概率事件。

---

① 本文发表于FT中文网，2014年10月30日。

财政政策方面，城市内部的基础设施投资将会加快，棚户区改造与保障性住房建设也将提速，针对小微企业的所得税减免以及服务业的营业税改增值税也有望加速推进。但受制于财政赤字上限的掣肘，以及经济减速本身会造成财政收入下降，因此财政政策的力度终究有限。短期内要实现保增长目标，货币政策的进一步放松是基本可期的。

今年以来，央行的货币政策操作严格遵循了定向宽松这一特征。无论是先后两次定向降准、对国开行的 1 万亿再贷款，还是近期下调央行正回购利率，都体现出货币政策操作由过去的“大水漫灌”向“喷灌”与“滴灌”演变的趋势。央行之所以实施定向宽松，一方面是试图实现保增长的目标，但另一方面也是为了避免重蹈 2008—2009 年全面放松的覆辙。定向宽松，体现了央行在保增长与调结构之间所做的困难权衡。

然而迄今为止，定向宽松的效果似乎并不明显。中小企业的融资难、融资贵并未得到实质性缓解。实体经济增速与社会融资总额增速之间的背离也并未显著改善。居民消费与企业投资的疲软态势仍在持续。除了效果不明显之外，定向宽松货币政策还存在操作过程不透明、可能产生新的资源配置扭曲与寻租空间等问题。因此，随着宏观经济的进一步下行，央行面临的自上而下的保增长压力将会显著上升，因此货币政策由定向宽松转为全面宽松的概率正在增加。

需要说明的是，笔者这里所指的全面宽松，仅仅是一次或数次的降准或降息，与 2008 年年底央行与银监会取消对银行信贷的管制而发生的信贷“大跃进”不可同日而语。笔者认为，当前不应该把一次或数次的降准或降息视为洪水猛兽。当前进行的全面宽松，很大程度上是为了防范在未来经济急剧下滑时，不得不进行的更大规模的全面宽松。换句话说，是用短痛来避免长痛。

目前来看，中国经济越来越具备支持全面降准或降息的基本面基础。第一，9月份CPI同比增速仅为1.6%，PPI同比增速更是近3年以来均处于通缩格局，这意味着当前的经济增速可能已经低于潜在增速，有限的货币政策放松不会加剧通货膨胀压力；第二，9月份70个大中城市房价环比增速全部下跌，房地产市场面临巨大的库存调整压力，这意味着货币政策的有效放松也不会加剧房地产泡沫；第三，制造业部门已经面临严重的产能过剩、地方政府正在与融资平台切割债务负担，这意味着有限的货币政策放松也很难导致结构性问题的进一步恶化；第四，如果不进一步放松货币政策，宏观经济的下行将会导致企业债务负担的加剧。换言之，在一定程度内，放松货币政策完全可能实现帮助企业降低杠杆率的目标，而不作为却可能导致企业杠杆率加剧。

那么，如果央行改变策略的话，它究竟会选择降准还是降息呢？笔者认为，降准与降息均有各自的好处，然而考虑到当前的国内外状况，全面降准的概率，可能会显著高于全面降息。

当前中国大型金融机构的法定存款准备金率仍为20%，这是一个相当高的水平。当时央行不断提高准备金率的初衷，就是为了冲销由于短期资本流入而造成的流动性压力，这也正是当时周小川行长提出的应对资本流入的蓄水池理论。那么，随着近期以来短期资本流入的放缓甚至转为流出，通过下调法定存款准备金率来补充国内市场流动性，无疑就是一种非常自然的选择。试想，央行不可能一直把商业银行的法定存款准备金率保持在20%吧？

降准的另一个理由，是中国政府将会在很快的时间内推出全国性存款保险公司。该公司要顺利运作，必须依赖于商业银行缴纳的保费。而商业银行会申辩道，难道20%的法定存款准备金率不是换取政府隐性担保的代价吗？因此，要让商业银行缴纳保费，央行就应该逐步下调法定存款准备金率。否则，商业银行的负担（以及商业银行通过利差转移给居民部门的负担）就太过沉重了。

降息的好处是，如果基准利率下调，那么通过在基准利率基础上加成而形成的最终贷款利率就可能相应下调，从而降低企业融资成本。而在当前情况下，降息的最大问题，则源自国外。随着美联储停止资产购买计划并在明年加息，国外利率水平将会显著上行，中外利差将会显著收窄。如果央行再下调基准利率，那么利差的进一步收缩可能加剧国内短期资本外流以及人民币贬值压力。而一旦国内短期资本大举流出，央行可能不得不采取降准的方式加以应对。换言之，在特定情形下，降息最终可能导致降准。

综上所述，三季度的宏观经济数据加大了央行放松货币政策的压力。迄今为止定向宽松货币政策的效力甚微，可能导致央行在 2014 年年底或 2015 年上半年转为全面降准或降息。目前经济基本面已经为最小化全面降准或降息政策的副作用奠定了基础。展望未来，全面降准的可能性显著高于全面降息。笔者预期，在 2015 年 6 月底之前，我们或能看到 1~2 次全面降准。当然，如果经济下行的压力超过预期，那么全面降准的幅度可能更大。

资本外流与人民币贬值[①]

近期，国际层面发生的一系列变化令人关注。

一是长期性停滞（Secular Stagnation，或者 Persistent Stagnation）的风险正在强化。根据 IMF 世界经济展望的最新预测，在 2015—2020 年期间，发达国家的潜在产出年均增速仅为 1.6%，仍然远低于本轮全球金融危机之前 2.25%的潜在产出增速，而新兴市场的潜在产出年均增速将由过去 5 年的 6.5%下降至未来 5 年的 5.2%。

二是受美联储加息预期、全球经济增长低迷与金融市场避险情绪加剧等因素的影响，美元有效汇率指数破百，德国与瑞士 10 年期国债收益率首次由正转负。这表明在避险情绪驱使下，大量国际资本正在流入上述核心发达国家。

三是受潜在增速下降与美联储加息预期影响，新兴市场国家正在面临新一轮资本外流。荷兰国际集团（ING）的数据显示，15 个大型新兴市场经济体在 2014 年下半年的净资本流出合计达到 3924 亿美元，已经

---

① 本文发表于 FT 中文网，2015 年 4 月 29 日。

相当接近于2008年美国次贷危机爆发时的资本外流规模。作为资本外流的直接结果，IMF的统计表明，2014年新兴市场国家的外汇储备总额出现了自1995年有记录以来的首次年度下降。

中国也概莫能外。一方面，中国经济的潜在增速，很可能已经由过去10年间的9%~10%，下降至未来10年间的6%~7%，目前本轮宏观经济的下行尚未触底。另一方面，尽管2014年全年中国的资本与金融账户仍有382亿美元顺差，然而在2014年第二季度至第四季度，中国出现了连续三个季度的资本与金融账户逆差。这种连续三个季度出现资本净流出的局面，即使在美国次贷危机期间或欧债危机期间也尚未出现过。作为这一资本净流出的结果，尽管2014年下半年中国出现了1392亿美元的经常账户顺差，中国的外汇储备规模还是在2014年8月触顶(3.99万亿美元)，并在随后几个月内不断走低。

问题在于，究竟是哪些类型的资金，哪些主体的资金正在流出中国呢？对国际收支表进行详细的分析，可以大致回答上述问题。

首先来看流出资金的类型。国际收支表的资本与金融账户，可以细分为直接投资、证券投资与其他投资三个子项。在2014年的四个季度中，中国的直接投资子项分别出现了537亿美元、393亿美元、445亿美元与712亿美元的资金净流入，中国的证券投资子项分别出现了223亿美元、146亿美元、235亿美元与220亿美元的资金净流入，这意味着，资金净流出几乎全部发生在其他投资子项。在2014年，中国的其他投资子项仅在第一季度出现178亿美元的资金净流入，而在后三个季度分别出现695亿美元、772亿美元与1239亿美元的资金净流出。

其他投资子项主要衡量中国与全球其他国家的跨境债权债务流量，它又可以细分为贸易信贷、贷款、货币与存款以及其他资产负债这四个细项。在2014年全年，上述四个细项分别出现了708亿美元、1081亿美元、783亿美元与-44亿美元的资金净流出。

其次来看流出资金的主体。我们可以从国际收支表的借方与贷款资金变动来大致了解居民与非居民的资金流动。以其他投资子项的贷款细项为例，2014 年四个季度，中国居民的对外贷款分别为 179 亿美元、387 亿美元、145 亿美元与 27 亿美元，这意味着在 2014 年下半年，中国居民降低了对外贷款的规模；同期内非居民的对华贷款分别为 553 亿美元、216 亿美元、-576 亿美元与-537 亿美元，这意味着在 2014 年下半年，非居民的对华贷款发生了超过 1100 亿美元的收缩。上述分析表明，至少就贷款细项这超过 1000 亿美元的资金净流出来看，主要是由于非居民的对华贷款规模下降所导致的，而这无疑与在人民币兑美元汇率的升值预期转变为贬值预期后，中国私人部门的外币贷款需求显著下降密切相关。

沿用上述思路，我们可以发现，对存款子项而言，净流出的原因主要是中国居民的海外存款显著增长，仅仅在 2014 年上半年，中国居民的海外存款就增加了 1161 亿美元，这部分或许可以被解读为中国居民的资产多元化行为显著增强。对贸易信贷子项而言，净流出的原因一方面是中国居民对外国的贸易信贷显著增长，另一方面是非居民对华的贸易信贷显著下降。

综上所述，可以看出本轮中国资本外流的两大特征：第一，资本外流主要发生在跨境借贷领域，而非直接投资与证券投资领域；第二，资本外流同时受到中国居民海外投资增加与境外非居民撤回中国投资的驱动。

一国货币汇率运动受到外汇市场上供给与需求的影响，而一国的经常账户余额与资本和金融账户余额均会对外汇市场供求产生影响。2014 年后三个季度持续的资本外流，无疑会对人民币汇率造成向下压力。事实上，在 2014 年 11 月下旬至 2015 年 3 月中旬，人民币兑美元即期汇率出现了较大幅度贬值，由 6.1 左右一度贬值到 6.3 附近。这一贬值在很大程度上与资本外流密切相关，且互为因果。

有学者认为，人民币汇率并不具备显著贬值的基础，因为2014年中国的国际收支依然是双顺差，尤其是四个季度的经常账户依然是持续顺差。这个判断虽然没错，但其实所指的是人民币有效汇率，而非人民币兑美元汇率。事实上，根据BIS的数据，截至2014年2月，人民币的名义与实际有效汇率仍然处于强劲升值的过程中，两者均不断创下新高。

造成人民币兑美元汇率有所贬值、但人民币有效汇率依然强劲升值的最重要原因，在于目前主要发达国家央行货币政策的分化。目前美联储已经退出量化宽松，并且即将步入加息周期，而欧洲央行与日本央行在2015年均宣布要进一步加大量化宽松的力度。这一分化格局造成美元对欧元与日元的汇率大幅升值。而由于中国央行刻意维持了人民币兑美元汇率的大致稳定，这就造成人民币兑欧元与日元汇率大幅升值的格局。换言之，人民币兑美元汇率的贬值，恰恰是为了缓解人民币有效汇率的过快升值。

展望2015年，中国的国际收支很可能会重复2012年的故事，即出现经常账户顺差与资本和金融账户逆差这种“一正一负”的组合。但与2012年不同的是，今年的资本与金融账户逆差很可能大于经常账户顺差，这意味着2015年中国的外汇储备余额可能有所下降。这一格局体现在外汇市场上，将会使得人民币有效汇率的升值压力明显减弱。而如果美元继续对其他主要货币强劲升值的话，那么人民币兑美元市场汇率将会面临较大的贬值压力。

笔者认为，2015年中国央行很可能维持人民币兑美元汇率稳中有贬的格局。一方面，人民币有效汇率升值过快，已经影响到中国的出口增长。在国内消费与投资均增长乏力、通胀率滑向通缩区间的背景下，通过稳定有效汇率来稳定出口增速、进而实现保增长与保就业目标的意义将会进一步凸显，这意味着中国央行有动机让人民币兑美元走弱；但另一方面，如果人民币兑美元贬值过快，这可能会强化人民币贬值预期，从而导致更大规模的资本外流。而持续大规模资本外流又会对经济增长与金融稳定造成负面影响。例如，人民币兑美元过快贬值，可能造成一大批过去几年大幅举借美元债务的中国企业面临违约风险。因此，中国央行又有动机避免人民币兑美元的大幅贬值。

综上所述，笔者认为，2015 年人民币兑美元市场汇率很可能在 6.2 至 6.4 的区间内窄幅波动。人民币有效汇率或许还有一点升值空间，但空间已经显著收窄。这是因为，中国面临的资本流动已经发生了趋势性的变化。事情正在起变化，而且可能持续发生变化。

人民币汇率形成机制改革的进展、问题与建议①

人民币汇率形成机制改革的进展

从1994—2014年，人民币汇率形成机制改革已经持续了整整20年时间，但改革进程可谓一波三折。1993年12月，中国政府将官方外汇市场与外汇调剂市场并轨（此举导致人民币对美元官方汇率水平由1比5.8贬值至1比8.7，贬值幅度接近50%），宣布实施以市场供求为基础的、单一的、有管理的浮动汇率制。1994—1997年，人民币对美元汇率由1比8.7升值至1比8.27~8.28左右。1997年东南亚金融危机爆发后，中国央行将人民币钉住美元，导致1997—2004年期间人民币对美元汇率一直固定在1比8.27~8.28区间。2005年7月，中国央行宣布重启人民币汇率形成机制改革。2005—2008年，人民币对美元汇率由1比8.27~8.28升值至1比6.7~6.8左右。2008年全球金融危机爆发后，中国央行再次将人民币钉住美元，导致2008—2010年人民币对

① 本文发表于《学术研究》，2015年第6期。

美元汇率再次固定在1比6.7~6.8区间。2010年6月，中国央行宣布再次重启汇改。2010—2014年，人民币对美元汇率由1比6.7至6.8升值至1比6.1~6.2左右。

自2005年7月中国政府重新启动人民币汇率形成机制改革以来，无论是人民币对主要国际货币汇率，还是人民币对一篮子货币的有效汇率，均经历了较大幅度的升值。2005—2014年这十年间，人民币对美元、欧元与日元累计升值的幅度分别为26%、32.1%与35.7%，人民币的名义有效汇率与实际有效汇率的累计升值幅度更是分别达到了44.5%与54.3%。

从人民币汇率形成机制来看，每日人民币兑美元汇率的日均波幅，已经由2005年7月汇改初期的正负千分之三，扩大至2014年3月以来的正负百分之二。随着人民币对美元汇率日均波幅的逐渐放开，人民币对美元汇率中间价与市场价之间的价差幅度也变得越来越大，这说明近年来人民币汇率形成机制的弹性已经显著增强。

作为央行干预外汇市场证据的外汇占款增速，其月均增量已经由2005—2011年期间的2400亿元人民币左右，下降至2012—2014年期间的1130亿元人民币左右。2014年的月均外汇占款增量更是下降至650亿元人民币。这表明中国央行干预外汇市场的程度已经显著减弱。

中国经常账户顺差占当年GDP的比率，在2001—2007年期间不断上升，并在2007年达到10.0%的峰值，这意味着在此期间，人民币市场汇率显著低于其均衡汇率水平，因为中国经常账户失衡加剧是人民币汇率持续低估的结果。然而，随着人民币汇率自2005年汇改以来至今的持续升值，中国经常账户顺差占GDP的比率，在2007—2011年期间显著下降，并在2011—2014年这四年间持续保持在2%左右的水平上。用经常账户余额占GDP比率持续低于3%~4%就意味着外部失衡显著缓解的标准来衡量，目前人民币市场汇率已经相当接近于均衡汇率的水平。人民币汇率低估已经得到明显纠正。在人民币实际有效汇率指数与中国出口同比增速之间，的确存在显著的负相关。中国的出口月度同比增速已经由2005—2007年期间平均28%的增长，下降为2012—2014年期间平均7%的增长。出口增速的显著下滑固然与全球金融危机爆发后外部需求持续低迷有关，但也与人民币实际有效汇率升值密切相关。

人民币汇率形成机制改革目前仍存在的问题

问题之一，在于央行对人民币汇率中间价的持续干预降低了外汇市场的透明度与可预测性，不利于外汇远期与期货市场的发展。迄今为止，央行还在显著干预每日人民币兑美元汇率的中间价（开盘价）。一方面，和通过在市场上影响供求来直接干预外汇市场相比，对中间价的干预更加便捷、成本更低。因为干预中间价不需要央行在外汇市场上买卖外汇，这样既不会造成央行外汇储备的显著波动，也不需要央行冲销在外汇市场上操作所造成的对基础货币发行的影响。相关研究表明，央行对持续外汇市场干预进行冲销的成本不但很高，而且对冲销成本的分摊加剧了中国的金融市场抑制程度。但另一方面，对中间价的干预破坏了外汇市场上每日交易价格之间的连续性（使得每日汇率开盘价与前一日汇率收盘价之间存在持续的价差，而且价差较难预测），这降低了外汇市场的透明度与可预测性，不利于外汇远期市场与期货市场的发展。

问题之二，在美元有效汇率强劲升值的背景下，维持人民币对美元汇率的大致稳定，将会造成人民币有效汇率过快升值，从而对出口增长造成显著负面影响。央行在很大程度上还在试图维持人民币兑美元汇率的大致稳定。近年来，在美联储退出量化宽松以及预期进入新的加息周期的背景下，美元指数大幅升值，带动人民币对欧元、日元等货币的汇率显著升值。仅仅在2014年下半年，人民币对欧元与日元就分别升值了11.2%与15.5%！过快升值的人民币有效汇率已经对中国出口增速造成了显著负面影响。例如，根据姚枝仲等的估算，在1992—2006年期间，中国的出口价格弹性为-0.65，而出口收入弹性为2.34。这表明如果人民币汇率升值造成出口价格上升1%，那么中国的出口额会下降0.65%。[①] 然而，根据王宇哲等的最新估算，在2005—2012年期间，中国的出口价格弹性上升至-1.7，而出口收入弹性下降至1.39。这表明如果人民币汇率升值造成出口价格上升1%，那么中国的出口额会下降1.7%。[②] 换句话说，自2005年7月人民币重启汇改以来，人民币有效汇率升值对出口行业的负面影响与汇改前相比，已经显著上升。

问题之三，通过维持人民币汇率强劲来推动人民币国际化的观点目前较为流行，而这种观点存在本末倒置的问题。目前央行正在大力推进以上海自贸区为标志的资本账户开放以及海外离岸人民币市场建设，因此有观点认为，为进一步推进人民币国际化与资本账户开放，中国政府应该继续维持人民币汇率的相对强势。这种观点存在本末倒置的问题，人民币究竟能否成为国际化的货币，归根结底取决于未来十年中国经济能否继续维持持续较快增长、中国金融市场能否发展壮大，以及中国政府能否避免系统性金融危机的爆发。从这一视角来看，过于强势的人民币汇率可能与中国经济基本面相背离，造成人民币汇率显著高估，这不仅可能损害中国经济增长，还可能为系统性金融危机的爆发埋下隐患。

问题之四，即使中国政府有让人民币对美元汇率适度贬值的意愿，但来自美国方面的要求人民币汇率继续升值的压力将会卷土重来，这会限制中国央行未来的汇率调整空间。目前美元汇率的强劲升值已经开始影响到美国出口增速。预计在2015年，美国朝野要求人民币升值的压

---

① 姚枝仲、田丰与苏庆义："中国出口的收入弹性与价格弹性"，《世界经济》，2010年第4期。

② 王宇哲与张明："人民币升值究竟对中国出口影响几何"，《金融研究》，2014年第3期。

力将会卷土重来。近期美国国会通过对中国光伏产品征收惩罚性关税就是明证。而一旦美国政府开始通过双边渠道（例如中美战略经济谈判）与多边渠道（例如 G20 会议）对人民币汇率问题施压，那么中国央行还有多大的空间让人民币汇率贬值，就面临更大的疑问。

进一步推动人民币汇率形成机制改革的政策建议

首先，中国央行应该降低对人民币汇率中间价的干预，顺应市场供求压力，让人民币对美元汇率适当贬值，从而缓解人民币有效汇率的过快升值。近期国际金融局势动荡，整个新兴市场面临短期资本外流压力，中国也不例外。2014 年中国国际收支表中的资本与金融账户逆差达到创纪录的 960 亿美元，显著超过 2012 年的 318 亿美元（欧债危机爆发期间）与 1998 年的 63 亿美元（东南亚金融危机爆发期间）。从外汇市场供求情况来看，人民币兑美元汇率面临贬值压力。自 2014 年 11 月下旬以来，人民币对美元汇率市场价就持续低于人民币对美元汇率中间价，且市场价与中间价之间的价差越拉越大，已经逼近每日 2%的下限，这意味着市场上存在人民币贬值压力，而央行在通过持续拉高中间价的方式干预外汇市场，以避免人民币对美元汇率的显著贬值。笔者认为，在目前中国经济潜在增速显著走低、消费投资出口这三大引擎增速均保持低迷、中国货币政策仍有较大放松空间、美国经济持续复苏、美联储即将步入新的加息周期的内外部经济环境下，中国央行应顺应形势，降低对每日汇率中间价的干预，让人民币兑美元汇率在市场供求驱动下适当贬值。人民币对美元汇率的适当贬值，既是顺应市场供求关系、深化人民币汇率形成机制改革之举，也是缓解汇率过快升值对出口增长的负面影响，让增长与就业保持在合理区间之举。

其次，中国央行应通过建立年度宽幅汇率目标区，来平衡增强人民币汇率波动弹性与避免人民币汇率大起大落的需要。为在市场上建立稳定预期，保持央行对汇率的最终控制力，以及降低美国指责中国政府干预人民币汇率的口实，下阶段中国央行应建立人民币汇率的宽幅目标区机制。例如设定每年上下10%的年度总波幅，在波幅内，人民币汇率波动由市场决定。而当汇率运动接近波幅时，央行入市进行强力干预。这样能够同时兼顾汇率的灵活性与稳定性，并提高汇率形成机制的市场化与透明度。

再次，为了保持央行货币政策的独立性以及对人民币汇率的掌控力，中国央行在资本账户开放的问题上应该更加谨慎。根据全球金融周期的最新研究表明，一旦开放资本账户，哪怕实施完全浮动的汇率制度，一国央行也不能保证货币政策的独立性，在一定程度上依然不得不输入美国的货币政策。[①] 最近俄罗斯金融市场的大幅动荡表明，一旦放弃资本管制这一有力工具，为避免汇率大幅动荡，一国央行不得不使用加息这种对国内经济增长具有显著负面影响的工具。因此，作为人民币汇率形成机制进一步改革的前提，中国政府仍应保持对短期资本流动的有力管制，不要自毁长城。

---

① Hélène Rey：*Dilemma not Trilemma*：*The Global Financial Cycle and Monetary Policy Independence*，paper presented at the Jackson Hole Symposium，August 2013.

人民币汇率改革背景下的人民币国际化：进展与问题[①]

弹指一挥间。距离 2005 年 7 月人民币汇率形成机制改革，居然已经有 10 年之遥。在这 10 年内，不仅人民币汇率与利率形成机制改革已经取得了显著进展，而且人民币也正在成长为全球范围内不容忽视的国际性货币。本文将梳理人民币汇率形成机制改革与人民币国际化之间的关系。文章的结构安排如下：第一部分概述人民币汇率形成机制改革取得的进展；第二部分简介人民币国际化取得的进展；第三部分剖析人民币汇率形成机制改革与人民币国际化之间的关系；第四部分为结论与政策建议。

人民币汇率形成机制改革取得的进展

2005 年 7 月 21 日，中国央行宣布改革人民币汇率形成机制，建立以市场供求为基础的、参考一篮子货币的、有管理的浮动汇率制。2005

① 本文发表于《中国外汇》，2015 年第 13 期。

年6月—2015年5月这10年间，人民币兑美元、欧元与日元分别升值了26%、32%与33%。人民币兑其他国际主要货币的升值幅度远超过上述三大国际货币，作为结果，根据BIS的数据，在上述10年间，人民币名义有效汇率与实际有效汇率分别升值了46%与56%。

相比之下，过去10年间，人民币兑美元的汇率波动较为平稳，人民币兑欧元、日元的汇率则体现出更强的波动性。这表明中国央行一直在试图维持人民币兑美元汇率的大致稳定。事实上，从人民币兑美元的汇率走势出发，可以将过去10年划分为四个阶段。第一阶段为2005年7月—2008年7月，这三年期间人民币兑美元汇率持续升值，升值幅度累计达到17%；第二阶段为2008年8月—2010年6月，在此期间，受美国次贷危机爆发影响，人民币汇率再度钉住美元，几乎没有任何升值；第三阶段为2010年7月—2014年1月，随着中国央行重启人民币汇率形成机制改革，人民币兑美元汇率继续持续升值（尽管在2012年一度有所贬值），升值幅度累计达到10%；第四阶段为2014年2月至今，人民币兑美元汇率呈现出先微贬再微升的态势，中间价基本上稳定在6.1~6.2之间。一言以蔽之，在这四个阶段，人民币兑美元汇率呈现出“升值—稳定—升值—稳定”的周期性特点。

汇改10年至今，随着人民币有效汇率大约50%左右的升值，人民币汇率显著低估的局面已经基本上改变。证据之一，是中国尽管依然持续保持经常账户顺差，但经常账户顺差占GDP的比率，在2011—2014年连续四年间已经持续低于3%；证据之二，是中国持续10余年的国际收支双顺差的格局正在消失，中国未来可能出现“经常账户小幅顺差、资本账户在顺差与逆差之间摇摆”的国际收支“新常态”。

人民币兑美元汇率的每日波动幅度，已经在2007年5月、2012年4月与2014年3月三次放宽，由最初的正负千分之三扩大至目前的正负百分之二。这一波动幅度已经不算小了，如果充分利用这一波幅，在一周内人民币兑美元汇率就能升值或贬值 10%。在放宽每日汇率波幅后，目前中国央行主要采用中间价干预方式来影响人民币汇率。主要方式是，中国央行会干预每日人民币兑美元开盘价（中间价）。中间价干预的结果是，人民币汇率中间价与市场价经常出现明显的背离。例如，2014 年 12 月至今，人民币汇率中间价明显高于市场价水平，这意味着市场上存在人民币贬值预期，而央行在持续通过中间价干预，维持人民币兑美元汇率的相对稳定。

人民币国际化取得的进展

从 2009 年起，中国政府开始大力推进人民币国际化。笔者认为，中国政府推进人民币国际化的主要目的如下：一是试图让人民币的国际地位与中国经济（特别是中国国际贸易）的国际地位相互匹配；二是试图降低中国政府积累外汇储备的必要性，从而降低美元汇率贬值可能给中国外汇储备造成的购买力损失；三是试图通过人民币国际化及其相应的资本账户开放来倒逼国内结构性改革。中国政府采取了一种“三管齐下”的策略来推进人民币国际化：一是鼓励在跨境贸易与投资中使用人民币进行计价与结算；二是大力发展以香港为代表的人民币离岸金融市场；三是通过中国央行与其他国家或地区央行签署双边本币互换的方式来满足境外人民币流动性需求。从 2009 年至今，人民币国际化在上述三个维度均取得了显著进展。

首先，人民币已经成为中国在跨境贸易与投资结算领域中使用的重要货币。2014 年，经常账户与货物贸易的人民币结算规模分别达到 6.6 万亿元与 5.9 万亿元。人民币跨境贸易结算占中国跨境贸易的比重已经由 2010 年年初的聊胜于无上升至 2015 年第一季度的超过 25%。根据 SWIFT 提供的数据，截至 2014 年年底，人民币已经成为全球第五大国际结算货币。2014年，中国对外直接投资与外商来华投资的人民币结算规模分别达到1866亿元与8620亿元。

其次，迄今为止香港、新加坡、伦敦、台北等地已经发展成为重要的人民币离岸金融中心，其中尤其以香港最为重要。截止2014年年底，香港的人民币存款余额已经达到1万亿元，占到香港总存款余额的10%。根据中国央行的数据，截止2014年年底，全球主要离岸市场的人民币余额已经接近2万亿元（尚不包含存款凭证在内）。根据BIS的统计，截止2014年年底，全球以人民币标价的国际债券的余额达到5351亿元，其中境外机构在离岸市场上发行的人民币债券余额就高达5305亿元。

再次，人民币已经逐渐成为全球范围内重要的储备货币选择。截至2015年5月底，中国央行已经与32个国家或地区的央行或货币当局签署了总额达到3.1万亿元的双边本币互换。目前已有近30个国家的央行宣布将人民币纳入储备货币范畴。截至2015年4月底，境外央行持有的人民币资产余额达到6667亿元。同期内，非居民持有的中国境内人民币资产已经达到4.4万亿元。

人民币汇率形成机制改革与人民币国际化之间的关系：跨境套利交易盛行

不容否认，过去六年内人民币国际化取得显著进展，与如下基本面因素显著相关：一是中国经济增速显著高于全球增速，造成中国资产对全球投资者颇具吸引力；二是作为全球最大的国际贸易国，用人民币进行交易有助于降低汇率风险与交易成本；三是中国经济周期与美国经济周期不完全同步，增持中国资产有助于实现全球资产布局的多元化；四是中国资本账户逐渐开放，扩大了境外投资者投资人民币资产的渠道与空间。

然而，蓬勃发展的人民币国际化背后，也出现了大量的金融套利交易。这些套利交易表面上表现为跨境贸易的人民币结算，其实质却是关联公司利用内地与离岸人民币市场上的汇率差与利率差进行财务套利的结果。这种套利行为一方面制造了人民币国际化的泡沫，另一方面降低了中国政府宏观调控的效果，此外还造成了中国的国民福利损失，可谓弊大于利。

跨境套利的表现形式之一，是利用内地市场与香港市场的人民币利率之差进行套利。过去几年内，由于内地的人民币存贷款利率水平显著高于香港的人民币存贷款利率水平，这就给以“内保外贷”为代表的跨境套利打开了空间。跨境套利的实质，是境内企业以跨境贸易人民币结算为伪装，从香港金融机构处借入人民币款项并汇至国内使用，以获取两地利差的财务操作。人民币跨境套利的强有力证据之一，是近年来香港银行对内地银行的外币（人民币）债权，由2010年的3000亿港币左右上升至2014年的3万亿港币左右。

跨境套利的表现形式之二，是利用内地市场与香港市场的人民币汇率之差进行套利。由于香港市场上的人民币汇率是由市场供求自发决定的，而内地市场上的人民币汇率依然存在一定程度的干预，这导致了香港与内地人民币即期汇率之间往往会存在显著差异。在大多数时期内，由于内地人民币兑美元汇率存在稳定的升值预期（这是人民币汇率形成机制改革采取了渐进升值方式的必然结果），造成香港人民币即期汇率高于内地人民币即期汇率，这就会刺激企业与居民将人民币从内地转移至香港，将美元从香港转移至内地的跨境套汇行为，这种行为也会通过人民币跨境贸易结算的伪装进行。人民币跨境套汇的强有力证据之一，是香港人民币存款环比增速与人民币升值预期指数之间具有很强的正相关性。这意味着，当市场上存在显著的人民币升值预期时，由于香港人民币要比内地更贵，导致居民与非居民将人民币由内地转移至香港，从而导致香港人民币存款上升，反之则反是。

跨境套利的表现形式之三，是人民币跨境套利与人民币跨境套汇合二为一。在市场上存在持续的人民币升值预期的背景下，居民与非居民可以在香港借入美元，兑换为人民币之后，通过跨境贸易人民币结算的伪装转移至内地，在内地投资于房地产、股市或影子银行产品，借此可以赚取利差与汇差的双重收益。这种跨境套利交易的规模如此之大，以至于多家国际金融机构均将人民币套利交易视为“21世纪以来最重大的货币套利交易”。

结论与政策建议

从上文分析中，我们可以得到如下主要结论：第一，汇改10年以来，人民币汇率形成机制改革取得显著进展。随着人民币兑主要货币以及人民币有效汇率的大幅升值，人民币汇率显著低估的状况已经完全改观。人民币兑美元每日汇率波幅已经显著开放。目前央行主要通过中间价干预来管理人民币汇率。第二，自2009年以来，人民币国际化已经在跨境贸易与投资的人民币结算、离岸人民币金融市场的发展以及双边人民币呼唤的签署等领域取得显著进展。第三，尽管人民币国际化的进展具有基本面因素的支持，但人民币国际化背后也隐藏了大量的人民币跨境套利。人民币跨境套利盛行的原因之一，则是人民币汇率形成机制改革采取了渐进式策略，导致市场上存在持续的人民币升值预期。

展望未来，人民币国际化之路无疑将会越走越宽，但也将面临越来越多的波动与风险。笔者认为，人民币能否真正成长为国际储备货币，取决于以下三个问题：其一，中国经济能否在未来10年继续维持6%～7%的增速；其二，中国金融市场能否持续发展壮大；其三，中国能否避免系统性金融危机的爆发。

为了让人民币国际化之路变得更加可持续与可预测，笔者在此提出如下政策建议：第一，中国政府应抓住当前时机，大力推进结构性改革，真正从改善供给面角度来保证经济持续较快增长，而非继续通过财政、货币政策等需求管理工具来刺激经济增长；第二，中国政府应进一步完善人民币汇率与利率形成机制，大力发展以直接融资为代表的金融市场，逐步实现金融市场的对内对外开放；第三，中国政府应大力构建宏观审慎监管框架来防范潜在的金融风险。在人民币汇率与利率形成机制尚未充分市场化、宏观审慎监管框架尚未真正到位、国内既有金融风险尚未得到根本性缓释的前提下，中国政府应该在进一步开放资本账户的问题上继续抱以渐进、审慎、可控的态度。

中国出现通货紧缩了吗[①]

近期以来，伴随着中国经济增速的逐渐下行（2015 年第一季度 GDP 同比增速仅为 7.0%），以及物价增速的逐渐走低，市场与学术界对通货紧缩的忧虑越来越强。关于中国经济是否已经陷入通货紧缩的判断非常重要，因为一旦发生通货紧缩，如果名义利率保持不变，则实际利率将会超过名义利率，并随着通货紧缩的加深而不断上升。因此，降低名义利率是应对通货紧缩现象的重要对策。

那么，当前中国经济已经出现通货紧缩了吗？这就需要给出一个关于通货紧缩的定义。根据维基百科的定义，通货紧缩（Deflation）是指一个经济体内商品与服务的总体价格水平处于不断下降的过程中，也即通货膨胀率低于零。与通货紧缩相对应的另一个词是通胀率下降（Disinflation），后者是指通货膨胀率不断下降但依然为正的现象。

那么，如何判断中国是否发生了通货紧缩呢？这需要从以下三个维度入手。

---

① 本文发表于《东方早报之上海经济评论》，2015 年 4 月 21 日。

首先，我们应该选择衡量中国商品与服务的总体价格水平的指标。目前中国市场上最为常见的两个月度价格指标为消费者物价指数（Consumer Price Index，CPI）与工业生产者出厂价格指数（Producer Price Index，PPI），前者衡量消费品的一般价格水平，后者衡量生产者的一般价格水平。那么，有没有衡量中国所有商品与服务价格水平的指标呢？这个指标的确有，但是发布频率较低，这就是季度的国内生产总值缩减指数（GDP Deflator）。

其次，我们应该选择价格指标的增速究竟是用同比方式表达出来，还是用环比方式表达出来。同比增速，是指当期价格水平与去年同比相比增长了多少。而环比增速，是指当期价格水平与上一期相比增长了多少。可以看出，对季度与月度指标来讲，同比增速与环比增速的区别在于可比的基期不同。同比指标与环比指标各有优缺点，同比指标的优点在于排除了季节因素（例如，西方国家每年 12 月工业活动总是偏弱，因为 12 月下旬是圣诞节假期，但如果将今年 12 月与去年 12 月相比，就不存在季节性差异。当然，这对中国的春节而言是个难题，因为中国的春节通常在 1 月与 2 月之间切换），而缺点在于不能反映最近的变动趋势。环比指标的优点在于可以反映最近的变动趋势，但是却可能受到季节性因素的扭曲（例如西方国家 1 月份工业增加值环比增速可能很高，而 12 月份该指标却可能很低，这都是受到了圣诞节的影响）。

再次，我们应该确定价格增速指标在多长时间内持续为负，就认定该经济体发生了通货紧缩。例如，全球范围内普遍采用的美国国民经济研究局（NBER）关于经济衰退的定义，就是一个国家的 GDP 增速连续两个季度出现了负增长。但关于通货紧缩的定义，笔者尚未找到被业界广泛认可的时间长度。

因此，要界定中国经济是否陷入通货紧缩并非易事，这需要选择指标、选择同比环比以及选择负增长的时间长度。

那么，过去我们是怎么定义通货紧缩的呢？众所周知，在东南亚金融危机爆发之后，中国被认为陷入了通货紧缩。让我们来回顾一下当时发生了什么？在 1998 年 4 月到 2000 年 1 月，中国的 CPI 同比增速连续 22 个月出现了负增长的局面，而在该期间内，CPI 环比增速却是时正时负（在这 22 个月内，有 12 个月 CPI 环比增速为负，其他 10 个月 CPI 环比增速为正，CPI 环比增速为负最长持续的时间为 5 个月）。此外，在东南亚金融危机爆发之后，在 1997 年 6 月—1999 年 12 月，中国的 PPI 同比增速连续 31 个月出现了负增长的局面（官方 PPI 环比增速价格该期间尚未发布）。最后，笔者尚未找到该期间的 GDP 缩减指数数据。

因此，如果将东南亚金融危机之后中国通货紧缩的特征总结一下，可以看到，通货紧缩是指 CPI 与 PPI 同比增速均发生持续时间很长的负增长。即使我们认为当时的通货紧缩很严重，我们不妨换个更为宽松的定义，也即通货紧缩是指 CPI 与 PPI 月度同比增速双双出现持续负增长，且持续时间至少超过 1 年。

如果套用这个定义来界定当前的形势，那么当前中国尚未出现全面的通货紧缩，但企业层面的物价下降令人忧虑。

首先，中国的 CPI 同比增速除了在 2009 年 2 月—2009 年 10 月这 9 个月期间由于受到次贷危机影响而出现持续负增长外，迄今为止一直呈现出正增长的格局，尽管增速不断下降。2015 年 1—3 月，CPI 同比增速分别为 0.8%、1.4%与 1.4%。因此，如果用 CPI 同比增速来评价，那么当前至多存在通胀率下降（Disinflation），而尚未出现通货紧缩（Deflation）。即使从环比增速来看，迄今为止 CPI 环比增速也未出现持续下跌格局。

其次，中国的 PPI 同比增速就不乐观了。从 2012 年 3 月—2015 年 3 月，PPI 同比增速已经出现连续 37 个月的负增长。这次 PPI 同比增速负增长的持续时间甚至超过了 1997—1999 年的上次通货紧缩期间。即使从 PPI 环比增速来看，2014 年 1 月—2015 年 3 月期间，也出现了连续 15 个月的 PPI 环比增速负增长。

再次，从中国的 GDP 缩减指数来看，2015 年第一季度，中国的 GDP 缩减指数（同比）仅为-1.1%，表明该季度中国的总体物价水平低于 2014 年第一季度。不过，这仅仅是多年以来中国的季度 GDP 缩减指数首次为负。上一次 GDP 缩减指数为负，还发生在 2009 年第一季度至第三季度的全球金融危机期间。

综上所述，我们可以得出如下结论。第一，当前中国尚未发生总体物价水平的持续负增长，因此尚未发生通货紧缩。特别是，中国的 CPI 同比增速尚未出现负增长。这意味着中国经济尚不需要货币政策的全面大幅放松。第二，从企业层面来看，PPI 同比负增长的时间已经超过了 1997—1999 年上一轮通货紧缩时期。考虑到 PPI 同比负增长会提高企业真实融资成本，因此中国政府亟需通过各种方式来降低企业融资成本。

考虑到当前中国经济的下行态势，以及短期资本持续流出的格局仍在持续，笔者认为，2015 年中国央行仍有 1~2 次基准利率下调空间与 3~4 次法定存款准备金下调空间。降准的空间与必要性大于降息。这是因为，降息可能缩小中美利差，从而加剧短期资本流出，使得放松政策可能导致紧缩效果；而降准既可以直接向金融体系补充流动性，也可以间接性地降低融资成本。

温州企业家为什么跑路[①]

在局外人看来，2012—2013 年温州企业家的纷纷跑路与跳楼，主要原因是温州地下融资链的断裂。借高利贷的还不起钱，结局自然不是跑路就是跳楼，正所谓出来混的，一定要还。然而，温州还有很多企业家，跑路与地下金融没有什么关系，完全是正规银行融资惹的祸。而且这些企业家，尽管跑路的结局相同，但跑路的原因迥异。正如托翁所言，幸福的企业都是相似的，而不幸的企业各有各的不幸。列位看官，且容我一一道来。

A 企业是最传统的企业了，做服装，绝大部分单子出口。过去几年，生意越来越难做。从需求层面看，美国次贷危机与欧债危机的爆发，造成最主要出口国美国与欧盟市场不断萎缩，需求持续疲弱。从供给层面看，近几年招工越来越难，成本越来越高；人民币汇率大幅儿

① 本文的写作以 2013 年中国社科院世经政所国际投资室在温州进行的金融改革调研为基础，但文中的企业均为虚构，作者文责自负。本文发表于 FT 中文网，2013 年 9 月 11 日。

值，且升值幅度难以预测，不能在合同中充分规避汇率风险；贸易融资变得越来越难，成本越来越高。这一切均造成A企业生产成本显著上升。由于服装行业是买方市场，A企业难以将成本上涨全部转化为价格上涨（这会造成出口额显著下降），因此A企业不得不以压缩自身利润空间为代价，依靠自身消耗掉一大半成本上涨。2013年上半年，人民币汇率格外坚挺，这对A企业对美国之外的市场出口大幅下滑，由于不能获得足够利润，A企业不能按时对银行还本付息。无奈之下，A企业关门大吉，甲企业家跑路了。

与A企业相比，B企业在过去10年已经完成了产业结构升级，由做服装转为做机电产品，且出口市场已经由欧美多元化到全球各地。因此，无论是欧美增长疲软，还是国内要素价格上涨，对B企业的冲击都远远低于A企业。那么，B企业的老板乙为什么也跑路了呢？

故事要追溯到两年前。当时，中国经济在外部危机的冲击下，增长率显著下滑。为提振经济增长，政府放开了信贷闸门，鼓励商业银行发放贷款。商业银行戊的信贷经理找到B企业老板乙，苦口婆心地劝B企业多贷款。老板乙看到贷款利率的确很低，抵抗不了诱惑，从商业银行戊借入大笔资金。由于正常生产经营活动用不了这么多钱，因此老板乙将大部分银行贷款资金，投入到温州的房地产市场，购买了多套住宅与商铺。随着温州房地产价格的上涨，老板乙获得了可观的账面财富。

遗憾的是，在温州房价最高点时，老板乙没有将投资变现。随着中国经济增长率的下滑，商业银行不良贷款率开始上升，银行的风险控制开始加强。尤其是2013年上半年，随着中央政府加强对影子银行的监管，商业银行纷纷开始收缩对民营中小企业的贷款。因此，商业银行戊开始对B企业施压，要求B企业提前偿还银行贷款。不幸的是，此时，温州的房价已经显著下跌，且交易量急剧萎缩。为偿还银行贷款，老板乙不得不以很低的价格出售房产，从而导致企业出现显著亏损，老板乙不得不跑路。

如果说A企业老板跑路是因为经营出了问题，B企业老板跑路是因为投资出了问题，这都还有情可原。那么C企业老板跑路就变得令人难以理解了。首先，C企业经营没有任何问题，与B企业相仿，C企业已经完成了产业结构升级，由低附加值的服装鞋帽转为较高附加值的机电产品；其次，C企业老板丙生性谨慎，没有过度借入银行贷款投资于资产市场。因此，与A企业和B企业这两个坏企业相比，C企业应该算是非常好的企业了。那么，为什么C企业的老板丙最终也不得不跑路了呢？

问题出在一年前。一年前，银行的放贷意愿依然强烈，但放贷标准已经收紧。因此，A企业仅凭自身已经难以获得银行融资。因此商业银行庚的信贷经理将A、B、C企业的老板甲、乙、丙召集到一起开会，苦心婆心地劝三家企业用联保的方式获得融资。这样，不仅资质较差的A企业能够获得融资，资质较好的B企业与C企业也能降低贷款成本，这不是三全其美吗？因此，尽管之前互不认识，三家企业还是乐呵呵地签署了联保协议，三方各向商业银行庚借款1000万人民币。

对C企业来讲，过去半年里，不幸的事情接二连三地发生了。首先是A企业在内外冲击下大幅亏损，老板跑路；其次是B企业在房地产投资方面遭遇巨大亏损，不能还本付息，老板也跑路了。尽管C企业经营状况良好，经营行为稳健，并未投资于资产市场，但现在，商业银行庚要求C企业同时按期偿还三家企业所有借款，否则就要告上法院要求强制执行。在悲催的联保协议下，C企业老板丙尽管满腔悲愤，最终也不得不跑路了。

吊诡的是，曾几何时，联保互保被认为是具有很高价值的市场自发创新，这有助于帮助中小企业获得银行融资。然而一旦发生系统性冲击时，联保互保却沦为惩罚好企业的恶机制。这不由得不让人深思。

这样的故事反复在温州上演。更令人遗憾的是，故事尚未结束。据说在不久的将来，更多的温州好企业，将在联保互保的阴影下继续倒下。企业与银行都成为了输家。那么，谁从这样的游戏中获益了呢？

如何破解温州融资连环套[①]

2013年8月，笔者所在的团队（中国社科院世经政所国际投资研究室）赴浙江省温州市，对温州金融改革的进展进行调研。在去温州之前，我们知道在温州发生了一场金融风暴，不少企业家被迫跳楼与跑路。我们最初认为，这些出现问题的企业大致属于两类。第一类企业依然从事附加值很低的出口贸易，在外需持续疲软、农民工工资水平不断上涨、人民币汇率快速升值的恶劣环境下，这类企业利润率大幅收缩，不得不破产跑路。第二类企业的老板在国内房地产市场火爆时期，通过地下融资募集资金，大举投资房地产。随着部分城市的房地产价格下降与成交量收缩，这类企业难以偿还地下融资的高利息，企业家不得不跳楼或跑路。换句话说，出现问题的企业都背负着“原罪”，或者没有及时进行产业升级，或者过度投资于资产市场。这场危机应该不会殃及没犯上述错误的好企业。

然而，在调研过程中，我们发现，从2012年起到2013年夏天，温

① 本文发表于《彭博商业周刊》，2013年9月17日。

州有一批优质企业破产倒闭了。如前所述，这批企业一方面在盈利方面已经不再依赖于低附加值的产品出口，另一方面并没有募集地下融资并投资于房地产市场。这批优质企业倒下的原因，仅仅是曾经与其他企业通过联保互保获得银行贷款。而随着其他合作企业的倒下，优质企业被迫承担联保互保留下的所有债务，从而不得不宣告破产。

为什么这些优质企业会与其他企业结成联保互保呢？原因之一，在于通过联保互保获得贷款，可以提高这些民营企业的资信等级，从而降低贷款成本。原因之二，在于温州是一个非常讲究人情的地方。温州企业家相互之间高度信赖，在过去30年间形成了一个发达的民间信用体系。据说，过去温州企业想相互之间借个上千万，打一个电话就行，有时候甚至不需要字据。因此，联保互保被视为企业家之间的相互帮忙，大家都乐意为之。原因之三，在于商业银行的居间游说与怂恿。通过鼓励民营企业联保互保借款，银行既可以扩大业务规模，又可以控制潜在风险，这无疑是一笔好买卖。

从经济学意义上来看，联保互保是一种具有重要价值的金融创新。它通过借款人互担风险的形式，一方面降低了银行的潜在风险，另一方面既帮助优质企业降低了融资成本，也帮助较差的企业获得了贷款。那么，为什么这种“看上去很美”的金融创新，如今却沦为重创温州企业的大规模杀伤性武器了呢？归根结底，仍在于信息不对称。那些彼此之间提供联保互保的企业，其实对对方企业面临的潜在风险并没有很深入的了解，而仅仅是凭着彼此之间的信任就提供了担保。再换一种角度来看，优质企业其实向银行出售了一种信用保险（这类似于国外的信用违约互换CDS），保费收入是在贷款利率方面享受的优惠，但潜在成本则是较差企业欠银行的贷款本息。正如当年美国国际集团（AIG）在出售CDS时并没有充分了解被保险企业的资质一样，温州的优质企业在提供保险时也过于疏忽大意了，以至于酿成今日的苦果。

令人遗憾的是，造成的苦果太难以下咽了。2012 年至今，温州已经有大量优质企业倒闭。而根据我们的调研，2013 年下半年乃至 2014 年上半年，在联保互保的阴影下，恐怕还有大量的企业倒闭。而且苦果不仅限于此，这轮危机还在不断深化。最新的情况是，几家联保企业，只要有一家出现还款困难，其余几家都马上不再还款。而且，温州企业还存在广泛的多头担保现象。一旦一家大企业出现问题，那么所涉及的三、四级担保链的资金总额可能达到数十亿人民币，甚至更高。更深层次的冲击则是，本轮危机几乎摧毁了温州过去几十年来形成的民间信用体系。现在，再好的企业也找不到其他企业提供担保了。用一位企业家的话来说，现在温州就是亲兄弟之间也很难借到钱了。

目前的情况，无论是作为借款者的企业，还是对作为贷款者的银行，无疑是一种双输的局面。如果银行真要强行清算，那么参与联保互保的企业可能全军覆没，而银行也将出现显著的损失。那么，有什么办法来破解联保互保所形成的温州融资连环套呢？

笔者认为，温州企业的问题本质上仍是债务危机，因此仍然需要运用解决债务危机的常用方式——债务重组。具体建议包括：第一，由温州地方政府（甚至浙江省政府）出面斡旋，在联保互保企业与银行之间达成谅解，商量对彼此均有利的应对措施；第二，对联保互保债务进行切割，分成各企业自己借银行的债务，以及各企业担保的其他企业债务；第三，对优质企业而言，它们仍需要按期偿还自己欠银行的贷款本息；第四，如果其他参与联保互保的企业已经倒闭，那么建议银行不要强行要求优质企业立即偿还所有担保贷款，而是对这部分贷款进行重组。一方面，可以用展期的方式，将短期债务变为中长期债务；另一方面，可以适当削减贷款本息。如此就能够让优质企业更加从容地来偿还担保债务。上述安排不但可以帮助优质企业存活下来，也能最大限度地保全银行作为债权人的利益。

总而言之，上述通过厘清债务归属，对不同归属的债务实现分类处理的方式，既能帮助优质企业渡过难关，也尊重了银企之间契约的严肃性，保障了银行的利益，还有助于缓解信贷违约对温州民间信用体系的冲击，可谓一举三得。如果政府、企业、银行能够在此基础上妥善处理危机、解开联保互保的连环套，可谓善莫大焉。

股市何以至此，将去向何方[1]

在不到一年时间里，中国上证指数从 2000 点左右攀升至 4400 点上下。在宏观经济增长低迷的背景下，A 股市场何以一飞冲天？本轮上涨行情将会持续多久？未来将掉头向下还是震荡向上，抑或是横盘整理？笔者将在本文中试图解释股市何以至此，并斗胆预测股市将去向何方。

最近微信上流传着一个段子：什么时候村子里的赌博活动会热火朝天呢？这通常是经济凋敝，村民们找不到工作，从而成天只能在村头聚众赌博。这个段子虽然戏谑，但也反映出一个真实的问题，即本轮股市暴涨与 2005—2007 年期间股市暴涨存在根本性的不同，后者是在经济增速处于高位的背景下产生的，而前者是在经济增速不断下行的背景下产生的。换言之，股市的火爆与基本面的低迷之间存在鲜明的反差。

股市被称为经济的晴雨表。按理说，股票价格指数或者是经济活动的先行指标，反映了金融市场对实体经济的预期；或者是经济活动的同步指标，股市涨落与经济增长强弱之间存在显著的正相关。那么，为什

① 本文发表于《彭博商业周刊》，2015 年 4 月 28 日。

么这次股市上涨与经济基本面背道而驰呢？这种缺乏经济基本面支撑的牛市行情，究竟能够持续多久？

股市何以至此的原因之一，是大量流动性涌入股市，推动着股指的迅速上涨。流动性股市的逻辑有三。其一，由于经济增速不断走低，央行被迫从定向宽松转向全面宽松，降准与降息的周期已经启动。但实体经济短期内难以好转，大量新释放的流动性因此转入股市。这一逻辑恰好可以解释股市上涨与基本面低迷的背离。其二，过去10年中吸纳了大量流动性的房地产市场，从2013年起开始持续下调，这导致大量流动性开始从房地产市场撤离，转而进入了股票市场。其三，自2010年以来，大量资金被投入到以银行理财产品与信托产品为标志的影子银行体系。但随着针对影子银行体系的监管日趋严格，以及刚性兑付的局面被逐渐打破，投资者开始从影子银行体系中转移出来，部分流动性再次进入股市。

股市何以至此的原因之二，是在长期低迷之后，中国A股市场的估值水平处于历史性低位。在2014年年底股指上涨之前，上证A股的整体市盈率不足10倍，金融股的市盈率不足8倍、市净率甚至低于1倍。这种估值水平不仅显著低于当前国际平均水平，而且显著低于中国股票市场的历史水平。在大量流动性追逐超额收益的背景下，A股市场超低估值的“价值洼地”注定会被填平。

股市何以至此的原因之三，是过度供给的状态已经被供需平衡甚至供给不足的状态所取代。从2009年至2014年上半年，中国经济全球一枝独秀，中国市场上并不缺乏流动性，但中国A股市场一直没有起色。笔者认为，最重要的原因之一，是该期间内存在股票的过度供给。故事的前半段是全流通改革（2009—2011年），故事的后半段是银行再融资（2011—2013年）。这两个故事均意味着股市上的大量股票供给。幸运的是，这两个故事到2013年年底已经基本上结束。过度供给状态被改变自然意味着股市走向的转变。

股市何以至此的原因之四，是中国政府在当前非常期望股市能够恢复正常的融资功能，以及股市能够步入持续牛市。其一，当前实体经济融资难、融资贵的问题非常突出。造成中小企业融资难、融资贵的原因固然有很多，但股市融资功能丧失导致直接融资体系瘫痪，导致各类企业过于依赖银行间接融资，是至关重要的原因之一。因此，恢复股市的融资功能，有助于切实降低融资难、融资贵的问题。其二，中国社保体系存在巨大的资金缺口。有建议指出，可以允许社保基金将更大比例资金投资于股市（尤其是地方社保资金），通过股市持续上涨来消除资金缺口。中国政府从股市的中立第三方转变为利益相关者，这自然意味着政策层面上股市的利好。

以上四个原因能够大致解释为何中国股市能够在基本面恶化的情况下一路飙升。那么接下来的问题是，本轮股市的上升行情能够持续多久呢？其实，以上四个因素也可以用来预测未来股市的走向。

其一，未来流动性的状况将影响股市走势。如果央行依然试图实施中性的货币政策，那么流动性故事就可能告一段落。而如果央行仍将继续实施全面宽松的货币政策，那么流动性故事就可能再持续一段时间。此外，值得关注的是两个流动性的漏出。第一，短期资本持续外流可能导致流动性水平的下降以及银行间市场利率水平的上升，其是否能够持续倒逼新的货币政策宽松，存在一定的不确定性；第二，如果实体经济活动有所复苏，这可能导致部分流动性从股市流向实体经济，从而降低股市的潜在流动性水平。换言之，如果资本持续外流，或实体经济显著好转，那么流动性故事可能难以为继。

其二，超过120%的股市涨幅，已经使得中国A股市场的估值不再被显著低估。尤其是整个创业板市场以及部分中小板股票的市盈率已经上升到不可持续的水平。因此，低估值的故事在未来不再是推动股市进一步上升的主导性力量。当然，这并不排除部分估值偏低的行业向市场平均估值回归的可能性。

其三，随着股市行情的日趋火爆，不排除证监会开始通过增大 IPO 规模来平抑股价上涨的可能性。但如果 IPO 规模或再融资规模控制不好，那么可能重新将供需平衡的格局转变为供大于求的格局。换言之，未来供给面的变化可能造成股市的调整。

其四，政府的态度可能发生转变。如果说，过去两年，政府非常期望股市能够上涨，以恢复正常的融资功能的话，那么随着股市的过快上涨，政府关注的焦点，很可能转变为防范股市出现新的泡沫。因此，如果说过去一段时期出台的政策总体上倾向于支持股市上涨的话，那么未来一段时期出台的政策总体上则可能会抑制股市过快上涨。

综上所述，笔者并不认为，本轮上升行情已经结束。然而，与 2000 点、3000 点的水平相比，未来的股市走向将会面临越来越大的不确定性。一方面，如果未来股市继续快速上升，那么牛市终结的时点就可能来得更快。而如果股市经历较大幅度的震荡调整的话，那么牛市可能再持续一段时间。另一方面，流动性的变化与实体经济的变化也会深刻影响股市的走向。

如果上述判断是正确的话，那么笔者对中小投资者在下一阶段的投资建议将是：第一，一定要控制好自己的仓位与杠杆，不要期望从股市上持续赚钱；第二，适当减持小盘股与进攻性股票，可继续持有低估值的蓝筹股与指数基金；第三，密切关注流动性状况、房地产市场与实体经济走势。一旦房地产市场开始回暖、实体经济开始企稳，那么就应该当心股市的深幅调整。

牛市还能持续吗——从四个故事说起[①]

大概从2013年下半年起，我就开始“严重”看多中国股市。这一点，有我很多的EMBA学员、EDP学员为证。因为从那时开始，我就一直在给他们讲我之所以看多股市的四个故事。尽管我不知道股市会从什么时候开始涨，但我相信一旦股市开始上涨，很可能会走出一场波涛汹涌的行情。这一波行情，我们在过去的8个月内终于看到了。那么，随着上证综指从2000点上升至5000点，我对股市走势的看法是否发生了根本性的改变呢？

让我们还是从这四个故事说起吧。

故事之一，是低估值。在2013—2014年，上证综指的整体市盈率约为10倍左右。横向来比，全球股市当时的市盈率在20倍左右，美国股市的市盈率接近25倍。纵向来比，自成立以来，上证综指的市盈率平均为20倍以上。这意味着，无论横向比较还是纵向比较，中国股市都处于一个严重低估的水平。在中国经济绝对增速依然全球领先，

① 本文发表于《东方早报之上海经济评论》，2015年6月23日。

国内流动性并不缺乏的背景下，估值修复的过程必然会发生。更进一步，当时中国金融板块的市盈率仅为8倍，部分银行股市净率更是跌破1倍，即使中国的潜在金融风险正在上升，但如此之低的估值水平是很难长期持续的。因此，低估值是我认为股市必然会上升的第一个理由。

然而，当股指回到5000点时，再来审视这个理由，我们不难发现，估值修复的阶段已经结束了。目前上证综指的整体市盈率已经回到25倍左右，相当接近全球股市的市盈率以及上证综指的历史平均水平。这意味着主板已经不再显著低估了。更为可怕的是，目前中国创业板的市盈率已经接近90~100倍，中小板的市盈率已经到了60~70倍，这样的估值水平已经超过1989年泡沫破灭前的日本股市、2000年泡沫破灭前的美国股市，以及2007年泡沫破灭前的A股市场。换言之，主板的估值修复阶段结束，虽然没有严重泡沫，但已经不再便宜。相比之下，创业板与中小板的泡沫化程度值得高度重视，未来泡沫破灭是迟早的事情。

故事之二，是供给过度。这个故事的前半段叫“全流通改革”。2008—2010年期间，随着全流通改革的推进，中国股市的流通股占总股数的规模从三分之一左右上升至80%以上，这意味着股市上供给量的显著放大，自然会压低股市指数。这个故事的后半段叫“银行再融资”。由于中国商业银行在2009年与2010年两年时间内发放了将近20万亿人民币的贷款，它们普遍面临资本金不足的压力。为了缓解这一压力，商业银行体系在2011—2013年期间大量在股市通过增发、配股或IPO的方式融资。粗略估算表明，这一期间商业银行融资大约占到股市融资的一半以上。随着全流通改革的基本结束，以及商业银行融资压力的告一段落，供给过度的状况将转变为供求平衡，这是我看多股市的第二个理由。

然而，当前回过头来审视这一理由，可谓“形势正在起变化”。由于过去一年来股市涨得太快，使得中国政府开始重新关注泡沫化的风险，因此，最近有关各方基本上形成一个共识，要通过加大 IPO 的规模来缓解股市上涨压力。之所以最近 IPO 规模尚未显著升级，这是因为决定上市与否的权力正在由证监会转向交易所。不难想象，一旦这个权力转移过程完成，未来一段时间内 IPO 的规模可能显著放大。供求平衡的局面可能再度转为供给加速，而这无疑会对股指造成负面冲击。

故事之三，是价格轮动。我过去的一项研究表明，进入 2000 年之后，在中国的房地产市场、股票市场与商品市场之间存在一个价格轮动现象。这个现象的基本规律是，第一，房价先涨；第二，房价上涨到一定阶段时，股价上涨；第三，股价上涨到一定阶段时，商品价格上涨；第四，当商品价格开始全面上涨时，房价开始回落。从 2000 年到 2011 年，这样的价格轮动大概发生了两次。之所以我从 2013 年下半年起认为股价将会上涨，原因恰好是因为在 2012 年至 2013 年上半年，国内房价再次出现了一波快速上涨的行情，而如果历史规律再次上演的话，房价的上涨最后终将轮动到股市。

毫无悬念，上述价格轮动再次发生了。不过，随着上证综指从 2000 点上升至 5000 点，价格轮动的压力已经基本上释放完毕。这意味着，从轮动视角来看好股市的故事，也已经结束了。

故事之四，是中国政府希望股市上涨。就这个故事，我在 2013—2014 年期间，会讲两个子故事。第一个子故事是，只有股市能够恢复正常的融资功能，才能真正实质上缓解中小企业融资难、融资贵的压力。一方面，股市丧失正常融资功能后，把所有的上市企业都挤到银行体系去融资，这自然会挤出中小企业的银行融资资源。另一方面，股市长期停止 IPO，使得很多 VC、PE 基金的投资不能变现，这严重削弱了这些直接融资机构的新增融资功能。因此，如果股市能够上涨、IPO 通道能够打开，就能有效缓解这一局面。第二个子故事是，随着人口老龄化加剧，中国养老金体系将会面临越来越大的融资缺口。作为地方养老金，由于投资渠道有限，投资收益率严重偏低。而广东社保借道全国社保理事会，将部分资金间接进入股市的试点，可能标志着中国政府试图通过股市上涨来缓解养老金压力的一种尝试。而这种尝试将会把中国政府变为中国股市的利益攸关方。正是基于上述两个子故事，我认为中国政府会通过各种努力来促进股市温和上涨。

即使股指到了5000点，政府的态度似乎没有根本性的改变。如果让我们站在政府的立场上来看问题，那么可能会有两种感触。感触之一，是这轮股市的上涨太及时了，尤其是考虑到宏观经济不断下行、房地产市场面临中长期调整压力、银行体系不良风险正在显性化的复杂环境下；感触之二是，不能让股市上涨过快，因为过快意味着大起大落，最好能够让股市变为慢牛市场。正因为如此，我们可以看到，目前政府对股市的情绪颇为暧昧。这种暧昧，从不久之前的一个周末就可窥见一斑。周五，证监会表态要清理伞形信托（典型的股市场外配置手段）；周六，国务院有关部门澄清说清理伞形信托并非打压股市；周日，央行宣布降准1个百分点。接连三天，三个部门相继发布对股市走向可能产生完全不同影响的意见，从中不难窥见政府的“两难”境地。用个形象的比喻，目前政府似乎不断地挖坑，试图以此来缓解股市的上行。但有时候又怕挖的坑太大，以至于终结了这轮行情。这样的工作真不好做啊。

综上所述，随着股指由2000点上升至5000点，笔者过去看好股市的四个理由，前三个已经不再成立，只有最后一个依然坚挺。这意味什么呢？首先，这意味着未来股市的波动将会显著增强，股指一骑绝尘扶摇直上的阶段已经结束了，闭着眼睛买股票都能赚钱的阶段已经结束了；其次，目前主板泡沫程度不大，但创业板与中小板泡沫程度堪忧，在后两个市场上操作的投资者应该当心，特别是不要轻易“玩弄杠杆”；再次，当前市场上似乎正在经历一轮持续时间较大的震荡，震荡期间，投资者应该控制杠杆、仓位与股票风格；最后，本轮震荡结束后，我对未来一年内的主板走势谨慎乐观。

反思股市震荡中的傲慢与恐慌[①]

从2014年7月11日到2015年6月12日，上证综合指数从2047点涨至5166点，股票市场上充满了狂热的乐观情绪。然而，从2015年6月12日—7月8日，在不到一个月时间内，上证综指由5166点跌至3507点，跌幅超过30%，股票市场上风声鹤唳，一片恐慌。在此次股市暴跌中，市值蒸发20万亿元，相当于2014年GDP的三分之一。尽管政府采取了一系列对策，最终稳定了股市，但围绕着政府要不要救市的讨论莫衷一是，就算同意政府救市，具体到如何救市，亦是聚议纷纭。在股市涨落的周期中，投资者的贪婪和恐惧往往会加剧股市的震荡，而在应对股市暴涨暴跌的过程中，监管者亦需反思可能存在的傲慢与恐慌。本文试图厘清本轮股市暴涨与暴跌的逻辑链条，评估本轮股市的潜在影响，并总结政府应该吸取的经验教训。

---

① 本文是与何帆、张斌、郑联盛合作，发表于《上海证券报》，2015年7月15日。

股市为何上涨

中国股市自2014年底以来的暴涨与中国经济基本面并不相符，股市上涨背后没有基本面的坚实支撑。尽管部分分析人士高声颂扬所谓"改革牛"、"转型牛"，但究其本源，本轮股市上涨主要是由流动性与杠杆驱动的。在宏观经济增速不断下降的背景下，央行不得不连续降息、降准，但由于制造业产能过剩、房地产市场萎靡不振，宽松货币政策释放出的流动性没有流入实体经济，而是流入股市，并在不断上升的杠杆率的推动之下，推动了股市暴涨的行情。

股市杠杆率的上升，得到了政府有意或无意的支持。当前中国经济遇到内需和外需同时低迷的困境，雪上加霜的是，企业部门还面临着去杠杆化的艰巨任务。从历史经验来看，企业部门过快地去杠杆化可能会导致银行坏账显著增加，政府将被迫对银行实施救助，最终的结果是用政府部门加杠杆"对冲"企业部门去杠杆。

然而，由于目前地方政府债务高居不下，中央财政未来潜在支出压力较大，政府部门难以继续加杠杆。如果不能用政府部门加杠杆"对冲"企业部门去杠杆，另一种选择是以居民部门加杠杆"对冲"企业去杠杆。股市在政府的支持下逐渐攀高，监管者鼓励投资者增加股票购买，在客观上都是增加了居民部门的杠杆率。或许，政府推动股市上升的另一个目的是为了鼓励更多的创新创业，但在这一过程中，居民部门杠杆率急剧上升的潜在风险未得到足够的重视，监管者犯了后知后觉的错误。

股市为何大跌

第一，大量融资盘被强制平仓，是导致本轮股市大跌的最重要原因。与之前中国的股市起伏不同，本轮股市波动的最大特点是受到杠杆融资的驱动。融资融券资金加上民间配资，总额达到几万亿人民币。杠杆倍数从一倍到十倍不等。据估计，本轮牛市中杠杆资金总规模约为5万亿人民币，其中场外配资约1万亿（杠杆率为1比4至1比5，最高可以到1比10）、伞形信托7000亿左右（杠杆率为1比2至1比3）、融资融券2.1万亿左右（杠杆率1比1）、股权质押7000亿至12000亿（质押率25%~40%）。

股市暴跌的导火索是保证金交易账户被强制平仓。从2015年起，监管者开始注意到日益膨胀且无序的民间配资现象。6月13日，证监会宣布券商不得通过网上证券交易接口为任何机构和个人开展场外配资活动与非法证券业务提供便利。此举导致民间配资规模显著下降，股价应声而落。股价下滑导致杠杆率最高的民间配资账户被强制平仓，这又造成股价进一步下滑，进而导致杠杆率次高的配资账户被强制平仓。由此触发的“暴跌—强平—更大规模暴跌—更大规模强平”的恶性循环，导致股市指数不断下跌。

第二，大量基金赎回造成流动性短缺，使得基金不得不通过出售股票的方式来获得流动性，是导致本轮股市大跌的原因之一。股价下跌之后，各类股票基金与指数基金不得不应对基民大规模赎回的压力。由于本身并不持有太多流动性，基金只能通过出售自身持有股票的方式来应对基民赎回，而这种行为无疑会加剧股票价格下跌，从而引发更多的基金赎回现象，这又形成了另一个恶性循环。此外，由于股票质押的标的物市值缩水，导致被迫停牌的股票越来越多，这导致各类基金的流动性受到严重影响，从而进一步推动了抛售潮。

第三，股指期货市场的大规模做空是导致本轮股市大跌的另一重要原因。中国的股指期货市场刚刚建立不久，过去交投并不活跃，交易量比较有限，这就给做空者提供了便利，他们可以通过大规模做空压低期货价格，进而通过期货市场倒逼现货市场的机制来压低现货价格。更为重要的是，目前股票现货交易是 T+1 机制，而股指期货交易是 T+0 机制，且股指期货交易的每日交易时长要长于股票现货交易，这又给做空者通过期货市场来影响现货市场提供了绝佳的机会。此外，在本轮牛市中，大量公募基金扎堆创业板，集中持仓现象非常明显。但这些基金面临赎回压力时，短期内却无法出货，因此被迫选择中证 500 指数进行对冲，使得中证 500 期货成为泄洪通道。

第四，盈利者获利回吐也是导致本轮股市下跌的一大原因。过去半年内股市涨得太快，使得机构投资者与部分散户获取了不菲收益。这些投资者对后市走势缺乏信心，非常重视市场的风吹草动。一旦股市开始持续下跌，他们就会快速出售股票，锁定利润。大规模获利回吐在市场下行的过程中加大了卖出的力度，从而造成股市大幅下跌。

第五，本轮股市下行主要是国内投资者操作所致，外国投资者在其中扮演的角色非常有限。当前中国政府尚未完全开放资本账户，外国投资者能够投资中国股市的规模相当有限，只能通过 QFII、RQFII 与“沪港通”等渠道进行。从当前上述渠道的有关数据来看，外国投资者并未在股市下行时大规模卖出股票，相反，部分外国投资者甚至在下行过程中增持股票。此外，从资本流动数据来看，也没有看到外资大规模撤出的现象。

本轮股市暴跌冲击几何

首先，我们并不认为迄今为止的股市暴跌会引发金融系统性风险。中国目前的金融体系仍是以间接融资占主体，只要银行体系没有在股市暴跌过程中遭受巨大损失，就不会爆发系统性金融风险。从银行体系的现状来看：第一，目前整个商业银行体系对股市的风险暴露相对有限，主要是通过股权质押与理财产品配资的渠道参与股市，两者加起来的规模不到 2 万亿人民币，且杠杆率通常为 1 比 1；第二，无论是股权质押还是通过理财产品配资，银行都设有较高的安全边际，30%的股价下跌尚未击穿安全边际；第三，与中小银行相比，中国的系统重要性银行对股市的风险暴露相对更小。

其次，本轮股市暴跌对宏观经济确有一些负面冲击，但冲击总体有限。从消费渠道来看，股价大幅下跌可能造成居民财富水平下降，通过负向的财富效应影响消费。从投资渠道来看，股价大幅下跌可能造成企业通过股市或股权质押进行融资的渠道收窄、成本上升，从而影响固定资产投资增速。但根据我们的估计，本轮股市暴跌对 GDP 增速的影响很难超过 0.5 个百分点。中国经济目前的确面临增长疲弱的困境，但这一困境难以归咎于股市暴跌。

再次，本轮股市暴跌引发的社会动荡风险也比较可控。中国股市投资者有 80%的散户，如果散户在股市中大幅亏损，可能引发一些社会群体事件。然而，一来考虑到中国股市在过去一年内总体上仍在上升，目前亏损的股民主要是后期进入的股民或者通过民间配资加杠杆的股民，股民整体上亏损幅度仍比较可控；二来考虑到中国股市已经运行了二十多年时间，股民整体上形成了“愿赌服输”的心态；三来目前的救市行为已经将股指稳定在 3500 点以上，因此迄今为止的股市暴跌引发大规模社会动荡的概率非常低。

政府应该从中吸取的教训

本轮股市暴涨暴跌提供了一次“压力测试”，测试了中国金融体系的稳定性以及监管机构的反应能力。通过这次股市震荡，证明政府对经济全局的把控能力不容低估，但在具体的政策上仍然存在进退失据、犹豫寡断的问题。

首先，政府需要增加对市场的敬畏感，不要再给中国股市蒙上“政策市”的阴影。在股市上涨的过程中，政府非但没有向广大股民昭示投资风险，反而通过一些渠道（例如《人民日报》等官方媒体）表态支持股市上涨，这给市场造成了一种错觉，认为是政府在有意推动股市上涨。泡沫是不受政府控制的。企图以制造新的泡沫来消化上一轮泡沫的做法只会饮鸩止渴。政府只能做资本市场的裁判员，不能把资本市场作为短期宏观调控的手段，既不能轻易入市，更不能人为造市。只有推动痛苦的结构性改革才能使得中国经济重新回到持续较快增长的轨道上来，舍此之外别无他途。

其次，这次股市震荡充分暴露了“一行三会”之间存在协调混乱与监管真空的问题。在股市暴跌初期，“一行三会”等政府机构各行其是，甚至坐等其他机构救市，没有形成协同效应。例如，在央行宣布了降息与定向降准政策之后，证监会立即公告了新股发行计划，这加剧了投资者对政府救市态度的不信任感。在国内金融业混业经营趋势日益明显的背景下，分业监管框架面临严峻挑战。未来中国政府应考虑重新整合分业监管框架，或者再度合并“一行三会”，或者在更高层面上成立金融稳定委员会来协调分割的监管格局、努力达成监管者的集体行动。

再次，这次股市震荡再次提醒政府，应加强金融监管的前瞻性，并完善危机应对机制。

政府要加快建立健全宏观审慎监管政策。金融监管要具有前瞻性，要在资产价格泡沫形成阶段入手进行监管。在股市价格快速上升时期，就应该通过宏观审慎监管政策（例如限制杠杆倍数、清查民间配资等）来抑制资产价格上涨。那种不抑制上涨、只是在下跌过程中救市的不对称性做法，将会酿成巨大的道德风险。假设出现最坏的情况，股市下跌有可能引发系统性金融危机，则当尽快启动应急机制，当机立断。在国际金融历史上，政府应对股灾的历史经验表明：一是政府救市立场的强弱至关重要；二是无限的流动性支持是防止危机扩散的核心保障；三是保持资产价格稳定是切断链式反映的关键；四是紧急时期的救市与市场化原则并不相悖；五是政策配合协调与统一救市框架能够确保救市的效果。

最后，未来的资本账户开放应该格外慎重。在经验丰富的外国投资者参与之前，国内股市就爆发了如此剧烈的暴涨暴跌，我们很难想象，当资本账户洞开、国际投机资本可以来去自由之后，我们能够在与全球投资者的角力中胜出。资本账户管制是中国防范系统性金融风险的最后一道防火墙，在国内相应制度建设与监管能力达到一定水平之前，盲目地开放资本账户就是对更大的金融危机的欢迎仪式。

企业去杠杆与中国股市涨跌[①]

2014 年下半年至 2015 年 6 月上旬，中国股市快速上涨；2015 年 6 月 12 日至 7 月初，中国股市暴跌。中国政府被迫出手救市，目前股市已经趋于稳定，但未来走向仍面临较大的不确定性。目前已经有很多文章从不同角度分析了股市暴涨暴跌的原因，而本文试图从部门杠杆率的变动来分析股市的本轮波动。

目前中国经济正在经历重要的结构调整，这一调整时期被称为“新常态”。但有趣的是，新常态并非经济学意义上的稳态，而是处于经济增速的趋势性下行以及中国经济增长结构的变迁过程中。潜在经济增速的下行与经济增长结构的变化往往会导致金融风险的上升。而从一国总杠杆率与部门杠杆率的变动则可以一窥金融风险的程度与分布。

目前中国的国民总杠杆率（国民总负债占 GDP 的比率）并不算高，约在 220%~230%之间，与日本、英国高达 500%的总杠杆率相比依然较低。然而，中国的问题在于杠杆在部门之间的分布并不均衡，其中企

① 本文发表于《彭博商业周刊》，2015 年 7 月 14 日。

业部门杠杆率（企业总负债占 GDP 的比率）高达 120%~130%、政府部门杠杆率约为 70%~80%、家庭部门杠杆率约为 20%~30%。中国的政府与家庭杠杆率与主要大国相比处于相对较低水平，但企业部门杠杆率在全球主要大国中名列前茅。

中国企业部门的高杠杆，对应的恰好是中国制造业的庞大产能与房地产行业的庞大库存。事实上，中国经济增长具有典型的投资驱动的特征，固定资产投资占到 GDP 的 50%左右，而固定资产投资的融资来源主要是银行贷款（近年来企业债所占比重明显上升）。在本轮全球金融危机爆发前，由于内需与外需均很强劲，企业部门通过高投资形成的高产能得到了相对充分的利用，从而带来了不菲的利润，高杠杆并未造成大的问题。然而，随着内外需在全球金融危机后持续走弱，导致过剩产能成为中国企业部门的顽疾，这就使得高杠杆的弊端开始凸显。

从国际金融史来看，一国金融风险累计时期通常伴随着总杠杆率的上行（首先通常是家庭或企业杠杆率的上升），而在危机爆发后，该国的总杠杆率通常会掉头向下，而去杠杆的过程通常会伴随着银行业危机或主权债务危机的爆发。隐藏在上述现象背后的草蛇灰线，其实就是杠杆率的变动。通常而言，金融危机的爆发会导致私人部门（家庭与企业）去杠杆，而家庭与企业的去杠杆通常意味着信贷违约的集中爆发，这会导致银行部门坏账上升。换言之，是用银行部门的加杠杆来对冲家庭与企业部门的去杠杆。然而，银行部门杠杆率的上升可能导致银行危机的爆发。为避免危机爆发，一国政府通常要用显性或隐性的方式对银行进行救助，而这自然会导致政府债务的增加。换言之，是用政府部门的加杠杆来对冲银行部门的去杠杆。综上所述，在缓解危机冲击的过程中，一国总会通过政府部门的加杠杆来应对私人部门的去杠杆。本轮全球金融危机之后，美国、英国、欧元区国家的政府负债率均显著上升，就是政府加杠杆的明证。

这一部门之间杠杆率轮转的规律，同样适合于中国。如前所述，在内外需持续低迷的背景下，中国企业部门去杠杆是必然的趋势。由于企业融资主要依靠银行体系，那么企业去杠杆必然会导致银行坏账率显著上升。尽管目前中国商业银行资产负债表内的坏账率依然较低，但影子银行体系的违约事件已经逐渐此起彼伏。如果中国政府没有进行应对，那么未来几年中国银行体系出现新一轮不良贷款浪潮将是一个大概率事件。

根据常理，为了避免银行危机的爆发，中国政府就必须通过自身加杠杆的方式来应对企业部门的去杠杆。例如通过新一轮注资充实银行资本金以增强后者抵御不良资产率上升的能力，发行特别国债为不良资产管理公司充实资金以应对新一轮坏账处理浪潮，或者直接对企业减税等。然而，出于以下两个原因，中国政府不太愿意提升自己的杠杆：一是自2008年以来，在一轮气势磅礴的基建浪潮下，地方政府债务已经快速攀升，目前地方政府已经处于偿债较为困难的形势；二是考虑到人口老龄化、化解地方债务危机以及其他潜在支出的考虑，中央财政也不愿意显著放松。

既要帮助企业部门去杠杆，中国政府又不愿意出钱，那“游戏”怎么来玩呢？把股票市场做出来，就成为一个合意选择。首先，如果股市能够恢复正常融资功能，那么企业就可以用股权融资来替代债权融资，从而逐渐降低杠杆率；其次，一旦股市转变为牛市，那么中小企业扎堆的创业板与中小板就会趋于活跃，这不仅能够缓解中小企业融资难融资贵的问题，而且有助于鼓励大众创新万众创业的愿景；再次，股市持续上升还有助于改善中国实体企业的业绩（通过股权投资而非主营业务），这样将会降低银行未来坏账率的上升。如此看来，股市走牛就成为一个对企业、银行与政府均有利的选择。

如果更深入地分析杠杆率的变动，我们不难发现，股市走牛的背后，其实是在通过居民部门的加杠杆来帮助企业部门去杠杆。尤其是在本轮股市的上升过程中，散户投资者前所未有地大量使用了杠杆，其中包括杠杆率为 1 比 1 的融资融券、杠杆率为 1 比 2 至 3 的伞形信托，以及杠杆率为 1 比 4 至 5 甚至高达 1 比 10 的场外配资，据估计，本轮牛市中杠杆资金的总体规模达到 4 万亿~5 万亿人民币。家庭部门通过举债购入股票、企业通过 IPO 与定向增发获得资金、企业高管与股东通过大幅减持赚得盆满钵满，其核心正是通过家庭加杠杆帮助企业去杠杆。

然而，本轮股市暴跌生动地说明，居民加杠杆来对冲企业去杠杆的做法是相当危险的。一方面，中国散户的股票投资在加杠杆后面临的风险显著增加，股价下跌 10%~30%就可能使得账户被强平、本金全部亏损；另一方面，尽管目前中国家庭部门杠杆率并不高，且本轮股市先涨后跌且跌幅远低于涨幅，但本轮股市暴涨暴跌造成的家庭内部的收入分配效应不容低估。例如，有报道表明，中国城市相对年轻（因此缺乏炒股经验）的中产阶层家庭，在本轮股市下跌中遭受了较大损失。

股市暴跌后政府出手，无论是通过汇金与社保基金购入股票，还是通过证金公司贷款给券商购买股票，本质上都是通过政府加杠杆来应对居民部门去杠杆。我们假设一下，如果股市在本轮暴涨暴跌后再度沉沦，那么未来，政府还能找到谁来对冲企业部门去杠杆呢？外国投资者恐怕不会这么傻的。想来想去，政府最终通过自身加杠杆的方式来应对企业去杠杆，将是大势所趋。

值得注意的是，政府加杠杆并非故事的结束。最终政府部门也会想方设法降低杠杆率，这才是整个去杠杆过程的终结。那么，政府通常会如何去杠杆呢？从国际经验来看，一国政府通常不会通过违约的方式去杠杆，因为没有必要。政府通常也不会通过显著的财政紧缩政策（例如加税与削减支出）来去杠杆，因为阻力很大。成本最低的去杠杆方式，是通过央行印钞、通胀上升来降低政府实际负债利率。如果中国的杠杆率故事按照上述逻辑继续演进的话，那么首先是企业去杠杆导致银行坏账上升；其次是政府救助银行导致政府债务上升；再次是政府通过通胀降低自身债务水平。

那么，如果未来通胀率上升，作为债权人的中国家庭将会面临新的冲击。作为应对这一风险的自然选择，适度增持海外资产（尤其是美元资产）变得非常必要。而2015年下半年即将推出的QDII2将为此大开方便之门。不难预见，未来中国家庭的组合投资持续外流，将成为一个大概率事件。而这是否会引发新的风险呢？我们拭目以待。

下　篇

中国金融系统性风险及其化解手段

中国私人部门的系统性风险：高杠杆与房地产[①]

很多年以来，外国投资者一直在质疑中国经济增长的可持续性，国内也不乏类似的怀疑论者。迄今为止，他们都错了。中国经济不但没有崩盘，反而不断给出了亮丽的成绩单。然而，过去的成功未必预示着未来能继续获得成功。中国经济能否继续打破怀疑论者的预期，再次实现10 年、20 年的持续较快增长，实则面临较大的不确定性。

鉴于中国政府对宏观经济的强大掌控能力，以及在实施扩张性财政货币政策方面的巨大空间，再加上接近 4 万亿美元的外汇储备，造成中国政府有能力避免小型局部危机的爆发。因此，中国未来面临的一种尴尬或许是，要么不爆发危机，要么就爆发一次大规模的系统性危机。这种尾端风险爆发的可能性，越来越不能令人忽视。

笔者计划分三篇来分别剖析中国的私人部门、公共部门与对外部门可能蕴藏的系统性分析，之后再剖析三部门风险之间可能发生的传导与

---

① 中国金融系统性风险评论之一，发表于《东方早报之上海经济评论》，2013 年 11 月 19 日。

联动。本文将重点分析中国私人部门（包括国有企业、国有银行与地方融资平台）面临的系统性风险。笔者认为，这方面至少有两大风险不能忽视，即高杠杆与房地产。

杠杆率也即是负债率。当前中国国民总负债占 GDP 的比率大约为200%，这在全球主要大国中位居中游，杠杆率并不算高。然而如果分部门来看，则中国家庭与政府部门的杠杆率显著低于全球平均水平，这就意味着中国企业部门的杠杆率显著高于全球平均水平。根据不同机构的估算，目前中国企业负债占 GDP 比率在 120%~150%左右，在全球主要大国中位居第一。

企业总负债对应着企业高投资。在外需强劲、本国经济潜在增长率较高的背景下，高负债推动的高投资不是问题，反而可能给企业带来可观的利润。然而一旦外需萎缩、本国经济潜在增长率走低，那么高投资的结果就可能造成庞大的过剩产能，而高负债的结果将会造成商业银行不良贷款攀升。

这恰好是中国在本轮全球金融危机爆发后面临的问题。首先，受金融危机影响，发达国家经济增长低迷，而新兴市场国家的经济增长也未能与发达国家充分脱钩，中国出口面临的外需不容乐观；其次，受国内要素价格市场化、人口红利与后发优势的衰减等因素影响，中国经济潜在增速已经由过去的 10%左右下降至当前的 7%上下。

在外需萎缩与内需不振的背景下，过去持续高投资形成的庞大产能不能通过国内消费与对外出口这两个渠道充分消化，这无疑会导致大规模的产能过剩。在制造业，产能过剩不仅出现在钢铁、水泥、电解铝、玻璃、PVC 等传统行业，甚至出现在光伏、风电、造船等新兴行业。在基础设施领域，产能过剩体现在，2008 年以来 4 万亿浪潮中上马的很多高速公路与机场，特别是位于中西部地区的新建基础设施项目，目前使用率严重不足，要收回投资成本可谓遥遥无期。

一旦以各种形式存在的产能过剩问题不能得到解决，那么为企业高投资提供融资的商业银行就不得不面临不良贷款率迅速上升的局面。这一现象可能首先爆发于商业银行表外的影子银行体系，之后再转回商业银行的资产负债表上。

其实，即使不考虑产能过剩问题，未来几年内中国商业银行的资产负债表本身就很难消停。这是由于，中国商业银行的资产负债表，在很大程度上与房地产完全捆绑在一起。

假定中国商业银行的总贷款是100元。其中20元直接给了房地产行业，包括开发商贷款与住房抵押贷款，这些贷款背后的抵押品自然是土地与房产。另外20元给了地方融资平台。地球人都知道，地方融资平台的资本金是地方政府通过土地形式出资的（而且经常存在出资不实的状况），地方融资平台申请银行贷款的抵押品也是土地，就连地方政府对地方融资平台提供的隐含担保，其最终支撑也是地方政府未来的土地出让金收入。商业银行剩下的60元基本上贷给了企业，包括抵押贷款与信用贷款。而在企业抵押贷款中，又有很大一部分是用土地与房产作为抵押。

这样一来，仅仅粗略估算，我们就不难发现，中国商业银行的总贷款中，可能有50%~60%直接与房价、地价密切相关。尽管对居民住房抵押贷款而言，银行有着较高的安全边际（首套房首付比率20%~30%），但对其他相关贷款而言，安全边际远没有住房抵押贷款那么高。

让我们来做一个思想实验。如果不考虑安全边际，假定中国商业银行60%的贷款直接与房价、地价密切相关。那么，如果一个外生性或内生性冲击导致全国平均地价与房价下跌15%，那么中国商业银行将会出现相对于总资产9%的损失，这意味着商业银行的自有资本金将消耗殆尽。

这恐怕是中国的屡次房地产调控最终无疾而终的重要原因。地方政府害怕土地出让金萎缩，固然会反对房地产调控。中央政府一来担心房地产投资下滑拉低经济增长，二来担心房价地价下滑冲击商业银行资产负债表，因此，宏观调控的目标从来都不是压低房价，而是让房价的增速与人均收入的增速相匹配。

当前，中国政府面临一个三难选择，既要保经济增长，又要控制地方债务，还要调控房价。笔者当时的判断是，要解决这个三难问题，必须牺牲掉一个目标。保增长是首要的，这意味着中国政府必须在地方融资平台与房地产两个方面选择一保一压。而最可能的选择是压地方融资平台，保房地产。

最终的结果印证了笔者的判断。事实上，最近一段时间以来，中国政府关于房地产宏观调控的声音越来越弱，而对地方融资平台依然保持了较强的控制。为什么事实发展会如笔者所愿呢？道理很简单。放房地产，既有助于稳定经济增长，又能增强银行资产负债表，同时还能增强地方融资平台的实力。你好，我好，大家好。苦的仅仅是有着刚性需求的购房者。

当然，这是一个越来越危险的游戏。

同业借贷已成为金融系统性风险的主要结点[①]

最近，笔者所在的中国社科院世经政所国际金融中心完成了一个重大调研项目“中国影子银行研究”。在项目结项会上，与会专家一致认为，银行同业借贷已经取代银行理财产品，成为中国金融体系系统性风险的主要结点。而最近传闻即将出台的银监会9号文，已经将银行间拆借市场与债券市场搅和得“风乍起，吹皱一江春水”。因此，本文将结合我做课题的感受，谈谈中国影子银行体系的兴起与变迁。

中国影子银行体系的兴起，归根结底取决于商业银行强大的监管套利动机，而源头则来自中国政府宏观经济与监管政策的嬗变。中国影子银行体系的蓬勃发展始于2010年，其背景则是为了抵御美国次贷危机对中国经济的冲击，中国政府出台了轰轰烈烈的4万亿财政刺激方案，并辅之以连续两年（2009年与2010年）超过9万亿的人民币信贷。事后来看，中国政府对金融危机的反应过头了。尽管中国经济很快触底反

---

① 中国金融系统性风险评论之二，发表于《东方早报之上海经济评论》，2013年12月17日。

弹，但也相继出现了产能过剩、房价泡沫与通胀压力。

因此，从2010年下半年起，中国政府开始收紧宏观政策与金融监管。具体到商业银行而言，对信贷额度、贷存比、风险拨备与准备金的要求重新变得严格。这就让商业银行处于两难境地。不收缩贷款吧，将会面临银监会的严厉处罚，行领导的仕途也将受到影响，收缩贷款吧，由于2009—2010年的贷款大多数流向中长期建设项目（尤其是基础设施与房地产），这些项目需要持续的信贷支持，否则将会沦为烂尾工程，这意味着收缩贷款将使得银行账面出现大量坏账，同样会遭遇来自监管机构的压力。

咋办呢？市场的智慧是无穷的。由于监管机构对商业银行的管制主要基于资产负债表，那么只要把信贷资产从表内转移至表外，就可以不再受相关法规约束。最早的监管套利方式是银信合作，即银行将自己发放贷款的债权转移给信托公司，让信托公司代为持有。这样就降低了银行的风险资产规模，使得银行的资产负债表变得更为稳健。因此，银信合作的规模快速攀升，早在2010年下半年就接近2万亿人民币。这一快速膨胀的新生事物很快引起监管机构警惕，银监会要求商业银行必须把银信合作的贷款规模回表，造成银信合作对商业银行的吸引力下降。

道高一尺，魔高一丈。商业银行很快就通过开发银行理财产品来加以应对。所谓银行理财产品，是指银行通过发行收益率富有吸引力的理财产品，吸引银行客户购买，将募集的资金投资于更高回报的资产。如果客户购买的是非保本型理财产品，则相关资金会由银行资产负债表内流向表外，这些钱再次离开了监管者的视力范围。钱去了哪儿呢？这些钱的很大部分，或者流向了信托公司的受益权，而信托公司收益权的基础资产，仍是银行授意信托公司提供的贷款；或者流向了城投债，而城投债是银行过去的大客户地方融资平台发行的债券。这意味着，商业银行通过发行理财产品，再次突破了银监会管制，继续为地方融资平台与房地产企业源源不断地提供信贷。

银行理财产品在2011年与2012年间出现爆发式增长，其管理资产规模由2009年年底的1万亿人民币上升至2012年底的7万亿人民币，2013年6月底进一步攀升至9万亿人民币。这一态势再度引发监管机构警惕。2013年3月，银监会出台8号文，重点是对理财产品持有的非标准化债权资产（简称非标资产）进行管理，要求商业银行理财资金投资的非标资产余额不能超过理财产品余额的35%或者总资产的4%。8号文的出台虽然没有限制理财资金投资城投债，但显著限制了银行用理财资金购买信托受益权，银信合作再度面临冲击。

市场再度进行反击。一方面，诸如银证合作、银基合作、银保合作等新形势层出不穷。这些合作与银信合作的逻辑基本上相似，信托公司、证券公司、基金公司、保险公司仅提供通道服务，赚取手续费，而风险最终仍由商业银行承担。值得注意的是银证合作发展的速度极其迅猛，2011年年底中国银证合作通道业务的规模为2000亿元，2012年年底已飙升至1.9万亿元。

另一方面，2013年以来，同业借贷业务已经成为商业银行的新兴主流监管套利模式。同业借贷原本是商业银行之间通过彼此的短期拆借来弥补流动性需求的常规式操作，但在当前已经沦为一种新的套利工具。我们以信托受益权的购入反售为例。在过去，商业银行通过银信合作持有的信托受益权，被视为非标资产，将受到8号文的监管。然而，在新的操作模式下，原本是银行甲持有信托公司A的信托受益权，现在银行甲可以将信托受益权转让给银行乙，同时承诺半年后购回。这一购入反售操作，就使得银行甲原本持有的非标资产，转变为银行持有的同业资产。一旦风险资产转为同业资产，则银行甲需要计提的风险拨备与占用的资本金都会显著下降，这扩大了银行甲的放贷能力。与此同时，购入反售还虚增了银行甲的存款规模，帮助后者规避了贷存比管制。有人问，银行乙怎么办呢？道理很简单，银行乙把自己持有的票据或信托受益权卖给银行甲即可。

最近两年时间以来，银行同业业务逆风狂飙。16 家上市银行的同业资产由 2010 年年底的 5 万亿人民币蹿升至 2012 年年底的 11 万亿人民币，目前已经达到 18 万亿人民币。同业资产占银行业总资产的比重，则由 2010 年的 8%上升至 2012 年的 12%，其中有些股份制银行已经超过 25%。这些同业业务中，隐藏着大量的高风险资产，已经成为系统性风险的潜在引爆点。

最近市场传闻的 9 号文，据说将会对银行同业资产进行严厉监管，例如将会禁止两家银行之间直接互盘信贷业务，将信贷业务伪装为同业资产的做法。9 号文预计将在 2014 年 2 月实施，这究竟会对市场产生何种影响，目前还不得而知。

然而，9 号文出台之后，商业银行的监管套利行为就会停止了吗？市场与监管的博弈，会不会像迄今为止的中国影子银行发展史所展示的那样，按下葫芦浮起瓢？

未来十年中国主权债危局[1]

9年前，我与两位师友完成了一个世界银行委托的主权债重组课题，当时该课题是为阿根廷主权债务危机而作。2013年，我们终于将该课题成果付梓出版（钟伟、郑英、张明:《国家破产：主权债重组机制研究》，上海财经大学出版社，2013年3月版）。没想到的是，书中的大部分内容居然毫不过时，因为主权债务危机再度在欧元区爆发。事实上，笔者始终认为，欧元区国家要彻底走出主权债危机，大规模的债务重组是必要之路。拖得越晚，最终的调整越痛苦。更进一步来看，中国政府的债务风险自美国次贷危机爆发以来，也处于显著上升的过程中。未来十年，中国中央政府的杠杆率很可能迅速抬升，如果应对不当，爆发某种形式的主权债危机也未可知。

长期以来，中国中央政府债务占GDP比率一直维持在20%左右，远低于国际公认的60%警戒线。《预算法》规定地方政府不能直接举债，

---

① 中国金融系统性风险评论之三，发表于《东方早报之上海经济评论》，2014年1月21日。

因此地方政府债务也局限于养老金缺口、对地方国有企业的隐含担保等或有债务。在次贷危机爆发前，中国政府总债务占 GDP 的比率应该在 30%~40%左右，债务负担与其他新兴市场国家相比相对较轻。

次贷危机的爆发改变了这一切。为应对次贷危机对中国经济造成的负面冲击，中国政府出台了 4 万亿的财政刺激方案。但中央财政只出 1.18 万亿，剩下部分由地方财政来出。在分税制框架下，地方政府的预算收入与支出本身就不能匹配，必须靠中央转移支付与土地出让金才能最终平衡。因此，为了拿出足够的资金以融通庞大的基础设施投资，地方政府开始大规模使用地方融资平台作为自身融资中介。地方政府以土地、基础设施、地方国企股权等资产作为资本金注入融资平台，再由融资平台向商业银行申请贷款，最终将募集资金用作基础设施投资。为配合中国政府的 4 万亿财政刺激方案，银监会与央行也放松了信贷的闸门，导致 2009 年与 2010 年的人民币贷款增量都超过了 9 万亿。

扩张性的财政货币政策使得中国经济很快触底反弹，在次贷危机后出现了一枝独秀式的增长，但同时也造成了产能过剩、资产价格泡沫与地方债务剧增等一系列副作用。根据审计署在 2011 年的第一次普查，截至 2010 年年底，地方政府债务达到 10.7 万亿元，占到当年 GDP 的 27%。而根据审计署在近期公布的第二次普查结果，截至 2013 年 6 月，地方政府债务已经飙升至 17.9 万亿元，占到 GDP 的 33%。其中地方融资平台的相关债务已经超过 10 万亿元。

地方政府债务高企本身并不是问题，问题在于，地方政府未来是否有能力为这些债务还本付息。中国的独特问题在于，地方政府、融资平台与商业银行三者之间形成了错综复杂的关联，而这一关联能否持续，关键取决于房地产市场是繁荣还是衰退。

一方面，无论是融资平台的资本金还是抵押品，基本上都是地方政府划拨的土地；另一方面，地方政府对融资平台提供的隐性担保，很大程度上又是以未来的土地出让金收入作为支撑的。目前，与房价、地价密切相关的贷款，大约已经占到中国商业银行贷款总额的一半以上，这其中既包括开发商贷款与住房抵押贷款，也包括对地方融资平台的贷款以及以土地或房产为抵押的其他企业贷款。换句话说，如果中国房地产市场繁荣、房价一路上涨，则地方融资平台能够轻松地还本付息、地方政府的财政收入充裕、商业银行的资产负债表非常健康，而如果中国房地产市场开始向下调整，则地方融资平台、地方政府与商业银行的风险会同时爆发。

一旦地方融资平台、地方政府与商业银行陷入危机，中央政府绝不会坐视旁观。而中央政府救援的结果，无非是通过各种方式（例如向银行系统注入资本金、成立新的资产管理公司帮助银行剥离不良资产，甚至帮助地方政府还款等）将地方政府债务与商业银行不良资产，转变为政府的当期财政赤字与累积政府债务。政府应对危机的结果，无非是用公共部门的加杠杆来应对私人部门的去杠杆，古今中外皆然。

因此，中国能否避免地方债务危机的爆发，归根结底取决于中央政府的财力是否能堪重负。如果说在次贷危机爆发前，30%~40%的政府整体债务水平，使得中国政府有很大债务腾挪空间，那么，截至2013年6月底，根据审计署最新普查的数据，中国政府整体债务占GDP的比率已经攀升至56%，这就意味着政府的腾挪空间已经显著收窄了。

问题在于，56%这一数字，未必是中国政府总体债务水平的真实反映。一方面，这一次债务普查尽管覆盖了中央、省、市、县、乡五级政府的债务，但并没有包括诸如政策性银行金融债、社保账户资金缺口之类的或有债务；另一方面，根据各种坊间传闻，不少地方政府这次申报的债务水平依然显著低于真实债务水平。根据一些国内外投行的估计，当前中国政府的真实债务占GDP水平或在70%~80%左右。

更严重的问题是，未来一段时间内，商业银行的不良贷款剧增，可能不仅限于地方融资平台贷款，前者对开发商与其他企业的贷款也可能难以收回本息。正如笔者在本系列第一篇文章“私人部门的两大风险”中所指出的，随着国内外需求的持续低迷，中国在制造业与基础设施领域均会出现显著的产能过剩，而相关企业去杠杆化的结果，就是银行坏账的大幅上升。最终，银行坏账会再度转换为中央政府债务。

另一个值得关注的问题，则是居民收入倍增计划也会加剧中央财政的压力。笔者认为，在收入分配方面，真正需要的结构调整，是国民收入分配从政府与国企部门向居民部门的倾斜，即收入再分配。而如果中国政府的相关思路，是在不影响政府与国企利益的前提下提高居民部门收入的话，那么只有两条路可走，一是政府举债，二是通货膨胀。从国际经验来看，政府先通过举债来增加居民福利，再通过通胀来撇清债务的可能性更大。

如果上述情形在未来同时发生，则未来五至十年内，中国政府的真实债务水平，可能上升至90%~100%。随着国内经济潜在增长率的下降，以及利率市场化可能导致利率水平上升，一旦经济增速低于利率水平，那么中国政府债务的可持续性就会面临挑战。未来十年内中国面临爆发主权债危机的风险，这并非危言耸听。关键在于如何未雨绸缪、及时应对。

中国会出现经常账户逆差吗①

自1994年以来，中国已经连续20年面临经常账户顺差。中国的经常账户顺差在2008年达到4206亿美元的峰值，占当年GDP的比率超过10%。2011—2013年，中国经常账户顺差的绝对值已经连续3年低于2000亿美元，经常账户顺差占GDP比率在这3年内也持续低于3%。根据一国经常账户余额占GDP比率超过3%~4%就被认为存在经常账户失衡的标准来看，中国的经常账户已经由失衡趋向均衡。但笔者的问题是，未来中国会出现经常账户逆差吗？

出口导向经济体的经常账户会出现逆差？这并非耸人听闻。2013年至今，美联储退出量宽的预期与行为对新兴市场国家造成了显著负面冲击，而那些受到冲击最大的新兴经济体，例如印度、印尼、巴西、南非、土耳其、阿根廷等，均面临短期的或持续的经常账户逆差。正是由于出现了经常账户逆差，这些国家才不得不更加依靠短期资本流入来平

① 中国金融系统性风险评论之四，发表于《东方早报之上海经济评论》，2014年3月18日。

衡国际收支，从而最终加剧了短期资本流入逆转对上述国家金融市场与本币汇率的冲击。

出口导向经济体究竟是如何出现经常账户逆差的？这就需要对经常账户进行更细致的分类分析。让我们以巴西为例。作为一个出口导向的大型经济体，巴西自从2007年第四季度起就出现了持续至今的经常账户逆差。但有意思的是，巴西的货物进出口却一直是顺差（除2013年第一季度出现短暂的逆差外）。因此，造成巴西出现持续经常账户逆差的原因，一是巴西持续面临服务贸易逆差，二是巴西的海外投资净收益持续为负。2007年第四季度至2013年第三季度，巴西的货物贸易余额、服务贸易余额、海外投资净收益以及经常转移余额的均值分别为53亿美元、-77亿美元、-96亿美元以及8亿美元，因此出现持续的经常账户逆差就不足为奇了。

事实上，尽管中国持续面临经常账户顺差，但中国经常账户的结构，与巴西存在很大的相似性，也即面临持续的货物贸易顺差与经常转移顺差，以及服务贸易逆差与负海外投资收益。例如，2007年第四季度至2013年第三季度，中国的货物贸易余额、服务贸易余额、海外投资净收益以及经常转移余额的均值分别为736亿美元、-135亿美元、-51亿美元与62亿美元。中国之所以没有步巴西后尘出现经常账户赤字，仅仅是因为前者的货物贸易顺差远远超过服务贸易逆差与海外投资负收益。

中国与巴西同属新兴市场国家，服务业的国际竞争力相对较差，出现持续的服务贸易逆差不足为奇。但巴西的服务贸易逆差的相对规模远远超过中国，主要原因是巴西服务业的开放程度远远超过中国。可以预期，随着中国政府逐渐开放服务业（无论是近期的上海自贸区实践还是未来的中美BIT、中欧BIT，以及RCEP甚至TPP），至少在一定时期内，中国的服务贸易逆差将会明显扩大。

但是，中国出现与巴西类似的负海外投资收益，就令人疑惑了。原因在于，巴西是一个国际净债务国，而中国是一个国际净债权国。例如，截至 2013 年第三季度，巴西的海外总资产为 7495 亿美元，海外总负债为 15401 亿美元，因此巴西的海外净债务为 7906 亿美元。同期内，中国的海外总资产为 5. 65 万亿美元，海外总负债为 3. 85 万亿美元，因此中国的海外净债权高达 1. 80 万亿美元。

既然中国是一个海外净债权人，但为何中国还在持续向外国投资者支付利息（海外投资净收益持续为负）呢？问题出在中国海外资产与负债的结构上，截至 2013 年第三季度，在中国的海外总资产中，储备资产占比高达 66%，而对外直接投资占比仅为 10%，而在中国的海外总负债中，外商直接投资占比高达 60%。考虑到直接投资的收益率远高于外汇储备的收益率，这就不难理解中国为何会持续面临海外投资负收益了。

笔者认为，随着中国经济的转型以及加快对外开放，在一定时期内，中国经常账户的结构可能发生如下一系列变化，从而可能造成中国在未来出现经常账户赤字：第一，随着人民币有效汇率的持续升值、国内劳动力成本的快速上升以及其他要素价格的市场化，货物贸易顺差的增速将会进一步下降，特别是其占 GDP 的比重可能会持续下降；第二，随着中国加快开放服务业，由于中国服务业整体竞争力显著低于美欧日发达国家，造成服务贸易逆差可能快速上升；第三，随着中国资本账户与金融市场的加快开放，中国投资者会加大对海外的直接投资与证券投资，而外国投资者也会加大对中国的各类投资，考虑到中国投资者的海外投资经验显著落后于外国投资者，不排除短期内中国的海外投资负收益进一步扩大的可能性。

综上所述，如果未来中国货物贸易顺差增长缓慢，而服务贸易逆差与海外投资负收益显著扩大，那么中国面临经常账户赤字的概率将会显著上升。而一旦中国开始面临经常账户赤字，这就意味着人民币汇率将会由低估转为高估，中国对短期资本流入的依赖性将会上升，而短期资本流动大进大出对中国宏观经济与金融市场的破坏性也会相应上升。

如果说中国经常账户演进前景的一个负面情景是巴西的话，那么正面情景应该是谁呢？答案可能是日本。截止 2013 年第三季度，日本的海外总资产为 7.42 万亿美元，海外总负债为 4.29 万亿美元，海外净资产高达 3.13 万亿美元。在海外总资产中，对外直接投资、证券投资与储备资产的占比分别为 15%、45%与 17%。在海外总负债中，外商直接投资与证券投资的占比分别为 4%与 53%。如此的海外资产负债结构，导致日本存在持续且较大规模的海外投资净收益。尽管日本自 2011 年以来出现连续的货物贸易逆差、长期以来存在服务贸易逆差，但受到持续较大的海外投资净收益的支撑，日本一直处于经常账户顺差。2007 年第四季度—2013 年第二季度，日本的货物贸易余额、服务贸易余额、海外投资净收益以及经常转移余额的均值分别为 69 亿美元、-96 亿美元、395 亿美元与-32 亿美元。由此可以看出，海外投资净收益是日本经常账户顺差的最重要来源。

中国应该如何向日本学习呢？第一，应该大力鼓励中国企业的海外直接投资，尤其是应该加大对民营企业海外直接投资的支持力度；第二，在风险可控的前提下，推动中国金融机构、企业与居民的海外证券投资；第三，加快汇率、利率市场化，降低外汇储备的积累速度；第四，进一步取消地方政府对外商直接投资的各类优惠措施，真正实现内外资企业的平等国民待遇。

风险是如何在部门之间传染的[①]

在之前的几篇文章中，我已经逐一分析了中国私人部门、公共部门与对外部门各自面临的潜在风险，得出的主要结论包括：私人部门的主要风险在于企业部门高杠杆率以及金融机构对房地产行业的风险暴露过高；公共部门的主要风险在于次贷危机后中国政府杠杆率上升速度很快以及未来中央政府可能再次为银行坏账埋单；对外部门的主要风险在于中国的国际收支双顺差将会在未来几年消失，从而使得人民币转为面临升值压力。

然而，仅仅分部门来看待中国金融的潜在风险，并不能理清中国金融系统性风险的全貌。因为系统性风险的吊诡之处在于，它不会仅仅局限在某个部门爆发，而是很可能沿着特定的路径在不同的部门之间传染。当前国际学界流行从时间与空间两个角度来分析系统性风险：时间角度的系统性风险即债务水平的累积（杠杆化）以及下降（去杠杆

---

① 中国金融系统性风险评论之五，发表于《东方早报之上海经济评论》，2014年4月1日。

化），而空间角度的系统性风险恰恰是指风险在不同部门、不同区域乃至不同国家之间的传染。

风险在私人、公共与对外三部门之间的传染路径有多种可能，既可能由私人部门传染至公共部门，也可能由公共部门传染至对外部门，还可能从对外部门传染至私人与公共部门。下面，让我用不同国家爆发金融危机的案例，逐一分析上述风险的部门传染路径。

风险由私人部门向公共部门传染的案例，可谓屡见不鲜，尤其是在本轮全球金融危机爆发之后，表现得淋漓尽致。例如，美国在2003—2006年期间出现了房地产泡沫与衍生品泡沫，并伴之以私人部门（尤其是家庭部门与金融机构）杠杆率的高企。2007—2008年的次贷危机本质上是资产价格破灭引发的私人部门金融危机。然而，为了避免金融机构大规模倒闭造成整个金融市场失灵，小布什政府推出了第一个7000亿美元的财政救助方案，来给金融机构注资、提供担保以及剥离不良资产。此后，为避免次贷危机造成美国经济陷入旷日持久的衰退，奥巴马政府又推出第二个7000亿美元的财政救助方案，来为美国家庭减税、促进基础设施投资以及刺激新兴产业发展。这两轮大规模的财政刺激方案，再辅之以美联储的零利率和量化宽松政策，最终稳定了金融市场并且提振了实体经济。然而，救助作用的副产品，是美国政府债务占GDP比率的扶摇直上，由之前的不到70%上升至目前的100%左右。换句话说，私人部门爆发金融危机后，政府对此进行救助，将会导致私人部门债务演变为公共部门债务，从而使得金融风险由私人部门传导至公共部门，也即私人部门去杠杆的结果是公共部门加杠杆。

美国的案例绝非独此一家，在这方面做得更决绝的是爱尔兰。事实上，爱尔兰最终沦为爆发主权债务危机的“欧猪五国”，实在是有些运气欠佳。因为在危机爆发前，爱尔兰无论是在经济竞争力还是在公共债务水平方面，都显著优于西班牙、葡萄牙、意大利与希腊。在次贷危机爆发前，爱尔兰正是因为经济增长率很快而被称为“凯尔特之虎”。它之所以最终爆发了主权债务危机，根源在于，爱尔兰国内也在21世纪头几年出现了房地产泡沫。美国次贷危机的爆发最终刺破了爱尔兰国内的泡沫，使得爱尔兰金融机构出现了大量坏账。在这一当口，爱尔兰政府对坏账潜在规模以及自身财政实力均作出错误估计，居然承诺为本国金融机构的资产提供全额担保，这就导致爱尔兰的财政赤字与政府债务直线飙升。最严重的一年内，爱尔兰财政赤字占GDP比重达到30%，而欧元区该指标的最高门槛值仅为3%！

风险由公共部门传染至对外部门，主要途径是一旦市场对某国公共债务的可持续性失去信心，就可能做空该国货币，导致该国货币显著贬值。相关案例包括20世纪80年代爆发主权债务危机的拉美国家，以及2000年的阿根廷。以阿根廷为例，为了遏制肆虐多年的通货膨胀，阿根廷政府在20世纪90年代转为实现本币汇率强制性钉住美元的货币局制度，一度实现了经济增长与通货稳定的目标。然而，在20世纪90年代后半期，短期资本的流入使得阿根廷政府的外债水平不断上升。东南亚金融危机的爆发严重挫伤了市场信心，敏感的投资者转而怀疑阿根廷政府的偿债能力。因此，国际投机者开始在货币市场上做空阿根廷比索。在通过多种干预未果后，阿根廷政府最终被迫宣布将比索与美元脱钩，随即比索兑美元汇率出现暴跌。

风险由对外部门传染至私人部门与公共部门的最重要前提，通常是一国的私人部门或（和）公共部门在本国经济繁荣时期举借了大量外国债务，且这些外债通常以美元或欧元计价。因此，一旦本国货币对美元（或欧元）汇率大幅贬值，那么该国的外债负担将会显著加剧，从而导致该国的家庭、企业、金融机构或政府由于不能按期偿还债务本息而爆发债务危机。东南亚国家就是一个最典型的例子。在20世纪90年代上半期的繁荣时期内，东南亚国家的企业与银行普遍举借了大量以美元计价的外债，因为当时美元债务利率要显著低于本币债务利率，且东南亚国家普遍实施钉住美元制，看似并无汇率风险。然而，随着投机者的大肆攻击造成本币汇率显著贬值，这些东南亚国家就开始品尝到外债造成的苦果，即由于本币对美元汇率的贬值，造成美元计价债务负担的加剧，这种资产与负债的币种错配是东南亚国家大量企业与银行最终倒闭的根源。

从上述分析中不难看出，系统性风险的可怕之处，恰恰在于它能够在不同部门之间传染，一国政府应对特定部门风险的举措，却可能加剧另一部门的风险。反过来，预防与治理系统性风险的一大策略，恰好是抑制甚至切断系统性风险在各部门之间的传染路径。欲知后事如何，且听下回分解。

濒临失效的传统风险减震器[①]

迄今为止，笔者已经依次分析了中国私人部门、公共部门与对外部门分别面临的系统性风险，以及风险在部门之间传染的可能路径。但一个自然而然的问题是，三部门各自的特定风险，都不是新生事物，长期以来持续存在，差别仅仅在于程度不同。那为什么过去没有爆发危机呢？笔者又凭什么认为未来爆发危机的可能性在上升呢？

笔者的回答是，过去中国的私人、政府与对外部门，各自存在一个减震器。这些减震器提供了风险缓冲，避免了危机爆发。然而，最近几年，这些减震器或者被动磨损，或者可能被主动拆除，随着风险的累积，爆发系统性危机的可能性大增。

私人部门的风险减震器，就是居民部门高储蓄背景下的金融抑制。中国老百姓储蓄率在全球范围内相对较高，主要的解释包括生命周期理论、谨慎性储蓄理论与流动性约束理论。生命周期理论是指，当一个国

① 中国金融系统性风险评论之六，发表于《东方早报之上海经济评论》，2014年4月15日。

家年龄结构比较年轻时，这个国家的储蓄率将会相对较高。谨慎性储蓄理论是指，中国国内教育、医疗、养老等公共产品体系并不健全，导致居民对未来潜在支出具有很强的不确定性，因此不得不积累较高的储蓄以备不时之需。流动性约束理论是指，由于中国金融市场并不发达，居民通过举债购买耐用消费品的渠道有限或成本太高，从而不得不通过储蓄来积累资金。无论如何，中国的居民高储蓄为中国的高投资提供了资金融通，使得中国不必像其他新兴市场国家那样不得不通过借入外债来投资融资，这避免了对外部融资的依赖。

在此基础上，中国政府通过控制基准存贷款利率，建立了一个有利于借款人而不利于贷款人的金融抑制环境，即通过人为压低基准存贷款利率，来实现资源从居民部门（贷款人）向企业部门与政府部门（借款人）的转移。这降低了借款人的借贷成本，从而提高了借款人通过借入资金来进行投资的激励。高储蓄加上金融抑制，是中国企业部门杠杆率不断上升且能维持在高位的重要原因。

公共部门的风险减震器，是整个政府部门债务占 GDP 比率，处于全球较低水平，这就为政府通过采取积极的财政政策来稳定金融市场或提振实体经济创造了充足的政策空间，而不会对政府融资能力或成本造成显著负面冲击。例如，20 世纪 90 年代后半期，为解决国内银行体系不良贷款问题，中国政府通过财政部发债方式筹集资金，组建了四家与四大行对口的资产管理公司，由这些资产管理公司以账面价值收购不良贷款的方式最终解决了问题。换句话说，最终是中央财政帮助商业银行买了单，这为国有商业银行在 21 世纪初的股改上市奠定了基础。换言之，中国政府在 20 世纪 90 年代后半期做的事情，类似于爱尔兰政府在次贷危机后为本国银行体系提供的全额担保，而之所以中国政府没有爆发债务危机，而爱尔兰沦为“欧猪五国”，一个重要原因就是中国政府债务占 GDP 比率相当低。

对外部门的风险减震器，是中国自 1999 年以来出现了持续十余年的国际收支双顺差。持续双顺差使得中国外汇储备激增，并使得人民币汇率走强。目前接近 4 万亿美元的外汇储备自身是抵御负面冲击的强大缓冲，而强劲人民币汇率使得中国政府在逐渐开放资本账户的过程中，仍能维持相对较低的国内利率水平（即维系国内的金融抑制环境）。

然而，令人棘手的问题在于，自美国次贷危机爆发以来的一系列变化，使得上述减震器面临失效的风险。

首先来看私人部门减震器。随着中国人口年龄结构的逐渐老化，中国居民储蓄率无疑将会逐渐走低。更重要的是，由于中国政府必须实现经济增长引擎由投资、出口驱动向内需驱动的转型，这就意味着中国政府不得不实施利率市场化，这意味着金融抑制环境的消除，而这必然意味着国内利率水平的上行。因此，中国企业部门将在未来几年面临内外交困的局面，一方面外需萎缩，另一方面国内融资成本上升，因此去杠杆化看来势在必行。

其次来看公共部门减震器。次贷危机爆发后，中国政府实施了 4 万亿元的财政刺激计划以及极度宽松的货币信贷政策，这固然稳定了经济增长，但造成的一个直接后果是政府债务占 GDP 比重的显著上升。中国整体政府债务占 GDP 的比率，已经由次贷危机前的 30%左右，上升至目前的 60%左右。这就意味着中国政府应对未来不利冲击财政政策空间已经变得非常有限（例如与 20 世纪 90 年代后期相比）。

再次来看对外部门减震器。2012 年，中国自 1998 年以来首次出现了资本账户赤字。展望未来，随着中国政府大力鼓励中国企业海外直接投资，以及逐渐放开中国居民部门的海外投资，预计中国资本账户顺差将会显著下降，甚至转变为赤字。随着人民币有效汇率的快速升值、国内要素价格市场化的推进以及服务业的加快开放，中国的经常账户顺差占 GDP 比率将会继续下降，甚至不能排除经常账户出现赤字的可能。

这就意味着中国外汇储备可能停止增长，人民币汇率将会由单边升值转变为双向浮动。

综上所述，过去曾经有效的风险减震器，在新时期下效果已经逐渐下降，这就为中国爆发系统性金融风险埋下了伏笔。那么，如果未来五至十年中国爆发系统性金融危机的话，危机会源自何处，又将如何演进呢？敬请关注笔者的下一篇文章。

中国金融危机爆发的可能路径[①]

迄今为止，笔者已经分析了中国在私人部门、公共部门与对外部门分别面临的潜在系统性风险，以及风险可能在部门之间的传递路径。此外，笔者也指出，之所以中国到现在为止还未爆发金融危机，是因为过去在私人、公共与对外部门均存在特定的风险减震器，但这些风险减震器目前或者效力下降，或者可能被人为拆除。因此，未来五至十年，恐怕是中国爆发金融危机的高危期。

如果中国爆发金融危机，那么危机的起因可能是什么？危机的演进可能遵循何种路径呢？毫无疑问，要对未来的危机进行预测，是一项费力不讨好的工作。事实上，正如塔勒布在《黑天鹅》中所声称的，例如系统性危机这样的黑天鹅事件基本上是无法预测的。尽管如此，笔者还是不能自已，试图给读者指出笔者本人认为最可能的未来金融危机路径。

---

① 中国金融系统性风险评论之七，发表于《东方早报之上海经济评论》，2014年5月6日。

中国金融危机的爆发可能从对外部门开始，随后传递至私人部门，进而传递至公共部门，最后传递至对外部门，从而形成一个恶性循环。

危机的起因可能是一个外部冲击，例如美联储快速加息。正如笔者在过去的专栏文章中所指出的，随着未来中国制造业产能过剩问题的加剧，以及房地产价格的向下调整，中国商业银行体系可能出现大量坏账，这会降低中国居民对本国金融体系的信心。而一旦美联储开始快速加息，那么外部对中国国内资金的吸引力将上升。再加上中国政府正在加快开放资本账户，上述原因的结合，可能引发大规模的国内资本外流，国内资本持续大量外流将会导致已经市场化的人民币汇率显著贬值。对外部门的危机随即出现。

国内资本外流将会降低中国国内市场的流动性，造成国内整体利率水平上升。利率水平快速上升将会带来两种不利后果：第一，中国制造业企业融资成本上升、财务负担加剧，从而不得不进入痛苦的去杠杆化阶段；第二，利率上升可能加快房地产价格向下调整，甚至捅破房地产价格泡沫。无论是制造业的去杠杆化，还是房地产价格的显著下降，都会导致中国商业银行体系坏账飙升，从而引爆银行业危机。私人部门的危机就此爆发。

鉴于银行业依然是中国金融体系的最重要环节，一旦银行业爆发危机，中国政府不得不出手救市。从目前来看，中国政府拯救银行业无非有三种手段，一是重新走 1998 年的老路，即财政部发行特别国债募集资金，将资金注入不良资产管理公司，由不良资产管理公司以账面价值从商业银行购买不良资产，之后再用财政资金来核销坏账；二是直接动用财政资金或外汇储备对商业银行补充资本金，由商业银行在资产负债表内消化坏账；三是采用更加市场化的手段，例如引入公私合作的资产证券化来帮助商业银行处置不良资产。无论采用哪种手段，中国政府救市的结果，必定是用政府部门的加杠杆来应对私人部门的去杠杆。换言之，债务负担必然会由私人部门转嫁至政府部门。

问题在于，1998 年中国政府救助商业银行时，政府债务占 GDP 比重处于很低水平，可能仅在 20%上下。而目前即使根据审计署的普查数据，截至 2013 年 6 月底，中国政府债务占 GDP 比率也已经达到 56%。根据市场估计，中国政府的全口径真实债务水平可能达到 GDP 的 70%上下。那么，如果中国政府再启动一次救助商业银行的行动的话，中国政府债务占 GDP 的比重最终可能上升到 90%以上，甚至超过 100%。届时，中国政府未来能否还本付息，就可能成为市场关注的焦点。部分市场主体甚至开始做空中国国债，或者大举买入中国国债的 CDS（信用违约互换）。公共部门的危机可能因此而生。

最后，私人部门与公共部门的危机，最终可能再次传递至对外部门。随着银行业危机的爆发，以及主权债务危机风险的加剧，国内外主体对中国金融体系的信心可能进一步下降，从而引发更大规模的短期资本外流，这会导致更大的人民币贬值压力。央行因而不得不进行外汇市场干预，这又会导致外汇储备规模快速下降。外汇储备骤降可能进一步加剧市场恐慌情绪，引发更大规模的资本外流与贬值压力。

危机还未完结。更大规模的资本外流可能导致国内利率水平进一步上升，从而加剧制造业企业去杠杆、房地产价格下跌与政府偿债压力。人民币汇率贬值会导致中国企业的外债负担加剧。因此，对外部门的动荡可能再次传递至私人部门与公共部门，从而构成一个致命的危机螺旋。

如果上述危机真的爆发，那么其破坏性将是相当大的。危机结束后，中国政府可能需要很长时间才能修复家庭、企业、金融机构与政府自身的资产负债表。而在人口日益老龄化、传统增长模式难以为继的大背景下，中国经济要在危机后重塑增长动力，无疑将会面临巨大挑战。这一切，与日本在泡沫经济破灭后的情形颇为类似。如果应对失当，中国经济也可能陷入长期低速增长的困境，从而最终陷入中等收入陷阱的泥潭。

“为何我眼里饱含泪水，是因为我对这片土地爱得深沉。”笔者写作这一系列文章，意图并非在唱空中国经济，而是试图指出中国经济面临的一些潜在风险，如果中国政府能够正视并妥善应对上述风险，就有可能避免系统性危机的爆发，或者利用可控的危机来推动国内结构性改革。从这一意义上来说，如果最终事实证明笔者是杞人忧天，笔者将为此深感喜乐。

未来十年中国经济面临的两大陷阱[1]

作为三十年经济快速增长的结果，中国的人均 GDP 在 2013 年突破 7000 美元，中国已经正式进入中等收入国家行列。然而，过去的高增长并不必然意味着未来的高增长。从世界经济史来看，二战以来，全球范围内有很多经济体都成功地由低收入国家转变为中等收入国家，但只有很少的经济体能够由中等收入国家转变为高收入国家。剩下大多数国家在过去五六十年里一直停留在人均收入 5000 美元至 1 万美元左右的区间里，这些国家被称为陷入了所谓的“中等收入陷阱”而不能自拔。例如，几乎所有的拉丁美洲国家，都被认为遭遇了中等收入陷阱。

作为一个刚进入中等收入国家行列不久的国家，中国无疑将在未来十年面临中等收入陷阱的挑战。对新兴市场国家陷入中等收入陷阱的经验教训总结，相关文献已经很多，笔者并不打算在本文中面面俱到。因此，我想从另一个角度来讨论中国经济未来十年面临的挑战。

---

① 中国金融系统性风险评论之八，发表于《东方早报之上海经济评论》，2014 年 5 月 27 日。

2012年，笔者与管清友、程实、傅勇合作了一本小书《刀锋上起舞：直面危机的中国经济》。之所以采用“刀锋”这个比喻，是因为我们感觉，中国经济未来就像一只蚂蚁，在一柄被竖起来的钢刀的刀刃上爬行，爬过去就是欧美国家，爬不过去就是拉美国家（引用最近一个非常流行的比喻）。成功的路径尚在，只是道路非常狭窄，而刀锋两边则是两个深渊，这恰好对应了笔者想提出的中国经济未来十年面临的两大陷阱：日本陷阱与拉美陷阱。

所谓日本陷阱，是指日本经济在20世纪90年代初期遭遇泡沫经济破灭，迄今为止仍未摆脱经济增长低迷状态的经验教训。日本陷阱的两大特征，一是严重的资产价格泡沫，一是严重的人口老龄化。

众所周知，在1985年广场协议签署后，日元对美元汇率大幅升值。由于害怕日元大幅升值会通过拖累出口影响经济增长，日本央行实施了过于宽松的货币政策，导致股票市场与房地产市场在20世纪80年代后半期形成巨大泡沫。随着这两个市场在1990年左右先后崩盘，日本居民、非金融企业、金融机构的资产负债表遭遇严重损失，从而陷入了旷日持久的资产负债表型衰退。

日本政府采取了错误的应对政策。它本该让缺乏竞争力的企业与金融机构倒闭，然而，为了保证就业与社会稳定，日本政府动用财政资源来救助这些僵尸企业与僵尸金融机构，导致日本政府最终花了20年时间才真正修复完毕上述私人部门的资产负债表，而且代价是政府债务占GDP的显著上升。目前日本政府债务与GDP比率接近250%，位于全球最高水平。

更致命的问题，是当日本政府最终完成了私人部门的资产负债表修复之后，人口老龄化却不期而至。人口老龄化一方面导致日本储蓄率降低，从而使得高投资难以为继，另一方面降低了社会的创新与活力，阻碍了全要素生产率的增长。因此，泡沫经济破灭与人口老龄化的轮番冲击，使得日本经济从欣欣向荣的高增长阶段陷入长达20余年的低增长阶段。

所谓拉美陷阱，是指拉美经济在二战后集体遭遇中等收入陷阱的经验教训。拉美陷阱的两大特征，一是社会阶层流动性很低，二是民粹主义下的民主制度。

“美国梦”的实质，是指一个草根阶层出身的年轻人，通过自身努力，实现自身乃至家庭的社会阶层的跃迁（从草根阶层到精英阶层），也即“努力改变命运”。然而，在拉美国家，草根阶层的年轻人仅凭自身的努力，很难改变自己的命运。问题的根源在于，由于精英阶层与政府的结盟，导致社会阶层结构的“板结化”，也即人群从草根阶层上升到精英阶层的梯子似乎被抽掉了。毫无疑问，一个社会阶层流动性很低的国家，来自草根阶层的年轻人注定会非常焦虑，对社会非常不满，暴力倾向更强，爆发社会冲突的可能性更大。

拉美国家普遍实施民主制度，但遗憾的是，很多国家的民主制度，是在民粹主义的背景下实施的。例如，两党竞选要上台，领导人必须向民众做出很多改善其生活的承诺。在这一制度下，做出更诱人承诺的领导人往往会上台。但没有人关心，当一国经济竞争力疲弱时，政府怎样才能履行上述承诺。因此，一个新的政党领导人上台之后，通常会先靠政府举债来提高选民生活水平。但谁都知道，债务不可能无限借下去，一旦债务与GDP比率达到一个门槛值后，就可能爆发主权债务危机。随后政府既可能通过债务重组赖账，也可能通过通货膨胀来降低真实债务负担。事实上，纵观拉美国家二战之后的历史，不少国家似乎总是在债务危机与恶性通胀之间震荡，由此在中等收入陷阱中愈发不能自拔。

以史为鉴，可以知兴衰。读者不难看出，中国经济目前已经体现出日本陷阱或拉美陷阱的一些特征。

一方面，中国目前房地产行业已经出现一些泡沫迹象，一线城市房价远远超过合理的房价收入比与房价房租比所能解释的程度，部分二三线城市出现了严重的供过于求状况。正如笔者在之前的专栏文章所指出的，中国银行体系的健康与否，在很大程度上与中国房地产市场的兴衰紧密联系在一起。另一方面，中国的人口年龄结构在最近几年似乎已经出现重大变化，中国也将面临人口快速老龄化的挑战。而且日本是“先富后老”，中国却面临“未富先老”的局面。

令人担忧的是，当前中国社会阶层的流动性，与20世纪80、90年代相比，已经显著下降。在20世纪80、90年代，来自农村或城市低收入阶层的年轻人通过上大学改变家庭命运的例子比比皆是。而现在的普遍情况是：第一，来自农村与城市低收入阶层的年轻人，通过自身努力，能上好大学的概率已经越来越低；第二，中国大学的情况是，质量越差的大学，收费却越贵；第三，大学毕业生的就业状况堪忧。因此，过去是大学教育能够帮助年轻人改变命运，而现在大学教育很可能使得一个低收入家庭变得负债累累甚至破产。用经济学的术语来讲，低收入家庭投资子女人力资本的收益率，近年来已经显著下降。

因此，中国政府如何通过制度改革与结构调整避免在未来十年内陷入日本陷阱与拉美陷阱，就成为非常重要的任务与挑战。而努力避免系统性金融危机的爆发，以及一旦危机爆发，如何通过良好的危机管理来利用危机推动改革，则是中国经济跨越中等收入陷阱的重要前提条件。笔者将在下一篇文章中详细提供相应对策。

如何应对中国金融系统性风险①

在之前的八篇文章中，笔者首先分析了私人、公共与对外部门分别面临的系统性风险，其次阐述了金融风险在上述三个部门之间的传导机制，再次解释了为何过去的风险减震器由于主客观原因而濒临失效，随后展望了中国爆发系统性金融危机的可能路径，进而警示了一旦系统性金融危机爆发可能将中国经济拖入中等收入陷阱的情境。作为本系列评论的最后一篇，笔者想结合近期以来对金融系统性风险的思考，提出如何应对中国金融系统性风险的政策建议。当然，在极为有限的篇幅中，提系统性、综合性政策建议难免有挂一漏万之嫌，因此笔者仅仅列出自己认为最重要的一系列应对之策。

对策之一，是必须对未来企业部门去杠杆化以及房地产行业下调引发的银行风险未雨绸缪、做好应对方案。如前所述，在国内外需求持续偏软加剧产能过剩的背景下，中国企业部门去杠杆化势在必行。未来几

---

① 中国金融系统性风险评论之九，发表于《东方早报之上海经济评论》，2014年6月17日。

年中国房地产市场在波动中调整也是大概率事件。上述两大冲击，再加上利率市场化的挑战，无疑将造成整个银行系统不良贷款率飙升，部分中小金融机构甚至面临破产倒闭风险。因此，中国政府以及监管当局必须为这一风险做好准备。一方面，应尽快建立全国性存款保险公司以及金融机构破产清算机制，缓解一旦金融机构破产所造成的次生性冲击；另一方面，应提前制订一旦银行坏账率大幅上升，如何应对这一问题的详细方案。

对策之二，是在解决下一轮银行坏账浪潮的过程中，避免单纯使用政府替银行埋单的做法，转而更多地使用诸如资产证券化等市场化解决方案。如果中国政府未来仅仅依靠动用财政资金为金融机构注资来直接核销坏账，或者重演 20 世纪 90 年代末期通过不良资产管理公司来间接核销坏账，这都会导致银行债务最终转化为政府债务。由于当前中国政府的真实债务水平已经远非 20 世纪 90 年代末期可比，因此，单纯依靠政府救市的方式，很可能导致中国政府债务不堪重负，从而使得私人部门金融危机演变为主权债务危机，或者恶性通货膨胀。因此，为阻断金融风险从私人部门向政府部门的传导，中国政府应该鼓励商业银行通过资产证券化等方式来处理不良资产，由银行、社会与政府共同分担坏账成本。

对策之三，是通过一系列措施，使得地方政府债务变得更加透明与可控。在当前，大量地方政府债务是通过地方融资平台借道影子银行举借的债务，既不透明，也不可控。因此，中国政府应该尽快允许符合条件的地方政府直接发行市政债券，该债券除在银行间市场交易外，也可以由居民通过金融机构来购买。在开正门的同时，应该堵住偏门，限制地方政府的各种或有债务。而应对地方财政债务问题的治本之策，则是通过改革分税制体制，让地方政府的财权与事权相匹配，同时改变以 GDP 为主的地方官员政绩评价体系。降低地方政府财政收入对土地出让金的依赖，更大程度地发挥消费税、房地产税、资源税等新的地方政府主力税种的作用。

对策之四，是应该继续审慎、渐进、可控地开放资本账户，避免由于过快开放资本账户所造成的无谓风险。如前所述，中国系统性金融危机爆发，很可能是由于资本账户洞开后引发的大量资本外流，这会通过国内利率水平上升而加剧企业部门去杠杆以及加剧房地产价格下调。因此，在人民币汇率与利率形成机制充分市场化之前，在当前国内金融体系的各种脆弱性得以充分控制之前，在国内金融市场比较充分地对民间资本开放之前，中国政府应该在资本账户开放的问题上慎之又慎。事实上，迄今为止中国尚未爆发系统性金融危机，这并不是因为中国的金融体系有多么健全、中国监管当局的管理水平有多么高超，有效的资本账户管制可谓功不可没。资本账户管制应该成为中国防范系统性风险的重要防线，在各类配套改革基本完成之前，应该切忌自毁长城。

对策之五，是一旦金融危机爆发，中国政府不仅应努力将危机控制在一定范围内，而且应该利用危机造成的压力，继续推动国内结构性改革。事实上，危机是很难完全避免的，但凡由新兴市场国家成长为发达国家的，都会经历金融危机的洗礼。关键在于，如何把握金融危机带来的挑战与机遇，将金融危机的冲击转变为经济转型与发展的动力。回顾过去几十年的历史，有一些国家的经济快速增长由于金融危机的爆发戛然而止（例如日本与阿根廷），而另一些国家则把握住危机爆发的机遇，增强国内各阶层与利益集团的共识，相机推动国内结构性改革，从而重塑了增长动力（例如芬兰与韩国）。当前中国国内改革已经进入存量攻坚阶段，每一项改革都因为既得利益集团的阻挠而可能踯躅不前。因此，如果中国未来爆发金融危机，一方面中国政府应通过预案设计与危机管理将其控制在一定程度之内，另一方面也应该利用危机造成的冲击，突破既得利益集团的藩篱，进一步推动改革开放。

总之，为应对系统性风险的爆发，我们既要努力从根源上来纾解具体风险，又要制订应对危机的政策预案，还要做好利用危机来推动结构性改革的准备。金融危机本身并不可怕，可怕的是觉得“这次不一样”的自满情绪。从莱因哈特和罗格夫的巨著《这次不一样：800 年金融荒唐史》来看，在各国金融监管当局意得志满、觉得危机不可能爆发之时，通常就是金融危机袭来的前夜。未来五至十年，将是中国潜在金融风险显性化的时期，也将是中国爆发金融危机的高危时期。对潜在的金融危机，我们最好报之以冷静与谦卑的态度。正所谓“战战兢兢，如履薄冰”。

日本管理金融系统性风险的经验教训[①]

众所周知，日本在20世纪90年代初遭遇股市与房市的双重泡沫破灭后，几乎花了二十年时间来修复各部门的资产负债表。在进而遭遇老龄化冲击之后，日本经济迄今为止都尚未恢复元气。安倍经济学的实施使得日本经济增速大起大落，由于结构性改革付之阙如，目前日本增长已经疲态尽显。笔者也曾指出，未来十年中国面临跌入日本陷阱与拉美陷阱的风险。因此，全面梳理与归纳日本政府应对金融危机的经验教训，对中国避免重蹈覆辙具有重要意义。

2014年冬，笔者在东京参加了由日本明治大学与中国社科院举办的关于金融自由化的双边研讨会。在会上，来自日本金融服务局（JFSA）的Ryozo Himino先生关于日本银行业危机经验教训的发言，让我获益良多。在本文中，我将介绍他的主要观点，并结合自己的观察与思考，来概括日本管理金融系统性风险的经验教训以及对中国的启示。

① 中国金融系统性风险评论之十，发表于《东方早报之上海经济评论》，2014年12月9日。

Himino 先生首先将日本的金融周期（以国内信贷占 GDP 的比率来刻画）分为五个阶段。第一个阶段为 1990 年之前，即资产价格泡沫的形成期与超额债务的累积期；第二个阶段为 1990—1997 年，即银行吸收金融市场冲击的时期；第三个阶段为 1997—1998 年，即银行危机集中爆发期；第四个阶段为 1999—2004 年，这是日本政府修复借款方资产负债表的时期；第五个阶段为 2004 年至今，他将其定义为“后借款方资产负债表修复期”。随后，他重点介绍了后三个阶段日本政府的经验教训，这三个阶段是日本银行业危机爆发以及随后日本政府如何管理危机的时期。

在第三个阶段，日本政府的经验教训包括：第一，一个非系统性的案例可能产生一种系统性的信号显示效果。例如，引爆日本 1997 年系统性金融危机的，实则是 1995 年以来一些看似无关紧要的小银行的倒闭，这改变了市场的信心与预期。第二，政策的排序至关重要。他的如下比喻非常精彩：在做外科手术之前，至少先得把手术室搭建起来。第三，在公布坏消息的同时，要公布如何补救的策略。更重要的是，及时的披露要与及时的行动相匹配。第四，在应对危机时，具体的细节安排非常重要，例如如何避免银行挤兑、如何应付媒体、如何保证银行业经理层的心理健康等。魔鬼在细节中。第五，对管理层与股东要严厉一些，但对贷款人应更加谨慎。尽管对贷款人严厉可能控制道德风险，但矫枉过正的结果是贷款人心灰意冷、不再愿意放款。第六，在使用纳税人的钱之前，必须首先获得公众的支持。

以上经验教训对中国政府的启示是很强的。例如，我们不能仅仅因为自己对中国金融体系有“充分”的信心，就拒绝未雨绸缪地制订管理危机的具体预案；即使在让中小机构破产之时也必须小心，需要提防其可能引发的“涟漪效应”；一旦爆发危机，严防死守不披露不是一个好策略，反之应该及时披露相关情况并及时加以应对；无论是资本账户开放还是管理金融危机，弄清楚政策的先后次序都非常重要，那种认为很多举措能够平行推进的想法，很可能是过度自信了；在进行大规模的财政刺激之前，应该通过各种手段（听证会、新闻发布会等）来赢得公众的支持。

在第四个阶段，日本政府的经验教训包括：第一，只有当借款人的资产负债表修复完毕之后，银行业危机才会真正结束；第二，借款人资产负债表的修复与银行业的重建应该同步进行；第三，只有当银行计提了充分的坏账准备与进行了严格的资产负债重新估值后，借款人的资产负债表修复过程才能真正开始。

在20世纪90年代晚期管理上一轮坏账周期的过程中，中国政府主要关注银行部门资产负债表的修复（通过发行特别国债、成立不良资产管理公司来以市价收购银行的不良贷款），而相对忽视了借款人的资产负债表修复。而在下一轮坏账周期到来时，如何能够通过重振经济、提高企业利润率来提高企业的偿还债务能力，是与如何解决银行坏账同等重要的问题。在这个问题上，日本还有一个负面教训，即危机后通过各种措施，不让事实上丧失了竞争力的企业与银行倒闭，从而造就了一大批僵尸企业与僵尸银行，这显著阻碍了日本全要素生产率的增长。在这一问题上，中国政府应该高度重视，不要努力去挽救那些本该倒闭的非系统重要性机构，但同时应注意控制这些机构倒闭可能带来的连锁反应。

在第五个阶段，尽管资产负债表的修复与资产价格的下降已经结束，但日本经济依然难以摆脱滞胀的局面。这表面上看来是日本银行业持续缺乏信心从而不愿意房贷，实际上反映了三个更深层次的问题：人口老龄化的加剧、与亚洲邻国（例如韩国）相比竞争力的下降，以及全要素生产率的增速放缓。在笔者看来，这三个问题正是日本经济长期缺乏活力的根源。

拜计划生育政策所赐，中国的人口老龄化速度更加迅猛，如何缓解人口老龄化速度以及如何应对人口老龄化对增长与创新造成的不利冲击，是中国政府面临的严峻考验。一个有趣的问题是，向来被贴上人口大国标签的中国，在未来的某一天是否会通过引入外国移民来缓解人口老龄化问题？随着国内各种要素价格的上升以及人民币汇率的升值，中国传统制造业的相对竞争力显著下滑，如何通过创新来实现中国相关产业的技术升级？金融深化与打破国企垄断恐怕是绕不过去的坎。否则，全要素生产率的停滞也将是困扰中国经济的梦魇。

最后，Himino 先生还总结了日本危机为中国提供的综合教训，即一旦爆发危机，应该制订一张全面应对症状、病因与病根的短、中、长期路线图。这是因为，一方面，只有伴随着解决病根的长期结构性调整政策的出台，短期的危机管理措施才会具有足够的可信度；另一方面，危机的爆发通常能提供推动虽痛苦但必要的结构性改革的机会，而制订上述线路图则有助于我们更加充分地利用这一机会。

这真是振聋发聩的箴言啊！我真诚地希望，中国政府，特别是金融相关部门，能够虚心、全面地梳理与借鉴日本的相关经验教训。正如我在这次研讨会的演讲上所言，尽管和历史相比，金融看起来更强调短期性，例如市场波动与高频数据。然而从金融繁荣与萧条的长周期来看，类似的轮回总是在不断上演。正如马克·吐温所言，历史不会完全重复自己，但总是押着相同的韵脚。

何为资产证券化[1]

正如笔者在中国金融系统性风险系列评论文章中所指出的，未来几年内，随着企业部门的去杠杆以及房地产市场的调整，中国商业银行体系不良贷款比率快速上升将是个大概率事件。由于中国政府的债务水平已经今非昔比，政府很难再次承受完全由自己埋单的负担，因此不得不采取一些更为市场化的公私合作（Public Private Partnership，PPP）式的不良贷款处理方法。笔者坚信，资产证券化这一金融手段，将在下一波不良贷款处理浪潮中扮演重要角色。资产证券化很可能成为未来五至十年内中国金融市场上最热门的语汇之一。

资产证券化（Asset-Backed Securitization）究竟其意何指呢？根据被誉为“资产证券化之父”的美国耶鲁大学金融学教授弗兰克·法博齐（Frank Fabozzi）的定义，“资产证券化可以被广泛地定义为一个过程。通过这个过程，可以将具有共同特征的贷款、消费者分期付款合

---

① 资产证券化系列评论之一，发表于《东方早报之上海经济评论》，2014年7月29日。

同、租赁合同、应收账款或其他不流动的资产，包装成可以在市场上交易的、具有投资特征的带息证券”。笔者认为，法博齐的这个定义，可谓是众多版本中最直观但也最精练的概括。

从上述定义中，我们可以将资产证券化的过程概括为以下几个要点：第一，资产证券化的基础资产（Underlying Assets）是能够在未来产生可预测现金流的特定资产（例如居民住房抵押贷款、高速公路过路费、写字楼租金收入等）。华尔街有句名言，即无论什么资产，只要能够提供稳定的现金流，就一定能把它证券化。第二，资产证券化的最终结果，是为金融市场上的投资者提供了一批标准化的带息证券。第三，在资产证券化的过程中并没有商业银行来发挥作用，这意味着资产证券化属于直接融资的范畴。所谓直接融资，是指借款者与储蓄者通过金融市场而非商业银行来实现资金转移以及相关收益与风险匹配的过程。

让笔者以最早产生的也是金融市场上最普遍的一种资产证券化产品——住房抵押贷款支持证券（Residential Mortgage-Backed Securities，RMBS）——为例，来介绍一个最简单的资产证券化过程的流程，以及分析该过程能够为融资者与投资者带来的好处。

假定商业银行A在2014年给1万个符合贷款标准的家庭提供了每笔均为200万元人民币的住房抵押贷款，期限均为20年。在没有资产证券化的情况下，A银行要花上20年才能全部收回上述贷款，资金周转速度太慢。但对A银行而言，由于这1万个家庭每个月都要还本付息，这意味着A银行能够定期收到非常稳定的现金流，这就具备了将这1万笔住房抵押贷款证券化的基础。

标准的资产证券化流程分为以下几步：第一步，商业银行A注册成立一个空壳公司B，B公司没有任何其他业务，本身与A银行之间也没有任何股权或债权关系。第二步，商业银行将上述1万笔住房抵押贷款（期限20年、总金额200亿人民币）的所有相关收益与风险，以

180 亿人民币的价格转移给 B 公司。这相当于 B 公司因此获得了一个能够定期产生稳定现金流的资产池。第三步，B 公司聘请承销商 C 投资银行来设计并销售资产证券化产品。C 公司建议 B 公司以上述资产池产生的现金流为支持，发行两种不同类型的债券。一种债券为价值 140 亿元优先级债券，年收益率为 4%；另一种债券为价值 45 亿元次级债券，年收益率不定。这两种债券的区别在于资产池所产生现金流的分配规则：从 B 公司资产池中所产生的现金流，首先必须完全满足优先级债券的还本付息，之后剩余的现金流，在扣除必要费用后，全部发放给次级债券的持有者。这种分配规则，意味着优先级债券的风险要低于次级债，同时也意味着次级债券的预期收益率必然高于优先级债券。第四步，B 公司聘请独立评级公司 D 为上述优先级与次级债券进行信用评级。最终 D 公司为优先级债券给出 AA 信用评级，为次级债券给出 BBB 信用评级。第五步，在获得信用评级后，C 公司开始在市场上销售上述债券。最终 C 公司向风险偏好较低的机构投资者（例如养老基金与保险公司）卖出了全部的优先级债券，向风险偏好较高的机构投资者（例如信托公司与投资银行）卖出了全部的次级债券。第六步，B 公司向 A 银行支付购买 1 万笔住房抵押贷款的费用 180 亿元。第七步，B 公司选择一家金融机构 E 作为服务商（Servicer）。E 机构负责对 1 万笔住房抵押贷款进行日常管理，并将获得的本息收入定期支付给购买上述债券的机构投资者。

对作为资产证券化发起人（Originator）的 A 银行而言，它通过资产证券化过程，将缺乏流动性的长期资产转变为即期现金收入，一方面增强了资产周转速度，另一方面通过降低了风险资产规模而提高了资本充足率。对机构投资者而言，它们根据各自的风险偏好选择了收益率迥异的金融产品。承销商 C 获得了佣金收入，评级公司 D 获得了评级费，而服务商 E 获得了管理费。不难看出，这是一种有关各方均能获得好处的多赢结局。

对金融市场而言，作为一种直接融资形式，资产证券化的出现丰富了企业与金融机构的融资手段，降低了有关主体对商业银行间接融资的依赖程度，能够更好地满足不同类型的融资者与投资者多样化的投融资需求，同时也能更好地匹配有关各方的收益与风险。总之，资产证券化是一项意义深远的重大金融创新。

资产证券化的三个核心概念[①]

在本系列的第一篇文章中，笔者介绍了资产证券化的概念与标准流程。在本文中，笔者将分析与资产证券化密切相关的三个核心概念：真实销售、破产隔离与信用增级。资产证券化这一金融创新，一大核心功能是能够帮助资信等级较低的借款人，通过发行资信等级较高的债券进行融资。而要实施资产证券化这一帮助借款人提升资信的功能，就离不开上述三个概念。

在展开分析这三个概念之前，让我们再简单回顾一下资产证券化的操作流程。它是指发起人将部分资产转让给一个特别目的载体（Special Purpose Vehicle，SPV），之后 SPV 以这部分资产产生的现金流为基础，发行债券进行融资，最终将发行债券募集资金扣除各类费用后，支付给发起人的过程。

所谓真实销售（True Sale），是指发起人将特定资产，以及与该资

---

① 资产证券化系列评论之二，发表于《东方早报之上海经济评论》，2014 年 9 月 2 日。

产相关的全部风险与收益，全部转让给 SPV 的过程。真实销售是资产证券化最重要的结构性安排之一。这是因为，一旦实施了真实销售，发起人的债权人与股东就不能再对证券化资产提出或行使任何追索权，也即证券化资产与发起人之间通过真实销售实现了破产隔离。

真实销售需要满足的最基本条件，是 SPV 必须具有法律上以及财务上的独立性。在法律方面，SPV 的独立性主要体现在其公司章程与股权结构之中，即 SPV 不应该与发起人之间有任何债权债务，也没有任何股权联系。SPV 既不应该是发起人的子公司，其名称也不应与发起人之间有任何关联，以免给外部投资者以错误的印象。在财务方面，SPV 的独立性体现在证券化资产必须从发起人的资产负债表中转出，且在任何情况下 SPV 的资产负债表不能与发起人的资产负债表进行合并。

从这一意义上而言，在美国次贷危机爆发之前，美国各商业银行下属的管道（Conduit）并不能算资产证券化的载体。这些管道是商业银行用来规避巴塞尔资本协议的产物，自身通过发行短期债券（特别是资产支持商业票据）进行融资，并投资于高收益高风险的金融产品。在危机前，这些管道的利润一度是美国商业银行最重要的利润来源之一（这意味着管道与商业银行进行了并表），而在危机爆发后，商业银行也被迫为管道的巨额投资亏损埋单（这意味着管道与商业银行之间并未实现破产隔离）。

所谓破产隔离（Bankruptcy Remote），是指证券化资产与发起人甚至 SPV 之间均不存在收益风险关系。换句话说，即使发起人或 SPV 破产清算，证券化资产都不应被列为清算资产，破产人的债权人与股东均不能对证券化资产提出或行使追索权。破产隔离这一制度安排，有助于保证在任何情况下，证券化资产产生的现金流都能够按照证券化合同支付给相应债券的持有者，以此来保证证券化产品投资者的权利。

不能看出，真实销售与破产隔离之间存在着很强的对应关系。对于发起人与证券化资产而言，只有实现了真实销售，才能保证破产隔离。然而，破产隔离的概念同样适用于SPV与其管理的证券化资产之间，尽管这两者之间没有实现真实销售，但即使SPV破产，其债权人与股东也不能对证券化资产进行追索。有些国家的资产证券化相关法律中，索性直接规定SPV不能破产。

所谓信用增级（Credit Enhancement），是指发起人通过一系列安排来提高证券化产品信用等级的做法。信用增级一般分为内部信用增级与外部信用增级。内部信用增级是指发起人通过自身努力与安排来提高证券化产品信用等级的做法。外部信用增级是指通过商业银行、保险公司或政府机构等第三方来提高证券化产品信用等级的做法。

内部信用增级的方式多种多样。首先，其实前面提到的真实销售与破产隔离，就是一种内部信用增级。这能够使得整体信用等级偏低的发起人，通过剥离质量较高的资产，来发行信用等级较高的债券进行融资。其次，内部信用增级的最重要的方式，是通过分级（Tranching）来实现。所谓分级，是指依据同一批基础资产所产生的现金流，发行两档以上的债券。这两档债券一般称为优先级债券与次级债券。优先级债券的持有者，具有优先获得证券化资产所产生的现金流的权利，而次级债券的持有者，只有在优先级债券持有者获得所有本息支付后才能分配剩余的现金流。通过这种优先次级安排，就能进一步提高优先级债券的信用评级。这也是为什么以美国的次级抵押贷款为基础，也能够发行出一大批3A级债券的原因。再次，发起人可以通过超额担保或储备金制度的方式来实现内部信用增级。所谓超额担保，是指证券化资产的总价值超过所发行证券的总价值，利用二者之差构成信用担保。所谓储备金制度，是指发起人把一笔资金存入一个特别账户，一旦证券化资产所产生的现金流不能按期还本付息，就由这个储备金账户来代为支付。

外部信用增级的方式则包括政府担保、保险公司开具保函或银行开具信用证等。例如，美国的三房——房利美、房地美与吉利美被称为政府授权企业（Government Sponsored Enterprises，GSE），它们的核心职能即是收购各类住房抵押贷款，以其背后的政府信用为支持，发行高信用等级的住房抵押贷款支持债券。保险公司与商业银行也可以应发起人要求，对证券化产品的投资者作出一种或有支付保证，即当证券化资产所产生的现金流不足以支付债券本息时，由保险公司或商业银行来代为偿还。毫无疑问，外部信用增级需要支付一定的成本，且其成本显著高于内部信用增级。

就这样，通过真实出售、破产隔离与信用增级，不仅信用等级较低的发起人可以通过发行信用等级较高的债券进行融资，而且即使基于信用等级较低的基础资产所产生的现金流，也能发行信用等级较高的债券进行融资。这种化腐朽为神奇的“金融炼金术”，恰好是资产证券化的核心功能。

然而，美国次贷危机的爆发，折射出资产证券化可能被滥用的现实。事后看来，很多复杂的衍生证券化产品的出现，也使得上述资产证券化的三大核心概念发生了变异或者被解构。笔者将在之后的文章中娓娓道来。

流行的资产证券化产品①

在经过数十年的发展后，全球金融市场中已经发展出多种类型的资产证券化产品。这些产品的构造或简或繁，基础资产或优或劣，流动性或高或低，在次贷危机中扮演的角色也有轻有重。本文将主要介绍与比较在发达国家金融市场上比较常见的资产证券化产品。

资产证券化的源头，是兴起于美国的房地产抵押贷款支持债券（Mortgage Backed Securities，MBS）。这是指以金融机构持有的房地产抵押贷款为基础，以其能够定期产生的本息现金流为支撑，由特别目的载体（SPV）发行的债券。由于房地产抵押贷款的期限通常较长（例如10年至30年），因此发行MBS可以帮助金融机构迅速回笼资金，从而显著提高其资产的流动性。在发展过程中，MBS又演化为基于住宅地产的住房抵押贷款支持债券（Residential Mortgage Backed Securities，RMBS）与基于商业地产的商业地产抵押贷款支持债券（Commercial

① 资产证券化系列评论之三，发表于《东方早报之上海经济评论》，2014年9月16日。

Mortgage Backed Securities，CMBS）。在 MBS 发展初期，其基础资产均为金融机构拥有的优质资产，但自 2000 年以来，MBS 的基础资产开始逐渐纳入一些资信等级较低的次级抵押贷款（Sub-prime Mortgage），而基于次级抵押贷款的 MBS 随着次级抵押贷款的违约率上升而不能还本付息，恰恰是 2007—2008 年美国次贷危机爆发的导火索。

除房地产抵押贷款之外，其他一些能够产生可预期稳定现金流的债权资产也能够被证券化，特别是信用卡贷款、助学贷款与汽车分期付款贷款，基于这些债权资产的证券化产品被称为资产支持债券（Asset Backed Securities，ABS），以示与 MBS 的区别。

一般而言，基于资产池发行的证券的期限结构，应该与基础资产（例如住房抵押贷款）的期限结构相同，这样可以避免期限错配。然而，在美国金融市场上，也流行一种基于更长期限资产而发行更短期限负债进行融资的证券化方法，通过这种方法发行的产品被称为资产支持商业票据（Asset Backed Commercial Paper，ABCP）。正是由于基于长期资产发行短期负债，因此 ABCP 可以滚动发行。事实上，ABCP 市场与回购市场一起，已经成长为次贷危机爆发前十年内美国金融机构最重要的短期融资市场。而美国次贷危机的突然爆发，也与 ABCP 市场崩盘造成金融机构不能继续通过滚动发行 ABCP 来融资密切相关。

证券化产品的基础资产除了通常意义上的各类债权资产之外，也可能是证券化产品本身。以特定证券化产品本身为基础资产而发行的证券化产品通常被称为抵押担保权证（Collateral Debt Obligations，CDO），这种产品具有重复衍生的性质。例如，如之前的文章所述，为了提高证券化产品的信用等级，证券化的过程中通常会采用分级的技术，即基于同一批基础资产发行优先级、中间级与股权级债券，这些债券的本息偿付按照由高至低的顺序。通常而言，风险偏好较低的投资者（例如养老基金与共同基金）会购买信用等级最高的优先级债券，而风险偏好较高的投资者（例如对冲基金与投资银行）会购买信用等级最低的股权级债券。至于中间级债券，则可能由于风险与收益率均不高不低而乏人问津。在这一背景下，金融机构可以将大量不同的中间级债券打包为一个资产池，以这些中间级债券定期产生的本息为基础，再次发行包括优先级、中间级与股权级债券在内的新的证券化资产，而这批重复证券化的资产就是 CDO。以此类推，以 CDO 作为基础资产的证券化产品被称为 CDO 的平方，以 CDO 的平方作为基础资产的证券化产品被称为 CDO 的立方，不一而足。

严格地说，信用违约互换（Credit Default Swap，CDS）并不是一种资产证券化产品，但 CDS 在次贷危机的爆发中扮演了重要角色，而且是构造更为复杂的证券化产品（例如合成型 CDO）不可或缺的工具，因此也值得在此介绍一下。简单而言，CDS 可以视为一种保障某种债券是否违约的信用保险。例如，A 公司考虑是否借款 1 个亿给 B 公司，期限 10 年。由于 A 公司担心 B 公司会违约，前者可能最终不借款。但如果 A 公司能够从 C 公司花 200 万美元购买 B 公司是否违约的保险，则 A、B 之间的借贷交易将会达成，且 A、B、C 三方均能从中获益。然而随着时间的推移，CDS 逐渐由风险管理工具演变为投机套利工具。例如，全球最大的保险公司美国国际集团（American International Group，AIG）之所以在 2008 年濒临倒闭，很大程度上是由于它出售了很大规模的 CDS 以保障诸如两房、贝尔斯登、雷曼兄弟之类的公司不会破产，而购买这些 CDS 的机构，很多都与两房、贝尔斯登或雷曼之间不存在债权债务关系。著名畅销书作家迈克尔·刘易斯在《大空头》一书中生动地说明了一些投资者是如何通过与 AIG 对赌特定公司会破产而通过 CDS 赚得盆满钵满的。

上述资产证券化产品基本上都是美国金融市场上流行的产品。而欧洲与日本金融市场上，除 MBS 与 ABS 这类基础证券化产品之外，还有各自富有本地特色的证券化产品。例如，在欧洲金融市场上，整体业务证券化产品（Whole Business Securities，WBS）与中小企业证券化产品（Small Medium Enterprises，SME）均扮演着重要角色。WBS 是指以企业特定业务在未来产生的现金流为基础发行的债券，而 SME 是指以对中小企业的贷款为基础发行的债券。又如，在日本金融市场上，房地产信托投资基金（Real Estate Investment Trusts，REITs）近年来发展速度很快。所谓 REITs，是指商业地产或工业地产（例如仓库）的持有者，以这些地产未来产生的租金流为基础而发行的一系列债券。事实上，除日本之外，澳大利亚、新加坡与中国香港都有着较为发达的 REITs 市场。因此，更为准确的说法是，REITs 是一款颇具亚太特色的证券化产品。

资产证券化为何会迅速崛起[①]

作为一种相对较新的金融工具，资产证券化起源于20世纪70年代末80年代初，并在20世纪90年代以及21世纪头几年（美国次贷危机爆发前）蓬勃发展。资产证券化的起源，很大程度上源自20世纪80年代美国储贷危机爆发后进行危机救助并处置不良资产的需要。然而，为什么资产证券化能够在20世纪90年代与21世纪初期大行其道呢？最近，我与邹晓梅、高蓓的一篇工作论文，从供给与需求的角度，梳理了资产证券化兴起的诸多原因。[②] 而这篇评论将在这篇工作论文的基础上，提供更加简明易懂的解释。

从资产证券化的需求方与供给方来看，我们可以各自提出两个故事。需求方的故事包括缓解信息不对称与方便监管套利，而供给方的故事则包括提供安全资产与获得便利性收益。笔者将在以下篇幅中逐一讲

① 资产证券化系列评论之四，发表于《东方早报之上海经济评论》，2014年11月11日。

② 邹晓梅、张明、高蓓："资产证券化的供给与需求：文献综述"，《金融评论》，2014年第4期，第99~111页。

述这四个故事。

假定商业银行A在发放了若干笔期限较长（例如20年）的住房抵押贷款后，为了回笼资金，它打算把这些贷款卖给其他投资者。而如果A银行直接出售这些贷款的话，其他投资者的需求不会太旺盛，理由是存在显著的信息不对称。毕竟，对于各笔贷款的风险，银行知道的信息远多于投资者。如何保证银行不将质量差的贷款以较高的价格卖给投资者呢？而如果商业银行A借助于资产证券化，即先将这些贷款打包并装入一个特别目的载体（SPV），从而形成一个定期能够产生稳定现金流的资产池，再以这个资产池为支持来发行住房抵押贷款支持债券（MBS），这就能够显著降低信息不对称。对于投资者而言，它购买的是经过外部信用评级机构评级的风险程度各异的优先级、中间级或股权级债券，而不必再去追溯作为基础资产的各笔贷款面临的风险。换句话说，通过资产证券化，商业银行能够将信息敏感型资产（贷款）转变为信息不敏感型资产（MBS），从而既能帮助自己提高资产周转率，又能为投资者提供理想的投资标的。

商业银行在日常经营中会面临资本充足率的约束。为了缓解这一约束，银行或者需要通过发行股票来募集新的资本金（增加资本充足率的分子），或者需要降低风险资产的比重（降低资本充足率的分母）。而资产证券化恰好能够帮助银行做到这一点。通过资产证券化，商业银行能够将自己资产方的风险资产（贷款）转出资产负债表，并获得现金流收入（无风险资产）。换言之，资产证券化能够帮助银行克服资本充足率的约束，进一步扩大自己的业务规模。

20世纪90年代以来，全球机构投资者不断发展壮大。无论是私人部门的共同基金、养老基金与货币市场基金，还是公共部门的各国央行与主权财富基金，对安全资产（Safety Assets，即流动性高、安全性高、收益率较低的资产）的需求都越来越大。传统的安全资产是美国国债以及其他发达国家国债，然而随着对安全资产需求的增长，发达国家国债的供给严重不足，这就形成了一个巨大的安全资产缺口。而资产证券化的核心功能，就是将普通的金融资产，通过打包与分层，创设出信用很高的安全资产与风险很高的股权级资产。因此，资产证券化的大发展有效弥补了全球范围内对安全资产的需求。例如，美国的房利美与房地美发行的MBS，在次贷危机爆发前被视为与美国国债信用等级相同的安全资产，被包括中国央行在内的全球投资者广泛地购买。

最近十余年以来，以资产支持商业票据（ABCP）与回购（REPO）市场为代表的全球批发性融资市场迅速崛起。通过批发性市场进行融资，融资成本要远低于银行贷款或债券等传统融资渠道。然而，通过批发性融资，借款方通常被要求提供流动性很强的金融资产作为抵押。金融市场对这种高流动性的抵押品具有很强的需求。如前所述，正是因为资产证券化能够产生大量AAA评级的优先级债券，这些债券能够被借款人普遍用作批发性融资的抵押品，因此，资产证券化产生了显著的便利性收益（Convenience Yields），这有效促进了全球批发性融资市场的发展。

简言之，从供给方来看，资产证券化既能够有效地将信息敏感型资产转变为信息不敏感型资产，从而帮助投资者克服了信息不对称，也能够帮助商业银行缓解资本充足率的约束（监管套利）从而进一步扩大业务规模。从需求方来看，资产证券化一方面能够提供更多的安全资产以满足全球机构投资者的投资需求，另一方面也能够提供大量的高流动性抵押品以满足全球批发性融资市场的需求。正是这来自供求两个方面的四种原因，促成了资产证券化在20世纪90年代与21世纪初期的大发展。

然而，世事如棋。美国次贷危机的爆发，深刻地揭露出在过去几十年资产证券化大发展中被忽视的、但逐渐积累起来的风险。第一，危机的爆发，使得投资者对证券化产品的信心下降，而一旦外部评级机构的评级不再受到信任，证券化产品将再度由信息不敏感型资产变为信息敏感型资产，从而导致对其的投资需求显著萎缩；第二，由于资产证券化通过缓解资本充足率约束而放大了金融机构的杠杆，这使得金融机构在危机爆发后面临更为痛苦的去杠杆化；第三，次贷危机的爆发证明，在市场繁荣时期，无论是证券化产品的提供者、投资者还是评估者，都明显忽视了这些产品背后隐藏的尾部风险。而一旦尾部风险爆发，证券化产品是否还能被视为安全资产或高流动性的抵押品就值得怀疑。正是鉴于这一点，全球批发性融资市场才在雷曼兄弟破产后迅速萎缩，从而成为次贷危机扩散为全方位金融危机的关键传导机制。

全球危机后，有关各方开始重新反思资产证券化的功能与风险。相关讨论仍在进行，并在深刻影响新一轮的全球监管机制设计，例如美国的《多德弗兰克法案》。

美欧日的资产证券化道路有何不同[①]

尽管在2014年获得了长足进展，但中国的资产证券化市场尚处于初级发展阶段。如何选择主力产品、运作模式与监管架构，决定了中国资产证券化市场的发展方向。环顾全球，目前在美国、欧洲与日本，形成了三种迥异的资产证券化发展模式，这可以为中国资产证券化的发展提供有益的启示。花开三朵，各表一枝。

从资产证券化的起源来看，美国与日本的资产证券化起源均与金融危机密切相关，而欧洲的起源与危机关系不大。20世纪80年代初期的美国储贷协会危机爆发之后，联邦政府开始设定金融机构的最低资本充足率要求，为了最大限度地规避这一要求，基于住房抵押贷款的MBS（住房抵押贷款支持证券）以及基于其他生息资产的ABS（资产支持证券）应运而生并迅速发展壮大。在这一过程中，房地美、房利美与吉利美这三大政府授权机构功不可没。1997—1998年东南亚金融危机中，

① 资产证券化系列评论之五，发表于《东方早报之上海经济评论》，2015年3月24日。

日本有多家金融机构倒闭。危机后，为缓解金融机构资金短缺、周转率偏低等问题，日本政府先后于 1998 年与 2000 年通过《特殊目的公司法》与《资产流动法》，资产证券化从此开始滥觞，并一举发展成为亚洲最大的资产证券化市场。欧洲的资产证券化市场起源于英国，这虽然与金融危机没有直接关联，但与英国住房抵押贷款市场对诸多金融机构开放、从而引发了金融机构竞争有关。毕竟，金融创新的动力源于竞争。

从资产证券化的主力产品来看，美国目前的主要资产证券化产品包括 MBS、ABS、CDO（抵押担保权证）与 ABCP（资产支持商业票据）。如前所述，MBS 的基础资产是住房抵押贷款，ABS 的基础资产是除住房抵押贷款之外的生息资产，最典型的是汽车贷款、助学贷款与信用卡贷款。CDO 是更为复杂的资产证券化产品，它的基础资产通常是中间级或其他较低信用级别的 MBS 或 ABS 产品，也即是一种基于基础资产证券化产品之上的衍生产品。ABCP 则是金融机构基于特定抵押品发行的短期商业票据。在美国次贷危机爆发之前，ABCP 市场已经成为美国金融机构最重要的批发融资市场之一。雷曼兄弟的破产之所以引发轩然大波，很大程度上是因为雷曼兄弟是美国 ABCP 市场上最重要的做市商之一。

欧洲主要的资产证券化产品除了 MBS 与 ABS 之外，还包括 WBS（整体业务证券化）与 SME（中小企业证券化），后者是欧洲特有的证券化产品。所谓 WBS，是指以某项业务未来产生的现金流为支撑而进行的证券化，由于没有实现破产隔离而具备公司债券的性质，但期限结构长（20~30 年）、信用等级高（通过适当的信用增级与严格的业务运作体系来实现）。所谓 SME，是指以中小企业贷款作为基础资产而实现的证券化。由于中小企业贷款具有金额小、频率高的特点，因此在 SME 交易中通常会通过引入转贷机构来实现规模效应。迄今为止，SME 已经发展成为欧洲中小企业的主要融资来源之一。

日本主要的资产证券化产品除了 MBS 与 ABS 外，REITs（房地产投资信托基金）的快速发展也是其一大特色。所谓 REITs，实际上是一种证券化的房地产行业投资基金。它通过发行受益凭证来集合公众投资者资金，由专业机构选择不同地区、不同类型的房地产项目进行投资组合，在有效降低风险的同时，通过将出租不动产所产生的收入以派息的方式分配给受益者，来帮助投资人获取长期稳定的投资收益。与一般的证券化产品先提供基础资产、后募集资金的流程相比，REITs 的特点是先募集资金、后投资基础资产。

从资产证券化的发展模式来看，美国是典型的表外证券化模式，也即通过真实出售与破产隔离，将基础资产的所有权从发起人的资产负债表中转出，投资者不能对发起人实行追索权。这种模式也被称为“发起—配售”（Originate and Distribute）模式。欧洲的资产证券化模式是典型的表内证券化模式，也即不会实现真实出售与破产隔离，基础资产依然停留在发起人的资产负债表内部。投资者具有双重追索权，即一旦证券化产品违约，投资者既能要求处置基础资产，又能向发起人要求偿还。因此，欧洲的资产证券化产品又被称为担保债权（Covered Bond）。信托银行模式是日本资产证券化的典型模式之一。在该模式下，发起人将债权出售给信托银行，信托银行在进行信用增级后，向投资者发行不同等级的信托凭证。而如果投资者偏好于债券，那么可以将所购信托凭证出售给特别目的机构（SPV），由 SPV 转发为债券后再进行购买。

从资产证券化的监管架构来看，美国既没有对资产证券化进行专门立法，也没有设立专门的资产证券化监管机构，而是以现有机构为基础，形成一个以美联储为中心、其他专业监管机构为辅助的伞形监管模式。这种伞形监管模式尽管具有分工细致与监管专业化等优势，然而容易出现监管缺位，留下监管套利的空间，而次贷危机的爆发就暴露出上述监管体系的重大缺陷。欧洲以英国为代表，也没有对资产证券化进行专门立法，在2000年形成了金融服务管理局（FSA）这一全面混业监管机构。次贷危机爆发后，为更好地平衡审慎监管与消费者保护之间的冲突，英国政府将FSA的监管职能分拆到金融政策委员会、审慎监管局与金融行为局，通过所谓的双峰（Twin Peaks）监管模式，将审慎监管与金融行为监管分离开来。日本政府则对资产证券化进行了一整套的系列立法，并在2000年将金融监管厅与大藏省的金融规划局合并为金融厅，由过去的纵向行业监管过渡到横向统一监管。由于受次贷危机影响较轻，日本金融改革延续了自由化与综合经营的方向。

美欧日风格迥异但殊途同归的证券化发展模式，至少能为中国提供如下启示：第一，中国的资产证券化发展也可能受危机驱动。未来几年内，随着经济潜在增速的下行，中国商业银行体系将会出现新一轮不良贷款浪潮，而资产证券化作为市场化的不良贷款处理方式，可能大行其道。第二，在主力产品方面，基于自身国情与需求，除MBS与ABS之外，中国政府可以大力发展SME与REITs。第三，从发展模式来看，中国选择了美国式的表外证券化发展道路，但信托公司同样在中国资产证券化产品构造中扮演着重要角色。第四，对中国而言，需要建立资产证券化的专门法律以规范与促进该行业的发展，也需要改变目前央行、银监会与证监会对资产证券化产品的多头监管格局，以避免监管重叠与监管缺位。

未来十年中国资产证券化大有可为[①]

早在20世纪90年代初期，中国就已经出现了资产证券化的萌芽。目前可查的最早的证券化案例，很可能发生在1992年的海南，而当时的海南正处于前无仅有的房地产泡沫中。1992年，三亚开发建设总公司以三亚市丹州小区800亩土地为标的，以地产开发后的销售权益为基础资产，发行了总额两亿元人民币的三亚地产投资证券。之后，一些国有企业在境外发行了以高速公路过路费或应收账款为支持的证券化产品，但这些交易基本上采取了离岸证券化的形式。直到2005年，人民银行、银监会与财政部等部委陆续出台了《信贷资产证券化试点管理办法》、《资产支持证券信息披露规则》、《信贷资产证券化试点会计处理规定》、《金融机构信贷资产证券化试点监督管理办法》等法规之后，资产证券化实践才真正在中国国内拉开大幕。

中国的资产证券化发展历程，迄今为止可谓一波三折。2005—2008

① 资产证券化系列评论之六，发表于《东方早报之上海经济评论》，2015年2月3日。

年，中国的资产证券化试点启动并开始引发关注。2008 年，美国次贷危机的爆发使得中国政府认识到资产证券化过度发展可能引发的风险，国内的资产证券化实践随后被叫停。直到 2012 年 5 月，央行才宣布重启资产证券化实践。尤其是 2013 年 8 月，李克强总理召集的国务院常务会议决定进一步扩大信贷资产证券化试点，这才使得中国的资产证券化实践卷土重来。从中央国债登记结算有限公司的数据来看，2005—2008 年，每年的资产支持证券发行规模分别为 42 亿元、116 亿元、178 亿元与 302 亿元，2009—2012 年，没有资产支持证券发行，2013 年，资产支持证券发行规模为 109 亿元，而在 2014 年，这一规模飙升至 2551 亿元。

中国最早的资产证券化产品，一是国家开发银行以相关企业贷款债权为支持发行的“开元”系列债券，这属于资产支持证券（Asset-Backed Securities，ABS）的范畴；二是中国建设银行以相应住房抵押贷款债权为支持发行的“建元”系列债券，这属于住房抵押贷款支持证券（Mortgage-Backed Securities，MBS）的范畴。

目前国内主流的资产证券化产品，主要包括信贷资产证券化产品与券商专项资产证券化产品两大类。这两类证券化产品的主要区别在于：第一，发起人不同。信贷资产证券化的发起人为银行、金融公司与资产管理公司，而券商专项资产证券化的发起人为非金融企业。第二，基础资产不同。前者的基础资产为信贷资产，后者的基础资产范围较广，包括各类应收款、财产权、有价证券、不动产等。第三，管理者与 SPV 不同。前者的管理者为信托公司，SPV 为特别目的信托；后者的管理者为券商资产管理公司，SPV 为专项资产管理计划。第四，交易场所不同。前者在银行间债券市场交易，后者在交易所交易。第五，主管部门不同。前者为央行与银监会，后者为证监会。此外，有研究将银行间市场交易商协会主管的资产支持票据（Asset-Backed Notes，ABN）也归为资产证券化产品，但由于 ABN 的发行没有设立专门的 SPV 进行真实销售与破产隔离，因此笔者认为这不是真正意义上的证券化产品。

迄今为止，中国的资产证券化实践具有如下特征：首先，资产证券化产品的结构比较简单透明，并不涉及太高风险。与美国诸如抵押担保凭证（Collateral Debt Obligations，CDO）之类复杂的证券化产品相比，目前中国的资产证券化产品都属于一次衍生，没有进行重复证券化，证券化链条较短，因此信息不对称并不严重，投资者相对容易理解，从而涉及的风险有限。其次，资产证券化产品的二级市场不活跃，银行彼此之间互相持有的现象严重。例如，迄今为止，中国国内发行的信贷资产证券化产品，大约三分之二仍被商业银行持有。证券化产品本来是帮助商业银行分散风险的产品设计，如果这些产品大部分依然被商业银行体系持有，那么分散不了系统性风险。再次，目前政府干预的色彩较浓。例如信贷资产证券化的额度是由主管部门来分配的，而且主要给了大中型银行。最后，由于中国政府要求商业银行只能将优质资产证券化，因此能够坐享高额存贷利差的商业银行没有太大积极性进行资产证券化操作。

尽管如此，笔者认为，未来十年，中国的资产证券化将大有可为、风生水起。这是因为：

其一，随着利率市场化的推进，存贷款利差有望显著收窄，这将压缩商业银行的利润空间，从而使得商业银行有迫切的需求寻求新的利润增长点。而我们近期的一项研究表明，来自美国银行业的证据表明，资产证券化活动能够显著提高商业银行的资本收益率（ROE），其中最主要的渠道来自提高银行的资产周转率与杠杆率。

其二，未来五年内，随着中国经济增速的下行，中国的潜在金融风险将会浮出水面，从而导致商业银行体系出现新一轮不良贷款浪潮。一方面，目前中国企业部门债务占 GDP 的比率超过 130%，在全球大国中位居前列。而未来在内外需均很低迷的环境下，过剩产能的加剧将迫使企业部门去杠杆。另一方面，中国商业银行资产负债表的健康与否，在很大程度上取决于中国房地产市场的走向。而目前中国房地产市场整体上在持续向下调整。而无论是企业部门去杠杆，还是房地产市场调整，均会导致银行坏账明显上升。

其三，在20世纪90年代末期上一轮银行坏账飙升时期，中国政府是通过发行特别国债、成立不良资产管理公司、用市价从商业银行收购不良资产、动用财政资金来核销坏账的方式来进行应对的。然而，考虑到20世纪90年代末期中国政府债务占GDP比率不到20%，而目前中国政府债务占GDP比率已经接近60%，因此再通过政府加杠杆来应对银行去杠杆，可能会带来政府债务不堪重负的潜在风险。正是基于这一判断，笔者才认为，未来五至十年，资产证券化这一更加市场导向的方式，将成为中国政府更为倚重的商业银行坏账处理方式。公共部门与私人部门合作（Public Private Partnership，PPP）这一方式，同样可能出现在坏账处理领域。

也正是基于这一考虑，中国社科院世经政所国际金融研究中心，才于2013年下半年成立了资产证券化研究小组，试图对这一问题进行前瞻性的、有国际视野的、国内问题导向的系列研究。目前我们小组已经完成了近十篇工作论文，并将继续对这一问题进行研究。欢迎朋友们关注。